新编21世纪
高等职业教育精品教材

经贸类通用系列

私域流量运营实务

主编 胡磊 徐蔓 魏勇军

SIYU LIULIANG
YUNYING SHIWU

中国人民大学出版社
· 北京 ·

前言

PREFACE

党的二十大报告指出：教育、科技、人才是全面建设社会主义现代化国家的基础性、战略性支撑。必须坚持科技是第一生产力、人才是第一资源、创新是第一动力，深入实施科教兴国战略、人才强国战略、创新驱动发展战略，开辟发展新领域新赛道，不断塑造发展新动能新优势。

在党和政府的全面领导和规划下，数字中国建设稳步推进并取得了重大成果，我国基础设施数字化走在世界前列，这是国家在数字时代推进中国式现代化的重要引擎，是构筑国家竞争新优势的有力支撑。

正是在党的数字中国建设宏伟蓝图的指引下，我国的数字基建、数字生活、数字法制建设、数字经济才得以蓬勃发展，并衍生出各种新产业、新业态和新职业。“私域流量运营”是其中一种重要的新业态，不仅如此，它其实还是我国首创的数字商业模式。众多海外媒体、学者和企业纷纷关注与学习我国的“私域经济模式”。

传统的营销围绕“公域流量”展开，企业通过公共媒体向消费者展示营销信息，这种模式缺少与消费者互动的渠道，导致企业无法有效地维护和提升与消费者的关系。而进入新媒体时代，品牌自身就是媒介和平台，自身就可以积累和维护大量用户，并从中实现业务增长、品牌推广等效果，这是“私域流量运营”这一业态的简述。

本教材在编写过程中广泛调研各行各业私域业务模式，深入了解私域流量运营工作的主要流程与岗位技能要求，采用校企合作的方式，共同开发项目式新形态教材。学习项目涵盖搭建私域流量运营团队、用户维护方案设计、设计私域业务模式、从线上引流到私域流量池、设计裂变文案与海报、促活活动设计、私域流量广告变现和私域流量运营数据分析与优化等典型工作任务。

本教材具有以下鲜明特色：

（1）打造素养课堂，培养高素质技能型人才。本教材设计了“学思浅悟”素养提升板块，提升学生的道德、智慧和职业素养，培养具有先进思想的社会主义建设者。

（2）校企合作，双元共建应用型教材。教材编写团队主动邀请企业专家参与，加强产教融合，做到“岗课赛证”融合。全书设计反映职场经验的“职场案例”与“小贴士”板块，可以帮助学生获得更实用、更符合职场需求的技能和知识，提高其职业素养和就业竞争力。

（3）注重实践操作，提升学生岗位行动能力。为了适应混合式教学场景，本教材配套“翻转一下”翻转课堂任务，师生可灵活开展混合式教学活动。同时，为了提高学生的实践实操能力，大部分学习任务都配套“业务操作”这一实训任务，使学生在学习与实践中锻炼自身岗位行动能力。

（4）培养创新思维和职业兴趣，促进全面发展。在理论知识的学习上，为了确保学生能理解、会运用，本教材还设置了任务引例、知识视窗等板块，提高学生的学习兴趣和积极性，增强学习效果，培养创新思维，以及促进全面发展。

（5）数字资源丰富，学习方式更灵活。本教材同步提供了实训素材和实训工具表等数字化教学资源，可通过扫描书中二维码获取相关学习或实训资源。

本教材编写团队由遵义职业技术学院具有丰富教学经验和实战经验的教师组成，另外邀请了广州福思特科技有限公司的行业专家们参与教材的研讨研发，他们提供了大量企业私域业务培训资料、企业私域业务案例和实际操作经验，并积极参与了教材的编写、资料收集、审稿等工作。

私域流量运营作为我国乃至世界创新的业态，正在被越来越多的企业接纳，并且相关的政策、技术、经验、模式不断涌现，行业标准与规范也在发展中不断完善。尽管我们在编写过程中力求准确、完善，但书中难免有疏漏与不足之处，恳请广大专家、读者批评指正，共同完善本书。

编者

目录 CONTENTS

项目1 私域流量运营认知与团队组建

学思浅悟

私域流量运营团队组建的关键：德才兼备，任人唯贤

在私域流量运营领域，团队的组建和管理至关重要。党的二十大报告明确提出“建设堪当民族复兴重任的高素质干部队伍”“坚持德才兼备、以德为先、五湖四海、任人唯贤，树立选人用人正确导向”，为我们深刻理解私域流量运营团队的组建提供了宝贵的启示。

私域流量运营团队的组建应以德才兼备为核心，强调团队成员不仅要具备丰富的专业知识和技能，更需要具备高尚的品德和道德观念。只有这样，团队才能够在私域流量运营的过程中保持诚信、专业，为企业的长期发展奠定坚实的基础。

同时，团队组建应该任人唯贤，不局限于地域和背景，吸引最优秀的人才加入团队。这要求团队领导者在选人用人上要有正确的导向，不被地域、背景等因素所限制，而是注重个人的能力和素质。只有如此，团队才能够汇聚各方精英，实现协同合作，推动私域流量运营事业的发展。

教学目标

知识目标

1. 建立对私域流量运营的基本认知，掌握私域流量、私域流量运营、私域流量载体、私域流量运营工具、私域产业链等基础概念，清楚私域流量的类型及在当前环境下企业开展私域业务的必要性和必然性；

2. 清楚私域业务团队涉及的岗位，清楚相关的职责和任职要求；

3. 了解私域流量运营基本工作流程和工作内容，清楚私域流量运营目标；

4. 熟悉不同产品私域业务开展的要点，包含高复购低客单价产品、低复购低客单价产品、高复购高客单价产品、低复购高客单价产品；

5. 熟悉我国常见的私域流量载体，包括微信、抖音和自营 App 等，并清楚它们开展私域业务的优缺点。

技能目标

1. 能够通过搜索引擎、相关垂直网站、行业报告、文献网站、行业大V等渠道获取私域行业最新资讯、工具或资源；

2. 能够根据企业业务现状选择合适的私域流量载体，并能充分说明原因；

3. 能够通过招聘网站收集与梳理出“私域运营”相关岗位信息，并能据此辅助或指导自己日后的学习；

4. 通过角色代入和情景模拟，能够以私域运营经理角色，完成私域业务团队岗位规划、招聘信息发布、面试题设计等团队搭建相关工作。

素养目标

1. 培养学习能力和自我驱动力，能够主动了解和掌握私域运营领域的最新动态和趋势；

2. 树立团队协作意识，通过搭建私域业务团队，清楚一个业务需要不同部门、不同岗位协作完成，培养敬业精神和责任感；

3. 培养并弘扬劳动精神，提高岗位专业技术能力，形成扎实的工作作风。

任务1 认识私域流量运营

任务引例

拼多多的私域流量运营策略为业内人士所津津乐道。

初期，拼多多采用了社交电商模式，通过用户之间的分享和邀请，吸引更多的用户加入平台。这种模式可以有效地利用用户的社交关系，急速扩大平台的影响力和用户规模。

任务描述

私域流量运营是诞生于我国的新兴数字营销模式，2020年以来，“私域运营（私域流量运营）”和“电商直播”成为我国经济的两大热点，被世界其他经济体所关注。

对于学习者而言，提高对“私域运营”的认知，以科学理解其概念与意义，有助于提高日后的私域运营决策水平。

任务要求

通过本任务的学习与实操，建立起对私域流量以及私域流量运营的基本认知。要求了解私域流量运营的概念、作用、基本环节，清楚私域流量产业链基本内容，熟悉不同产品私域流量运营的要点，能够在日后面对实际业务场景时，制定出合适的私域流量运营策略。

知识准备

一、私域流量运营基本认知

（一）私域流量

1. 私域流量的概念

私域流量可被定义为沉淀在品牌或个人渠道的，可随时及反复触达的，能实现一对一精准运营的用户流量，如微信公众号用户、微信个人号好友、自营 App 的用户等。其本质是可以低成本甚至免费可持续地挖掘有价值的用户群体。

私域流量的概念是相对于公域流量的概念来说的。公域流量也叫平台流量，它是集体共有的流量，就是商家在公共范围内都能获取的流量。相反，私域流量属于单一个体，通俗地说就是自己的，是被品牌、商家或者个人截留的流量。它的特点是可以在任意的时间、频次，免费且直接将营销信息触达用户。

如果把公域流量比作大湖，那么私域流量就是自家建的鱼塘。当在大湖里捞鱼的成本越来越高，捞到的鱼却越来越少时，有人便思考为什么不自己建一个鱼塘自己养鱼。这便是私域流量运营兴起的原因。

2. 私域流量的类型

（1）粉丝。

粉丝是指通过社交媒体等渠道积累的忠实支持者。粉丝通常对企业或个人有浓厚的兴趣和认同感，会主动关注企业或个人的动态，并积极参与相关活动。例如，一个带货达人账号的粉丝群体就是一种私域流量。

（2）好友。

好友是指通过社交平台建立人际关系的可通信联系人，如微信好友、QQ 好友或通讯录好友等。好友通常是企业或个人的亲戚、朋友、同事、客户、忠实粉丝等，他们对企业或个人有较高的信任度和忠诚度。例如，一个微商通过微信朋友圈销售产品，就是利用了好友关系形成的私域流量。

（3）社群。

社群是指通过共同兴趣、目标或身份认同形成的在线社区，如微信群、百度贴吧等。社群成员通常有共同的兴趣爱好或需求，企业可以通过提供有价值的内容或服务来吸引和留住社群成员，并将其转化为客户。例如，一个健身教练可以建立一个健身群，为群成员提供健身指导和训练计划，从而将其转化为客户。

（4）会员。

会员是指一个组织或机构的成员，他们通过缴纳一定的会费或其他方式获得会员资格，并享有特定的权利和福利。会员制度通常用于商业、俱乐部、协会等组织中，用于吸引和留住客户，并提供更好的服务和体验。例如，超市的会员可以享受商品折扣，视频网站的会员可以观看更多的专属内容。

（5）CRM 客户。

CRM（Customer Relationship Management）是客户关系管理的英文缩写。它是一种用于管理企业与客户之间关系的软件系统。CRM 客户是指企业的老客户，企业一般拥有他们的联系方式，企业的内容或营销活动能触达对方，所以，也是一种私域流量。常见的触达方式有电话、邮件或短信。图 1.1 所示为短信私域营销信息。

图 1.1　短信私域营销信息

知识视窗

SCRM 是什么

SCRM 是"Social Customer Relationship Management"的缩写，即社交客户关系管理。它是一种以客户为中心的企业战略，旨在通过社交媒体和其他数字渠道与客户建立和维护长期关系。

某种意义上，私域流量运营就是做社交客户关系管理。移动互联网时代，企业与客户有了更多的连接方式，"内容＋社交"变得更重要。SCRM 符合这一变化，它更强调消费者的参与和双边互动，消费者不再是单纯的物品（服务）消费者或产权拥有者，还是品牌的关注者、聆听者、建议者、共同创造者。SCRM 让用户更加拥有归属感、趣味感和成就感，互动的双边关系让消费者的需求和想法同品牌的发展紧密结合。

（6）自建平台注册用户。

自建平台注册用户是指在由个人或组织自行搭建的平台上进行注册的用户。例如，一个公司自行开发了一个 App，用户在该平台上注册并创建账户，这些用户就被称为自建平台注册用户。常见的自建平台有网站、小程序、商城、App。

翻转一下

这些私域流量类型之间有什么区别，说说你的见解。可借助人工智能获取相关信息。

（二）私域流量运营

1. 私域流量运营的概念

私域流量运营是企业通过自身的平台、渠道或工具，管理和运营已有的私域用户群体，以实现运营或营销目标的活动。

我国的私域流量运营模式最早起源于“两微”时代，即围绕微博和微信上的社交关系进行内容运营，从此企业获得了能够直接触达用户的品牌宣传渠道，而在这之前，品牌需要通过电视、网站等媒介间接触达用户。2013 年下半年，微信群和微信支付相继上线，实现了在微信体系内的交易闭环，社交电商、社群经济等模式随之兴起。2018 年以来，企业微信与微信逐步打通，推动围绕微信、企业微信的服务商生态走向专业化，私域流量运营能力得以不断完善。2020 年以来，越来越多的企业开始认识到私域流量运营的重要性，并利用私域流量运营 SaaS 软件快速转战线上。各行各业全面进入私域流量运营的爆发期。

与公域平台相比，私域流量运营利用专属的私域流量池，企业可以与用户建立更加紧密的联系，实现精准、高效的触达与转化。通过私域流量的沉淀，企业能够提供个性化、专属化的服务，从而提升用户的参与度与留存率；通过反复触达用户，延长用户生命周期。私域流量运营已经成为企业数字化转型布局的关键阵地。

私域流量运营的核心在于建立与用户之间的深度连接，不仅提供产品和服务，更关注用户需求和体验，从而实现长期价值的持续释放。

知识视窗

网红经济的崛起

网红经济的崛起是指以互联网为平台，通过内容创作和社交传播，一些个人或团体在网络上积累了大量的粉丝和影响力，从而能够通过广告、直播、代言等方式实现商业价值和收益的现象。网红经济的崛起与社交媒体的普及以及用户对个性化、富有吸引力的内容的需求密切相关。

如果拥有一定数量的私域用户，并且能对私域用户群体施加影响，那么运营方将在商务合作中占据主动地位，因为谁拥有客户，谁就拥有话语权。

翻转一下

请查找并整理私域流量运营相关的专业词汇，熟悉相关词汇的概念与内容。

2. 开展私域流量运营的必然性

（1）经济与政策环境的影响。

随着我国持续推进数字中国建设和经济数字化转型，数字基建日益完善，促使新兴电商、私域流量运营等模式的开展具备了技术条件。中国数字经济增速与占比持续提升，私域业务对企业的发展日益重要。

小贴士

从宏观层面看私域业务开展的必然性

作为供给侧的企业端，如果纷纷寻求转型或争相开展某一新业务，原因大概率是社会层面的“需求侧”发生了结构性的变化。

随着改革开放的推进，在党和政府以及各界人士的共同努力下，社会生产力规模与效率得到极大提升，满足了人民温饱与安全的需求。而生理与安全是个体最底层的需求，当底层需求获得满足时，个体的需求就会往“爱、尊重、社交、自我实现”等更个性化的需求靠拢。这些个性化的需求，需要企业端更加精细化、个性化的服务才能获得更好满足。而这正是私域流量运营所擅长的领域。

（2）企业更加注重投入产出比。

传统营销、传统广告效益下降，众多企业在试水“私域业务”后，发现私域流量运营对企业有效益，私域流量运营从“试水”变成“必要”。另外，互联网用户数已超过12亿，中国移动互联网用户增长放缓，国内互联网人口流量红利消失，从增量市场变成存量市场。公域流量越来越难以获取，私域流量的重要性持续提高。

知识视窗

企业布局私域流量的原因

艾瑞咨询的一份调查报告显示，品牌主布局私域流量的原因如下：

（1）企业内部数字化转型战略决策的需要；

（2）流量红利消退，获客成本居高不下；

（3）寻求对用户的精细化运营；

（4）企业面临增长瓶颈，需要拓展线上运营及营销渠道；

（5）行业中有其他友商已布局私域渠道且收效较好。

数据来源：艾瑞咨询．2021年中国私域流量营销洞察研究报告．2021-09-18.

（3）技术环境的影响。

移动互联网、人工智能、新媒体等技术的发展，影响了信息传播、用户行为习惯、商业模式等。

新媒体能够便利地满足多种需求，例如学习、娱乐、社交、购物等。这种便利性是新媒体战胜传统媒体的根本原因，新媒体还给了用户选择的权利，他们可以选择不关注、不点赞、拉黑甚至投诉账号或品牌。各新媒体账号或品牌需要想方设法为用户提供他们喜爱的内容、产品或服务，从而在竞争中生存与发展。因为有选择的权利，所以新媒体用户拥有了较高的话语权，“高话语权”进一步让用户选择自己喜爱的账号或内容，这种情况进一步推动私域经济的发展。例如，当前超过千万粉丝或过亿粉丝的新媒体达人不断涌现。

小贴士

“新媒体能够便利地满足多种需求是新媒体战胜传统媒体的根本原因”，注意这句话中“便利”和“多种需求”两个词汇，它们是契合人性特征的，不管是运营、营销还是产品设计，如果从这两个角度切入，都是非常好的决策思维。

在商业领域，很多从业者说“商业的本质就是释放人性”，其实这句话是正确的，不过，一般人很难理解“人性”，没有一门学科能很好地解释“人性”。

人类已经进化几百万年，为了参与大自然竞争、参与人类社会竞争，为了生存和发展，个体逐渐形成了“人性”。关于“人性”的形成，影响因素非常多，有基因因素、脑神经机制、文化因素、生物化学因素等。“人性”可以说是人类几百万年来，受各种因素影响而形成的“行为偏好”。

对营销或运营来说，重要的个体行为偏好（宏观视角），主要有以下三种：

（1）利益最大化原则，即个体在实施一个行动后，渴望获得尽可能多的好处。

（2）最小努力原则，即个体在解决一个问题时，倾向于寻求一个最小化成本或最小化能量的方式来实现某种目标。

（3）自我保护原则，即个体在进行判断分析时，倾向于先保护自己或自己的利益，然后再做出对应行动。当然，个体也有应激性自我保护机制，会跳过个体的理性分析判断环节直接做出对应的行动。

翻转一下

围绕“企业开展私域业务的必要性”主题，探讨开展私域业务对企业运行的影响，包括但不限于产品研发、品牌建设、销售/营销方式、客户管理等。

任务提示：请先讨论上述问题，再使用文心一言或豆包等问答式 AI 完成本次翻转任务，这里以文心一言为例。

（1）新建对话，如图 1.2 所示。

图 1.2　文心一言新建对话的入口

（2）设定提示语，向 AI 提问，如图 1.3 所示。

图 1.3　提示语

（3）梳理 AI 的回答，如图 1.4 所示。

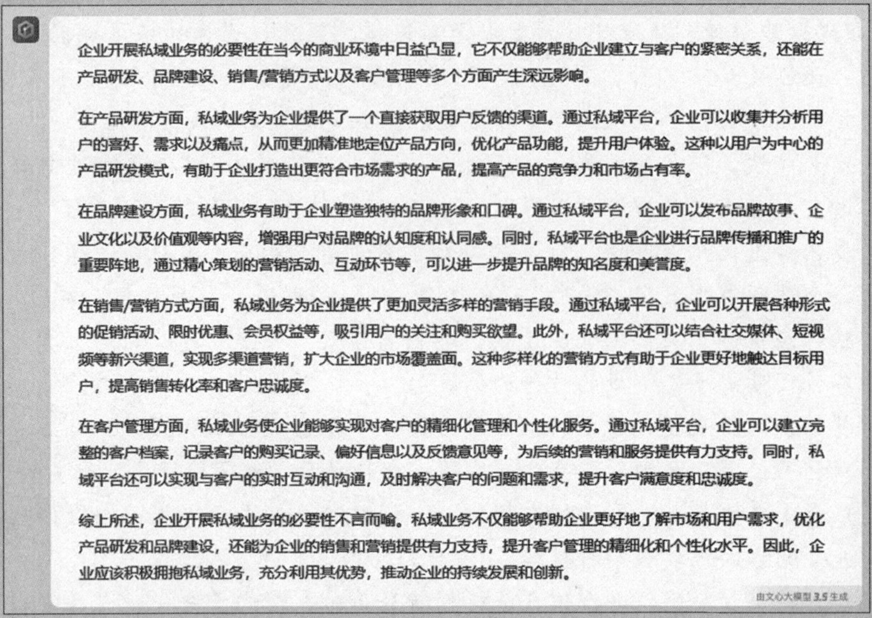

企业开展私域业务的必要性在当今的商业环境中日益凸显，它不仅能够帮助企业建立与客户的紧密关系，还能在产品研发、品牌建设、销售/营销方式以及客户管理等多个方面产生深远影响。

在产品研发方面，私域业务为企业提供了一个直接获取用户反馈的渠道。通过私域平台，企业可以收集并分析用户的喜好、需求以及痛点，从而更加精准地定位产品方向，优化产品功能，提升用户体验。这种以用户为中心的产品研发模式，有助于企业打造出更符合市场需求的产品，提高产品的竞争力和市场占有率。

在品牌建设方面，私域业务有助于企业塑造独特的品牌形象和口碑。通过私域平台，企业可以发布品牌故事、企业文化以及价值观等内容，增强用户对品牌的认知度和认同感。同时，私域平台也是企业进行品牌传播和推广的重要阵地，通过精心策划的营销活动、互动环节等，可以进一步提升品牌的知名度和美誉度。

在销售/营销方式方面，私域业务为企业提供了更加灵活多样的营销手段。通过私域平台，企业可以开展各种形式的促销活动、限时优惠、会员权益等，吸引用户的关注和购买欲望。此外，私域平台还可以结合社交媒体、短视频等新兴渠道，实现多渠道营销，扩大企业的市场覆盖面。这种多样化的营销方式有助于企业更好地触达目标用户，提高销售转化率和客户忠诚度。

在客户管理方面，私域业务使企业能够实现对客户的精细化管理和个性化服务。通过私域平台，企业可以建立完整的客户档案，记录客户的购买记录、偏好信息以及反馈意见等，为后续的营销和服务提供有力支持。同时，私域平台还可以实现与客户的实时互动和沟通，及时解决客户的问题和需求，提升客户满意度和忠诚度。

综上所述，企业开展私域业务的必要性不言而喻。私域业务不仅能够帮助企业更好地了解市场和用户需求，优化产品研发和品牌建设，还能为企业的销售和营销提供有力支持，提升客户管理的精细化和个性化水平。因此，企业应该积极拥抱私域业务，充分利用其优势，推动企业的持续发展和创新。

由文心大模型 3.5 生成

图 1.4　AI 的回答

（4）公域流量困境。

在新媒体平台发展初期，平台会给予流量扶持和内容创作补贴，但随着各大新媒体平台成熟壮大，创作者越来越多，在平台用户数和使用时长不再增长的情况下，就会出现“僧多粥少”的情况，公域流量的获取越来越难，流量成本会越来越高。

翻转一下

请收集与整理广告主在抖音平台获取流量的几种方式。

3. 私域流量运营目标

不同业务、不同账号主体、不同客户对象，其私域流量运营目标有区别，但大致分为以下几类。

（1）实现销售。

向私域用户提供内容、产品、服务或情感等价值，最终目的是将这些价值“变现”，获得收入。私域业务中常见的变现方式有电商变现、广告收入、内容打赏、订阅或会员费等。

（2）实现品牌营销效果。

通过私域流量运营，品牌信息能免费触达更多用户，从而降低营销成本，提高品牌曝光量；塑造积极的品牌形象和口碑，加强用户与品牌之间的情感纽带，提升品牌价值。

（3）实现用户经营目的。

通过私域流量运营，建立并维护与用户之间的长期关系，提高用户忠诚度和转化率，从而实现业务增长。在私域领域，更看重客户的全生命周期价值，即LTV（Lifetime Value），它是指一个客户在与公司发生业务关系的整个生命周期内，为公司带来的总价值。它通常是利用客户在一段时间内的平均购买量、购买频率、消费金额以及生命周期长度等因素来计算的。

每一类目标都具有其独特的重要性，这取决于企业的业务模式和市场环境。企业可以根据实际情况，灵活地设置私域流量运营的具体目标，并结合相应的策略和手段来实现这些目标。同时，私域流量运营的不同阶段也可能会调整具体目标，以适应企业发展的需要。

（三）私域流量运营的基本环节

按私域流量运营者主要工作内容可归纳出私域流量运营的基本环节，如表1.1所示。

表1.1 私域流量运营的基本环节

环节	描述	主要工作内容
渠道引流	通过多种渠道，如社交媒体、搜索引擎、线下门店等，将用户引流至私域流量池	（1）确定引流渠道：选择合适的引流渠道，如社交媒体、包裹卡、官网等 （2）制定引流策略：根据目标用户的需求和行为，制定有效的引流策略，如发布有价值的内容、举办活动、提供优惠等 （3）优化引流内容：使引流内容更具吸引力和相关性，以吸引更多的用户进入私域 （4）监测引流效果：定期监测引流效果，分析数据并调整引流策略，以提高引流效果
用户运营	通过与用户互动、提供个性化服务、举办活动等方式，促进用户的留存与活跃，提高用户满意度和忠诚度	（1）建立用户档案：收集用户信息，建立用户画像，以便更好地了解用户需求和行为 （2）进行用户细分：根据用户的需求和行为，对用户进行细分，以便提供更精准的服务和营销策略 （3）提供个性化服务：根据用户的需求和特征，提供个性化的服务和产品推荐，提高用户满意度和忠诚度 （4）举办活动：通过举办各种活动，如会员活动、促销活动等，提高用户参与度和活跃度 （5）进行用户反馈：收集用户反馈，了解用户对产品和服务的满意度，以便优化运营策略
私域流量变现	通过销售产品或服务、开展广告业务等方式，将私域流量转化为实际收益	（1）销售产品或服务：通过私域流量池，销售产品或服务，将流量转化为实际收益 （2）开展广告业务：通过私域流量池，开展广告业务，将流量转化为广告收益 （3）举办促销活动：通过举办促销活动，如打折、满减等，吸引用户购买产品或服务，提高变现效率

续表

环节	描述	主要工作内容
数据分析	通过对各类数据的分析，反馈给各工作环节与人员，优化调整私域流量运营策略与工作技巧	(1) 收集数据：收集私域流量运营过程中的各种数据，如用户行为数据、销售数据、广告数据等 (2) 分析数据：对收集到的数据进行分析，了解用户需求和行为，发现运营中的问题和机会 (3) 制定策略：根据数据分析结果，制定优化运营策略，如调整产品或服务、优化广告策略、提高用户满意度等 (4) 监测效果：定期监测运营效果，评估优化策略的效果，并根据实际情况进行调整，必要时能够组织复盘会议 (5) 数据安全：确保数据安全，防止数据泄露和滥用，保护用户隐私

二、私域流量产业链

(一) 私域流量产业链概念

私域流量产业链是指围绕私域流量的开发、运营和变现而形成的一系列相关产业，如图 1.5 所示。

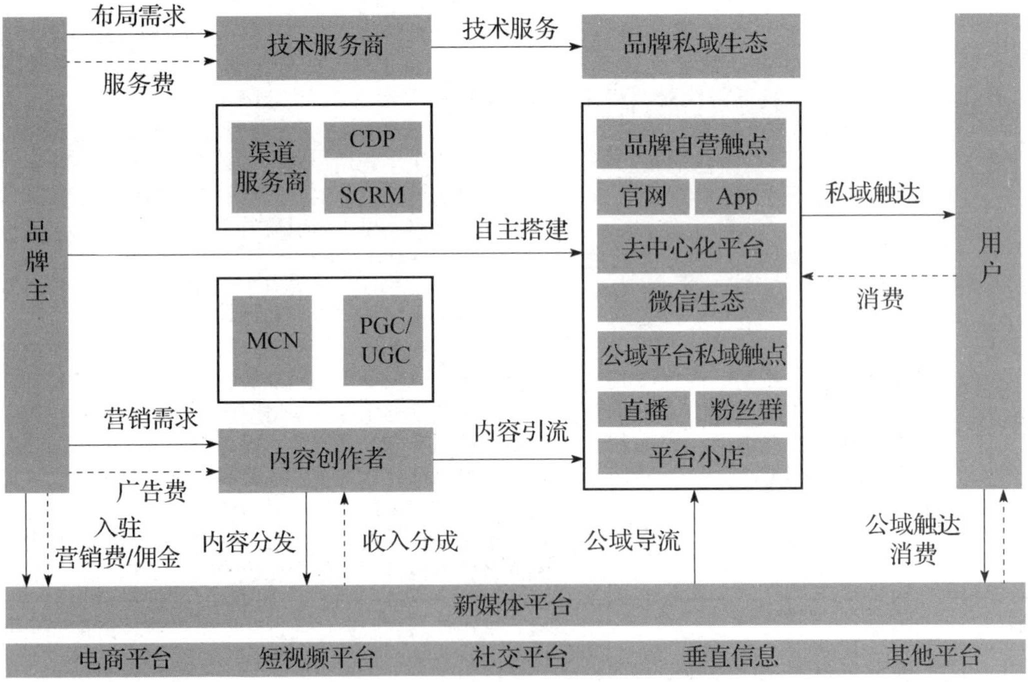

图 1.5 私域流量产业链运行示意图

(二) 相关利益者

1. 品牌主

品牌主是指拥有自己产品或服务的企业或个人，需要通过私域流量来推广自己的品牌，提高知名度和销售额。品牌主除了完全自主搭建私域生态，还可以采购技术服务商的技术方案，如数据中台（CDP）、社交客户管理软件（SCRM）或与 MCN 机构/新媒体达人合作，向对方私域流量池推广品牌或销售产品。

2. 新媒体平台

新媒体平台包含短视频平台、社交平台、问答平台等，如微信、微博、抖音，是私域流量的重要来源。新媒体平台能够为品牌主提供账号运营、数据分析、用户运营、电商变现、营销组件等相关功能，方便品牌主开展私域业务。同时，大部分新媒体平台开放 API 接口，向技术服务商提供各类数据，如内容数据、账号数据、销售数据、用户数据等。

3. 技术服务商

技术服务商是指提供数据分析、营销自动化、社交媒体管理等技术支持的企业，可帮助品牌主更好地管理和利用私域流量。

翻转一下

使用百度搜索引擎查找私域行业技术服务商官网，了解它们能提供哪些技术和服务。

4. 内容创作者

内容创作者是指通过各种形式的内容创作来表达自己的思想、观点、情感或技能，并将其发布到各种媒体平台上的个人或团体。新媒体时代，“社交＋内容”是核心产品和服务。品牌主可选择自己创作内容，也可以选择和 MCN 机构或达人合作，由第三方内容创作者生产内容，品牌主植入营销信息。

知识视窗

KOL 与 KOC

新媒体达人主要有两类：KOL 与 KOC。

KOL（Key Opinion Leader），即关键意见领袖，通常是在某个领域具有专业知识和影响力的个人，他们能够通过自己的社交媒体账号、博客、视频等渠道，向粉丝和受众传递自己的观点和意见，从而影响他们的购买决策。

KOC（Key Opinion Consumer），即关键意见消费者，通常是在社交媒体上有一定影响力的普通消费者，他们能够通过自己的社交媒体账号，分享自己的购物体验、评价和建议，从而影响其他消费者的购买决策。

5. 用户

用户是指沉淀在品牌主私域流量池里的消费者，他们的行为深度影响企业私域运营效果。私域用户常见行为有关注、消费内容、转发内容、互动点赞、购买打赏等，作为运营者，要想办法让私域用户付诸这些行为。

小贴士

私域运营最底层逻辑

运营也好，营销也好，最底层的逻辑是通过一些运营方法或营销手段来影响消费者，让其做出某种行为，从而实现运营或营销目的。例如，用户为内容点赞这一行为，将提高内容的互动数据，可能让新媒体平台将内容推送给更多的用户。那就需要思考如何影响用户，让他们做出点赞的行为。从心理学角度看，可以通过影响用户的情绪、认知、态度等方面，让用户做出对应行为。

三、不同产品私域运营要点

翻转一下

自主探索：请通过自主探索，快速了解“什么是复购率”“什么是客单价”。

任务提示：可以先在网络上探索，看看专业人士是如何解释的；然后再向问答式 AI 提问，看看 AI 是如何回答的。从多个角度了解问题的答案。

（一）高复购低客单价产品

这类产品的典型行业是快消行业和餐饮行业，这类行业都是提供使用寿命周期短、消费速度较快、价格较低的产品。它们的可替代产品多，消费者决策周期短。典型的私域场景是社区电商和外卖。

私域运营要点：高复购低客单价的产品，大部分是刚需产品，不用运营者花很多时间介绍产品，因为消费者对产品是熟悉的。能够触发用户消费行为的关键点是活动促销、会员价以及品牌本身的形象与口碑。

运营者可以高频推送优惠福利信息给用户，如某咖啡品牌微信企业号每周发送 2 条含优惠券的私信给用户，如图 1.6 所示。优点是在高复购的情况下，为用户提供优惠福利，另外，高频推送也是一次次品牌的曝光，让用户消费时更容易想起对应的品牌。

图 1.6 某咖啡品牌私信用户的内容

（二）低复购低客单价产品

典型产品是耐用的日用品，如水杯、衣架等，还有些低价的玩具，这类产品属于低复购低客单价产品。

私域运营要点：私域业务也需要运营和营销成本，此类商品回报率低，并不适合开展私域运营。不建议围绕此类商品开展私域业务。

（三）高复购高客单价产品

典型产品有化妆品、服装、优质食品水果等，因为客单价较高，消费者会更谨慎选择产品，更看重产品的评价和品牌知名度。私域运营要点如下：

1. 建立信任关系

高客单价产品的消费者通常会更加谨慎地选择产品，因此建立信任关系非常重要。私域运营者可以通过塑造专业形象，提供高质量的产品和服务，积极回复消费者的咨询和反馈，定期与消费者互动等方式来建立信任关系。

2. 提供个性化服务

高客单价产品的消费者通常对个性化服务有更高的需求，私域运营者可以通过对消费者进行细分，提供个性化的产品推荐、优惠活动和售后服务等来满足消费者的需求。例如，为消费者提供来自运营方的生日祝福、生日礼物等。

3. 提供优质内容

高客单价产品的消费者通常对产品的品质和品牌有更高的要求，私域运营者可以通过提供优质的产品介绍、使用教程、评测报告等内容来提高消费者对产品的认知和信任度。

4. 开展促销活动

高客单价产品的消费者通常更容易被促销活动吸引，私域运营者可以通过定期开展限时折扣、会员活动、满减优惠、赠品等促销活动来吸引消费者购买。

5. 建立社群

高复购产品比较少涉及用户的隐私，可考虑建立社群来服务消费者。例如，很多服装品牌会在抖音平台建立社群，来维护和运营用户。

6. 与 KOC 合作

在私域流量池里，有些用户会积极分享经验、观点，由于其专业性较高、表达能力较好等，获得了私域流量池里其他用户的关注和信任，这些用户就是 KOC。面对高客单价产品，用户做购买决策时会犹豫，如果 KOC 发表支持产品的内容或建议，将促进其他用户购买。所以，与自己产品的 KOC 建立良好的关系十分重要，部分有能力的 KOC 可拓展成为分销商。

7. 提供售后服务

高客单价产品的消费者通常对售后服务有更高的要求，私域运营者可以通过提供及时、周到的售后服务来提高消费者的满意度和忠诚度。日常运营时，可强调售后承诺，让用户安心消费。

（四）低复购高客单价产品

低复购高客单价产品是指消费者在购买时会考虑较长时间，但购买频率相对较低、单次购买价格较高的产品。这种产品通常包括知识付费产品、汽车、房产、企业服务等。私域运营要点如下：

1. 建立长期关系

由于消费者购买频率较低，私域运营者需要注重与用户建立长期关系，通过不断提供价值和服务来保持消费者的关注。

2. 提供专业的咨询服务

由于消费者在购买前会进行较长时间的考虑，私域运营者需要提供专业的咨询服务，帮助消费者了解产品的特点、优势和适用场景，从而提高用户购买意愿。

3. 提供个性化的解决方案

由于消费者的需求和偏好不同，私域运营者需要向用户了解其需求，再提供个性化的解决方案，帮助消费者找到最适合自己的产品。

4. 加强品牌形象建设

由于消费者对品牌的认知和信任度对购买决策有很大影响，私域运营者需要加强品牌形象建设，提高品牌知名度和美誉度。高客单价产品，有一部分是品牌的溢价，造成了价格高，私域运营者应该阐述清楚品牌的价值，这是说服消费者购买产品的关键。

5. 开展促销活动

虽然消费者购买频率较低，但单次购买价格较高，私域运营者可以通过开展促销活动来吸引消费者购买。私域运营者需要找个重要的理由，让促销活动显得珍稀，这样更容易打动消费者，如品牌为二十周年庆典所做的促销活动。

6. 提供售后服务

由于消费者购买的是高客单价产品，私域运营者需要提供优质的售后服务，如及时响应消费者的咨询和反馈、提供上门维修等服务，从而提高消费者的满意度和信任度。

7. 重视转介绍

此类产品属于低购买频率高客单价的产品，已成交的客户，是产品最佳的推广员。客户的身边，往往存在有类似需求的潜在客户。在做好服务和口碑、客户满意的情况下，可以设置一些转介绍政策，让客户帮忙向其周围好友推广产品。例如，汽车客户向同事或朋友转介绍汽车产品，成交后就送汽车保养服务。部分有实力有资源的客户，可考虑将其发展成代理商。

翻转一下

小组讨论：茶叶属于上述哪种产品，假设你们是某茶企私域运营团队，请讨论茶叶产品的私域运营要点。

任务提示：讨论上述问题时，可利用问答式 AI 提供灵感或完善要点。

小贴士

正确认知私域流量

（1）私域流量不等于微信：虽然微信是目前最流行的私域流量平台，但私域流量平台并不仅限于微信，还包括其他社交媒体、电子邮件、短信等渠道。

（2）私域流量运营需要成本：虽然相对于公域流量，私域流量的成本可能较低，但仍然需要投入一定的时间和精力来建立和维护。

（3）做私域流量并不意味着不再需要公域流量：私域流量和公域流量是相辅相成的，公域流量可以为私域流量提供更多的曝光和引流，私域流量可以提高客户忠诚度和复购率。

（4）私域流量并非越多越好：虽然私域流量可以带来更多的销售机会，但如果没有有效的运营和管理，过多的私域流量或不精准的流量反而会成为负担。

（5）私域流量并非马上能销售转化：私域流量的价值在于长期的客户关系管理和营销，而不是短期的销售转化。建立信任和互动需要时间和努力，不能期望一夜之间就能实现销售转化。

业务操作

业务名称：收集与整理私域业务最新资讯

工作要求：

1. 结合当下背景，收集与整理私域业务最新资讯，包括但不限于最新的私域业务案例、热点、从业者经验分享、相关政策和法律法规。要求不少于 15 条内容。

2. 仔细认真地阅读最新资讯，并将相关内容汇总到文件夹里。

3. 将一些提供私域业务最新资讯的网址收藏到浏览器标签栏。

操作步骤：

这里以“抖音热点宝工具查找相关热点资讯”为例。

1. 在网络搜索引擎栏输入“抖音热点宝”，打开该网站，如图 1.7 所示。

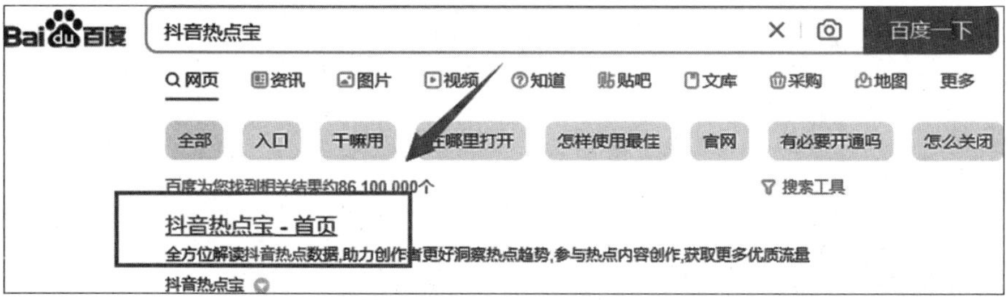

图 1.7　抖音热点宝网站入口

2. 找到【热点广场】→【热榜聚合】，输入关键词“私域”，如图 1.8 所示。该平台会将近一年抖音平台上关于“私域”的相关热门视频汇总在【热榜聚合】。

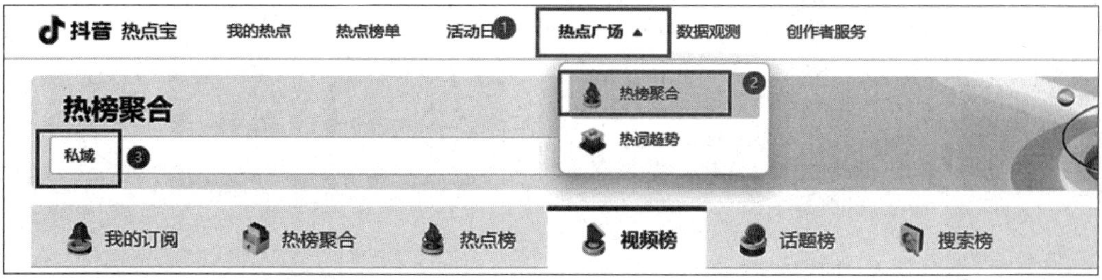

图 1.8　抖音热点宝【热榜聚合】页面

3. 查看相关内容，快速建立起对私域业务的认知。

本教材实训任务评分表

→本教材实训任务评价机制←

本教材提供实训任务评分表，方便学生自评与教师评分。请扫描二维码下载该表，并将其导入腾讯在线文档中，分享与开放编辑权限给任课教师。参考步骤如下：

1. 导入本地文档“实训任务评分表”。

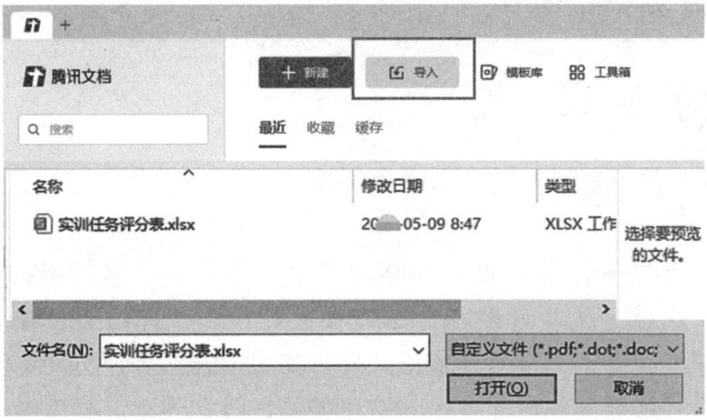

2. 向任课教师分享文档并开放编辑权限。

3. 任务实施时，先到腾讯在线文档查看该任务的过程性评价标准和结果性评价标准，部分任务可以将任务成果直接放置到表格中。教师可以实时查看与评分。

实训任务评价						
班级		姓名		学号		成果展示区
工作项目	私域运营认知与团队组建					
业务名称	为“王大爷茶饮”奶茶店发布一则“私域运营专员”岗位招聘信息					
评价维度	评价指标					
过程性评价	(1) 清楚任务的内容、要求，形成清晰的问题解决逻辑； (2) 任务实施过程中，积极主动，勤于思考和创新； (3) 遇到问题时，不退缩，积极想办法解决问题，且解决方法有效； (4) 能有效利用学习或实训资源。					
结果性评价	(1) 岗位需求分析的准确性：提交的“部门人员需求申请表”能准确反映“王大爷茶饮”奶茶店的私域运营岗位需求； (2) 文档的完整性和专业性：提交的文档包含了所有必要的信息，并符合行业标准； (3) 创新性和个性化：能在岗位要求中加入创新元素，以吸引潜在的应聘者，根据奶茶店的特色，提出个性化的岗位要求； (4) 目标达成度：按照任务要求完成“部门人员需求申请者”的填写和提交，提交的申请表能作为招聘过程中的有效工具。					

续表

评价人	分数	评价/点评	成果展示区
自评（10 分）			
教师评（50 分或 90 分）			
企业导师评（40 分）			
任务得分		情况一：有企业导师参与评分的情况下，自评、教师评与企业导师评的权重比为 1∶5∶4； 情况二：如果没有企业导师，自评与教师评的权重比为 1∶9。具体权重根据教学情况调整。	

任务 2 认识私域流量载体

任务引例

某新锐美妆品牌崛起于抖音平台，其主要私域流量载体为企业微信。用户在品牌抖音直播间初次购买产品后，会被引导进抖音的私域，如加关注成为粉丝并加入抖音群，但由于抖音的社交属性还有待完善，该品牌会在快递包裹卡附上企业微信二维码，引导客户加企业官方微信，后续通过企业微信进行私域运营。

任务描述

为私域业务选择一个合适的私域流量载体，是运营者必须掌握的技能。解决“让客户沉淀到哪个私域流量载体”“为什么是这个载体”的问题，是开展私域业务的前提，因为私域运营策略和私域流量载体紧密相连。通过本任务的学习与探索，将掌握私域流量载体的概念、选择原则，清楚我国当前主要的私域流量载体以及它们的优缺点。

知识准备

一、私域流量载体基本认知

（一）私域流量载体的概念

私域流量载体是指企业用来吸引、留存和管理私域流量的各种平台、渠道或工具，如图 1.9 所示，通常也被称为私域流量池。这些载体包括但不限于企业自己的网站、App、微信公众号、小程序、CRM 系统、新媒体账号等。例如，一家电商企业可以通过自己的社交媒体账号和 CRM 系统来建立自己的私域流量池。通过这些渠道，企业可以向用户发送个性化的营销信息，如促销活动、新品推荐等，从而提高用户的购买欲望，降低营销成本。此外，企业还可以通过私域流量载体进行用户调研、用户反馈等活动，进一步了解用户需求和行为，从而优化产品和服务。

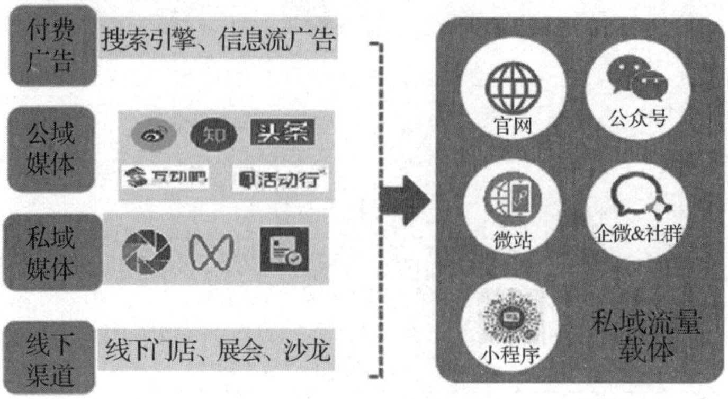

图 1.9 私域流量载体

每一种私域流量载体都有其特性和合适的产品，开展私域业务，需要认真选择符合业务现状的私域流量载体。

（二）私域流量载体的选择

私域流量载体的选择是指运营者根据私域运营目标、用户群体、营销策略等因素，选择合适的私域流量载体，以便更好地实现私域运营目标。

选择私域流量载体的原则有以下几点：

1. 目标导向原则

选择私域流量载体时，需要明确企业的私域运营目标，根据目标选择合适的载体。例如，如果企业的目标是提高用户黏性，可以选择微信公众号；如果企业的目标是搭建自己的商城，可以选择 App 或小程序。

2. 用户匹配原则

选择私域流量载体时，需要考虑用户群体的特征和需求，选择与用户群体匹配度高的载体。例如，如果用户群体主要是年轻人，可以选择抖音、B 站和小红书等载体；如果用户群体主要是中年人，可以选择微信公众号、微信群等载体。

3. 营销策略原则

选择私域流量载体时，需要考虑企业的营销策略，选择与营销策略相符的载体。例如，如果企业的营销策略是通过内容营销吸引用户，可以选择微信公众号、抖音等载体；如果企业的营销策略是通过活动营销吸引用户，可以选择微信群、个人微信等载体。

4. 成本效益原则

选择私域流量载体时，需要考虑成本效益，尽量选择成本低、效益高的载体。不同的私域流量载体具有不同的成本和效益，企业需要根据自身情况选择合适的载体。自建类小程序、App 这类私域流量载体的开发与运营成本相对较高。

二、我国主要私域流量载体

（一）微信号

私域运营的主要工作是连接用户，和用户建立起更紧密的关系。这项业务的开展，会受到社交软件使用习惯这一客观因素的影响。截至2024年，微信作为中国第一大社交软件，在私域业务中拥有得天独厚的地位。企业开展私域业务，一般优先考虑将企业微信作为私域流量载体。

1. 微信号的特性

（1）微信号是个人或企业在微信平台上注册的账号，是微信生态系统中的重要组成部分。

（2）微信号具有独立的ID、昵称、头像等标识，可以通过微信搜索、微信群等方式查找和添加。

（3）微信号可以发送文字、语音、图片、视频等多种形式的消息，也可以进行语音通话、视频通话等即时通信。

2. 微信号作为私域流量载体的优点

（1）微信号拥有完善的功能，具备产品链接、支付、直播、朋友圈等功能，有力支撑私域业务的开展。

（2）微信号可以与用户进行一对一的沟通和互动，隐私性和安全性较高，能够提供更个性化的内容或服务，有助于提高用户黏性和忠诚度。

（3）微信号能高效触达用户，没有次数的限制，对内容要求也相对宽松，但也要尊重法律法规和职业道德。

（4）企业微信号支持与企业内部系统进行对接，实现企业内部数据的整合与共享，且拥有配套的私域业务功能，沉淀在企业微信的用户不会因为员工的离职而流失，这些特性表明企业微信非常适合作为企业端的私域流量载体。

3. 微信号作为私域流量载体的缺点

（1）微信号的运营需要投入一定的时间和精力，需要不断更新内容、回复用户消息等。

（2）微信号增粉有数量限制，若系统检测到账号异常加好友行为，账号容易被封。

（二）微信公众号

微信公众号是企业开展私域业务的重要载体之一，可以通过内容营销等方式吸引用户关注和阅读，提高品牌知名度和影响力。

1. 微信公众号的特性

（1）微信公众号是企业或个人在微信平台上注册的公众号，可以发送图文、视频、语音等多种形式的内容。

（2）微信公众号名称具有唯一性，每一个账号都有自己独一无二的名称，名称不能重复，可以通过微信搜索、微信公众号推荐等方式查找和关注。

（3）微信公众号有订阅号、服务号和企业号三种，分别有适用的场景。

翻转一下

自主探索：请梳理订阅号、服务号和企业号各自的定位和功能，清楚它们分别适合什么样的企业或个人。

2. 微信公众号作为私域流量载体的优点

（1）微信是中国最流行的社交应用之一，拥有广泛的用户基础。通过微信公众号，企业可以将自己的产品和服务推广给更多的潜在用户，扩大自己的私域流量。

（2）微信公众号提供多种用户互动的方式，如留言、回复、抽奖、投票等互动功能。

（3）拥有丰富的内容形式，微信公众号支持发布多种形式的内容，包括文字、图片、音频、视频等。运营方可以搭建丰富而系统的内容体系来承接进来的流量。

（4）丰富的服务功能，运营方可以自行设计菜单栏，可将服务或其他平台的链接移植进微信公众号。用户被引导进微信公众号后，可直接通过微信公众号获得对应服务，如了解企业、搜索内容、获得售后服务等。

（5）用户黏性相对较高，大部分的微信公众号，其内容专业度较高，很多用户依赖微信公众号获取资讯和专业知识。

3. 微信公众号作为私域流量载体的缺点

（1）用户关注度不稳定，社交属性弱。随着其他新媒体平台的崛起，微信公众号用户关注度和内容消费时长被抢夺。微信公众号的内容属性、社交属性被弱化，服务属性被突出。涉及服务时，用户才更乐意打开微信公众号。所以，将流量导入微信公众号，可能发生用户不活跃的情况。

（2）内容创作难度大。微信公众号的内容创作需要一定的专业知识和技能，对于没有经验的创作者来说，想要创作高质量的内容比较困难。

（3）内容发布受限。微信公众号对内容、发布次数等有严格限制，如图 1.10 所示，这可能对企业的内容策略造成影响。

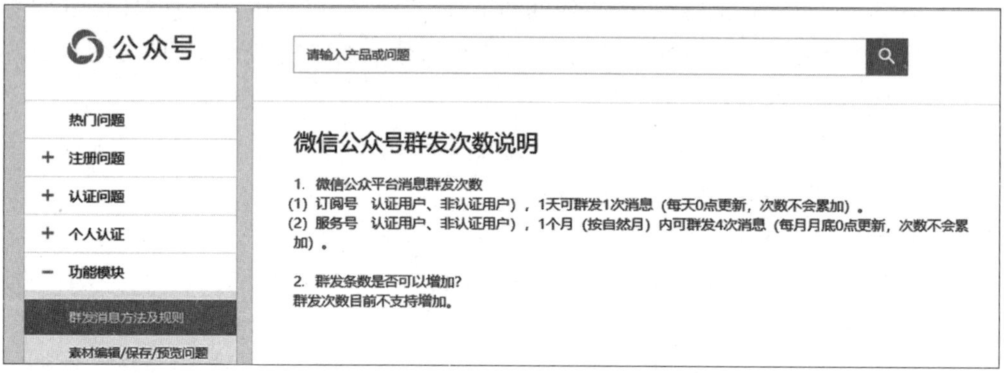

图 1.10　微信公众号群发次数说明

（三）微信群

微信群是微信的一种群组功能。它允许用户创建一个群组，并邀请其他用户加入。在微信群中，用户可以进行实时的文字、语音、图片等多种形式的沟通，还可以上传和下载群文件，方便成员之间的文件共享。

1. 微信群的特性

（1）即时通信：微信群支持实时的文字、语音、图片等多种形式的沟通，方便快捷。

（2）群组管理：微信群可以设置管理员，对群成员进行管理，如邀请新成员、剔除违规成员、给用户设置标签等。

（3）群文件共享：微信群可以上传和下载群文件，方便成员之间的文件共享。

（4）群公告发布：微信群可以发布群公告，向所有成员传达重要信息。

（5）聚集群体：微信群可以聚集有共同需求或兴趣爱好的群体，为用户提供了一个有价值的社交平台。

2. 微信群作为私域流量载体的优点

（1）方便快捷：微信群可以随时随地进行沟通。

（2）用户黏性高：微信群成员之间有较强的社交关系。

（3）信息传达迅速：微信群可以实时发布信息。

（4）成本低：相对于其他营销渠道，微信群的运营成本较低。

3. 微信群作为私域流量载体的缺点

（1）信息泛滥：微信群消息过多时，容易造成信息泛滥，影响成员体验。

（2）管理难度大：微信群成员数量过多时，管理难度较大，存在成员发布广告内容、发布违规内容等情况。

（3）用户隐私问题：微信群可能涉及用户隐私问题，需要注意保护用户隐私。一般涉及用户隐私的产品或服务，不宜采用微信群的方式，如购车、购房、医疗等场景。

职场案例

特步的专业跑者社群

特步是中国体育用品品牌，主要产品是运动鞋、运动服装以及配件。在私域业务中，特步搭建了专业跑者社群，社群服务包括新品试穿、约跑、跑步训练指导、马拉松赛事报名、产品优惠折扣信息等。通过社群运营，特步加深了公众对品牌的定位认知，还通过社群用户的反馈，反哺产品研发和销售环节。

（四）抖音号

抖音逐渐完善自己的电商、本地生活服务、社交等功能，结合企业线上销售、品牌推广和引流到店等需求，使得其作为私域流量载体的前景更加广阔。越来越多的企业希望用户关注自己的抖音号。

1. 抖音号的特性

（1）短视频内容平台：抖音号主要以短视频和直播的形式呈现内容，用户可以通过滑动和点击来浏览视频。

（2）个性化推荐：抖音号会根据用户的兴趣和历史观看记录，为用户推荐个性化的视频内容。

（3）社交互动：用户可以互动、评论和点赞视频，并关注其他用户。

2. 抖音号作为私域流量载体的优点

（1）用户基数大：抖音拥有庞大的用户基数，可以为企业提供广泛的可转化为私域用户的公域流量。

（2）个性化推荐：抖音的个性化推荐功能可以帮助企业精准地定位目标客户，以此吸引更多精准的私域用户。

（3）创意展示：抖音提供了一个富有创意的展示平台，企业可以以短视频或直播的形式向私域用户展示产品或品牌价值。

（4）抖音平台兼顾中心化和去中心化传播特点，"中心化"传播策略让内容能够呈现到粉丝面前，"去中心化"传播策略能让内容呈现到公域用户面前，存在将公域用户转化为私域用户的可能性。

3. 抖音号作为私域流量载体的缺点

（1）社交属性还待加强，人们之间的联系依然以微信为主，甚至出现从抖音平台给微信引流的情况。

（2）抖音内容创作难度高，相对于图文，短视频对内容、脚本、场景、设备、人员要求都比较高。对于运营者而言，需要花更多时间、精力和成本生产优质内容。

翻转一下

课堂讨论：请探究微信视频号的定位，梳理抖音和微信视频号的区别。

（五）自建 App

除了依附于微信、抖音等大平台，有实力的运营方可搭建属于自己的 App。它的注册用户也是运营方的私域流量。

1. 自建 App 的特性

（1）完全独立：App 是一个独立的应用程序，可以在移动设备上运行，不依赖于其他应用程序或平台。

（2）功能定制化：运营方可根据自己的业务情况、审美、资金条件等来设计 App 的功能和界面。

（3）丰富与精准的数据：自建的 App，用户的核心数据不会像其他平台一样被"阉割"，为运营方所有。

2. 自建 App 作为私域流量载体的优点

（1）用户黏性高：通过 App，企业可以更好地与用户进行互动，提供更加个性化的服务，提高用户黏性。

（2）数据隐私保护：企业可以更好地保护用户数据隐私，避免数据泄露。

（3）营销精准度高：通过 App，企业可以更好地了解用户的行为和偏好，从而实现更加精准的营销。例如，很多购物类 App 新增了"猜你喜欢""为你推荐"等功能板块。

（4）品牌形象提升：App 开发和运营成本高，一家企业拥有 App，会在消费者心中塑造出"有实力"的形象，从而提高品牌的形象和价值。

3. 自建 App 作为私域流量载体的缺点

（1）开发成本高：开发一款高质量的 App 需要投入大量的时间、人力和资金成本。

(2) 用户留存率低：用户可能会因为各种原因而卸载 App，如 App 体验不佳、内容不吸引人等。这可能导致用户留存率低，从而影响私域运营的效果。

(3) 用户获取成本高：由于 App 市场竞争激烈，用户获取成本也相对较高，因此需要投入大量的营销费用来推广 App，以吸引用户下载和使用。

翻转一下

小组讨论：假设你们是学校附近一家奶茶店的运营团队，请选择适当的私域流量载体，并说明理由。

业务操作

业务名称：关注竞品账号并加入相关社群

工作要求：

1. 假设你是一家运动服饰品牌私域流量运营人员，现在请你关注竞品账号并加入相关社群。
2. 在不同新媒体平台完成相关操作。

操作步骤：

1. 选择某个竞争对手，分别关注其微博号、抖音号和微信公众号。
2. 了解和列出不同私域流量载体的特点。

任务 3 了解与收集私域运营工具

任务引例

爱婴岛品牌成立于广东省珠海市，主营孕婴童用品连锁零售业务，目前在华南、华中、华东、西北、西南等 12 个省（自治区）的 157 余个城市拥有 1 600 多家门店，拥有近千万的门店会员，是中国较具规模和知名度的母婴连锁品牌之一。但是该品牌从零开始启动私域电商业务时，同样面临团队缺乏私域流量运营观念、会员没有在微信购买习惯、没有利用好社群等问题。这种情况下，爱婴岛选择和一家 SCRM 技术服务商合作，借助服务商的技术、平台和运营策略，成功开启私域电商业务。

任务描述

“工欲善其事，必先利其器”，开展私域运营工作，也需要准备好相应的工具。

本任务是私域运营工具篇，重点在于了解私域运营有哪些工具，初步了解这些工具的功能与作用，并通过“收集与整理私域运营工具”这一实操性任务，让学习者培养工具意识和查找工具的能力。

知识准备

一、私域运营工具基本认知

（一）私域运营工具的概念与作用

工具指的是一种用来完成特定任务或者达到特定目的的物品、设备或者软件。例如，一把锤子是一种工具，用于敲打物体；一款软件是一种工具，用于完成数据分析、图像处理等任务。工具可以帮助人们提高工作效率，简化复杂的操作或者解决特定的问题。

私域运营工具是指可用于私域运营的工具，包括软件、硬件和服务等。这些工具可以帮助私域运营者更高效地管理和运营自己的私域。

（二）私域运营工具的类型

1. 资讯与信息网站

资讯与信息网站是指提供各种新闻、资讯、信息的网站，如新闻网站、博客、社交媒体大 V 账号等。

资讯与信息网站可以帮助私域运营者了解市场动态、行业趋势、竞争对手和用户信息，从而更好地制定营销策略和规划业务。特别是用户对内容专业度要求比较高的私域，更需要关注资讯和信息，及时学习和分享相关内容。

2. 内容策划与制作工具

内容策划与制作工具是指用于策划、制作和管理内容的工具，如内容管理系统、在线编辑器、图片处理工具、H5 制作工具等。很多企业没有给私域业务配置足够的人员，存在一名私域运营者需要负责私域所有工作的情况，其中就包含对私域用户的内容输出工作。所以掌握一些内容策划与内容制作工具十分必要。

“内容与社交”都是运营的重点，内容也是私域运营的核心，内容策划与制作工具可以帮助私域运营者高效地策划、制作和管理内容，从而提高内容的质量和吸引力。

3. 营销工具

营销工具是指用于开展私域业务营销活动的工具，如社交客户关系管理软件、微信裂变工具、广告投放工具和数据分析工具等。

营销工具可以帮助私域运营者开展各种营销活动、分析用户数据、分析营销效果等，从而提高营销活动的效率和效果。

二、主要工具

（一）相关网站

1. 运营导航网站

运营导航网站是指一种为运营人员提供各类运营工具、资源和信息的网站。它们通常提供各种运营工具的链接、运营知识的分享、运营案例的分析等内容，以帮助运营人员更高效地工作。

2. 行业报告网站

行业报告网站是指一种提供各行业相关报告和研究的网站。这些报告通常由专业机构或组织编写，包含对该行业的市场规模、竞争格局、发展趋势、用户洞察等方面的分析和预测。

行业报告网站能够帮助私域运营者了解私域行业发展趋势、最新玩法、用户特征和用户需求变化等信息，从而提高运营者对用户的了解水平，帮助运营者生产更专业的内容。

截至目前，正常运行的典型行业报告网站有洞见研报、发现报告等。

3. 热点榜单聚合网站

热点榜单聚合网站是一种汇集了各大社交媒体、新闻网站、视频网站等热门话题和榜单的网站。这些网站可以帮助用户快速了解当前最受关注的热点事件、话题、人物等信息，掌握社交媒体上的舆论风向和用户兴趣点。

热点是私域运营者与用户互动的优质话题，热点本身比较受关注，更容易获得用户的注意力和讨论。但要注意不能恶意或炒作热点，要遵守法律法规，不夸大或传谣。

截至目前，正常运行的典型热点榜单聚合网站有即时热榜、今日热榜等。

（二）工具类

1. SCRM

一般私域用户分散在各大私域流量池，它们之间互不相连，对运营者工作的开展造成了一定的挑战，而 SCRM 工具接入各大新媒体平台的 API，打通了它们之间的数据，也就是来自不同私域流量池的用户和数据被汇总到一个 SCRM 平台进行管理和维护，极大提高了客户运营和营销效率。

翻转一下

请通过网络渠道查找一些私域 SCRM 工具，查看它们的功能介绍。

2. 引流工具

常见的用于引流获客的工具有二维码工具、裂变工具、AI 外呼工具等。

（1）二维码工具。

二维码工具是一种可以将文本、图片、音频、视频等信息转换为二维码的工具。通过使用二维码工具，用户可以将自己的网址、产品信息、活动介绍、优惠信息等内容转换为二维码，方便用户扫码获取相关信息。

知识视窗

二维码活码

活码是指一种动态生成的二维码，也被称为动态二维码。与静态二维码相比，活码更加灵活和实用，它可以根据不同的需求和场景生成不同的二维码，并且可以随时更改二维码背后的各种信息而无须对二维码进行重新打印或生成，只要进行改动并保存，二维码就可以自动更新，再次扫描就是新的内容。

活码的优点包括：

1. 内容更新方便：活码可以实时更新内容，方便用户快速获取最新的信息。

2. 安全性高：活码可以对二维码的内容进行加密，提高了二维码的安全性，防止信息泄露。

3. 适用范围广：活码可以应用于各种场景，如产品介绍、活动推广、会员管理等，适用范围广。

4. 便于数据分析：活码可以记录用户的扫码行为，提供数据分析功能，帮助运营者更好地了解用户的需求和行为。

5. 可定制化：活码可以根据用户的需求进行定制，如颜色、大小、内容等，满足用户的个性化需求。

翻转一下

请通过网络搜索引擎查找一些二维码制作工具，体验它们的功能，选择其中一种作为自己的二维码工具。

（2）裂变工具。

裂变工具是一种可以帮助用户快速传播信息的工具。通过使用裂变工具，用户可以将自己的产品信息、活动介绍、优惠信息等内容通过社交媒体、短信、邮件等方式快速传播给更多的用户。裂变工具通常具有分享奖励、邀请奖励等激励机制，可以激励用户积极分享内容和邀请好友。

翻转一下

请通过网络搜索引擎查找一些私域裂变工具，查看它们的功能。

（3）AI 外呼工具。

AI 外呼工具是一种可以通过人工智能技术自动拨打电话的工具。通过使用 AI 外呼工具，用户可以自动向目标用户拨打电话，向他们介绍自己的产品或服务，并邀请他们参加活动或添加微信。AI 外呼工具通常具有智能语音识别、智能应答、自动记录等功能，可以提高外呼效率和质量。

翻转一下

课堂讨论：你接听过 AI 外呼电话吗？请讨论用其开展营销业务的优缺点。

3. AI 工具

随着 AI 技术的进步与应用，私域运营的具体工作内容和流程都可以借助 AI 工具来实现或提高效率。

由于 AI 工具类型多，具体工具也多，我们可以寻找“AI 导航网站”来了解和使用

AI 工具，如图 1.11 所示。

图 1.11 AI 导航网站

业务操作

业务名称：收集与整理私域运营工具

工作要求：

1. 私域运营工具还包含工作表格工具、人工智能工具、内容创作工具等，请搜集与整理出对私域运营业务开展有帮助的工具清单。

2. 用腾讯在线文档中的在线表格工具设计私域运营工具清单表。

操作步骤：

1. 由于不清楚有哪些工具，读者可先到网络问答平台或搜索引擎查询相关问题，如图 1.12 所示。

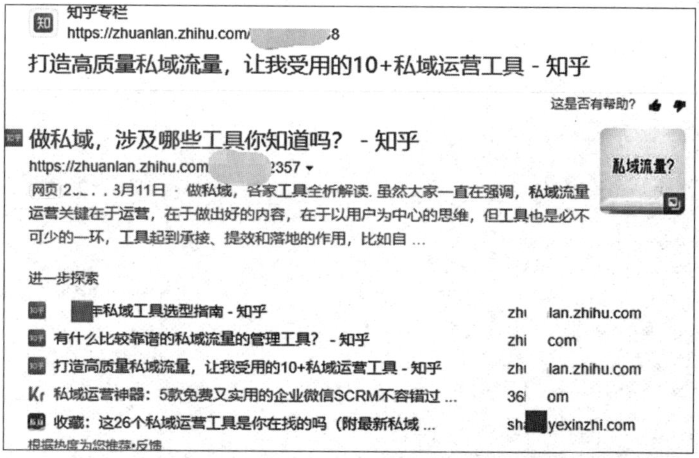

图 1.12 网络问答平台“私域运营工具”关键词结果页

2. 打开腾讯文档在线表格，如图 1.13 所示。

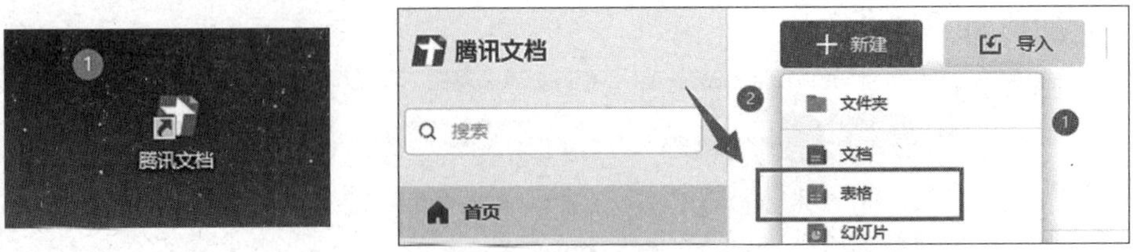

图 1.13　打开腾讯文档在线表格

3. 设计表格结构，参考结构如图 1.14 所示。

序号	工具类型	工具名称	作用	网址链接	备注

图 1.14　工具清单表参考示例

4. 将成果汇总到表格中。

任务 4　搭建私域流量运营团队

任务引例

老陈（化名）是一名退伍军人，2019 年在快手平台发布了讲述中年人的责任感、强调中年人不容易的系列视频，引起快手平台中青年用户的共鸣。到现在，共积累 60 万粉丝。老陈的军旅生涯让他练就了一身肌肉，凭借良好的体型条件，他在快手平台做起“男装带货主播”，招聘一名内容策划和一名私域运营来开展私域业务，虽然只有 60 万粉丝，但粉丝黏性高，复购率高，往往一场直播下来，成交粉丝占比能超过九成，如图 1.15 所示。

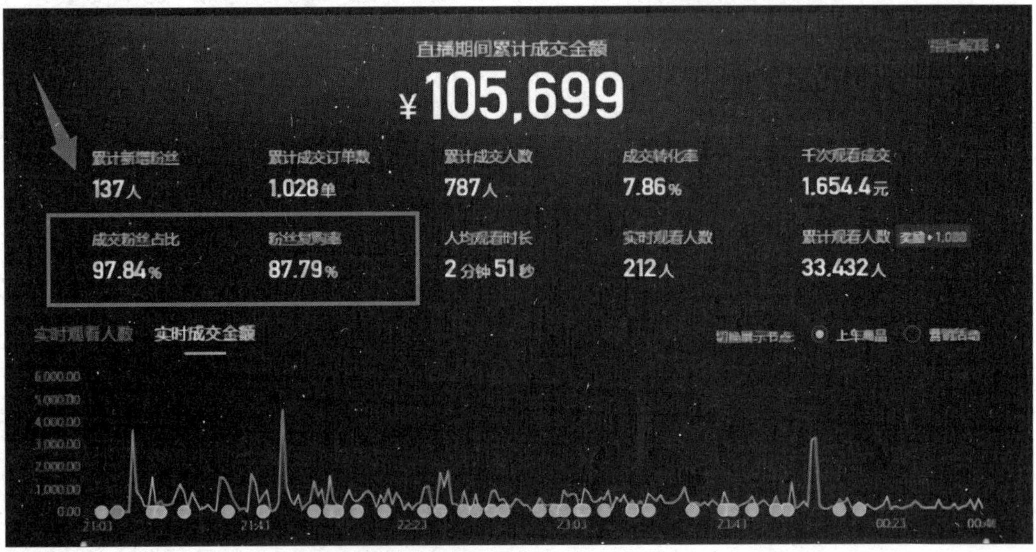

图 1.15　某直播活动后台数据

任务描述

有些企业通过私域做直播业务，有些企业通过社群卖货，有些企业通过微信一对一服务来开展相关业务。不管是何种业务模式，都需要配置一个优秀的私域运营团队来开展工作。

从这个任务开始，我们将围绕一个茶饮连锁品牌来开展相关私域运营工作。本任务里，我们将根据“王大爷茶饮”这一茶饮品牌的现状和私域业务规划，为其搭建一个私域运营团队。

王大爷茶饮——企业背景

企业背景：

企业名称：王大爷茶饮。

成立时间：2012 年。

总部地点：贵州省遵义市。

分支机构：多个城市。

员工人数：约 500 人。

注册资本：50 万元人民币。

营业范围：茶叶种植、茶叶饮品制作、销售。

企业简介：

王大爷茶饮是来自贵州的饮品品牌，自 2012 年成立以来，王大爷茶饮在茶叶行业取得了长足的发展。这几年公司不断推出新品类，丰富了产品线，满足了不同消费者的口味需求。原叶茶饮系列、抹茶茶饮系列、果味茶饮系列等产品深受消费者喜爱。2024 年创立线下王大爷茶饮奶茶店，进一步拓展业务范围。

经营宗旨：

公司秉持“绿色饮品，健康生活”的经营宗旨，致力于为人们提供优质、安全的茶叶饮品，推动绿色饮品的生活方式。

经营范围：

茶叶种植：种植高品质有机茶叶，采用传统手艺结合现代农业科技，保证茶叶的品质与原汁原味。

茶叶饮品制作：将优质的茶叶原料与天然成分相结合，推出一系列美味独特的茶叶饮品。

茶叶销售：将王大爷的优质茶叶和茶叶饮品送到消费者手中，拓展市场，提升品牌影响力。

经营特点：

严选茶叶：茶叶来自贵州农村自家种植园，精心挑选高品质的茶树品种，保证每一片茶叶的新鲜与原生态。

创新饮品：公司拥有一支充满创意的研发团队，致力于打造独具特色的茶叶饮品，让消费者在品味茶叶饮品的同时也能感受到创新的精神。

健康生活：强调茶叶的健康与自然特性，所有产品都不添加任何人工添加剂，保证消费者喝到的是纯净健康的茶叶饮品。

品牌故事：

云贵宝地，有王大爷者，生于茶香之乡，家传百年制茶技艺。王大爷自幼聆听祖辈传承，秉承“匠心传世”的信念，潜心研习，博采众家之长，融汇古今之精髓，使家传制茶技艺日臻完善。

王大爷以茶为友，于每一片茶叶中品味生活，领悟自然之道。他自创王氏茶道，将心境与制茶工艺融为一体。茶叶于其手中，化作香气袅袅、清幽徐缓的佳韵。

年复一年，王大爷不倦于传承，更以创新为己任。独创王家特色茶饮，将传统技艺与现代工艺相结合，推陈出新，使得王大爷茶饮成为品味生活、养生养颜的佳品。

王大爷希冀以茶文化传承之火，照亮每一位茶道行者的心灵，使千年茶香代代相传，使古老的中国茶道故事永世传唱。

公司产品：

原叶茶饮系列：包括绿茶、红茶、乌龙茶等多种茶叶饮品，保留了茶叶的原汁原味，为传统罐装饮品。

抹茶茶饮系列：将茶叶研磨成粉末，制作系列抹茶饮品和抹茶糕点，是茶饮店重点产品。

果味茶饮系列：将新鲜水果与茶叶相结合，带来清新果香的茶饮体验，是奶茶店热销产品。

私域业务规划：

“王大爷茶饮”在A城市有20家直营店，每天总订单数在2 500单左右，客单价为14元，线上订单数占七成。该企业计划以企业微信和微信群为私域流量载体开展私域业务，目标是通过私域业务提高客户忠诚度和老客户的复购率。请为该品牌在A城市的私域业务配置一个私域运营团队。

知识准备

一、私域流量运营团队的构成

私域流量运营团队是指一个企业内部负责开展私域流量运营工作的专业团队，成员包括私域流量运营经理/主管、私域流量运营专员、内容创作者/编辑等，每个成员根据其职责和专业领域负责执行相应的私域流量运营策略，共同协作以达成企业的私域运营目标。

（一）私域流量运营经理/主管

私域流量运营经理/主管是负责策划、执行和监控企业私域流量运营策略的专业人员。他们在企业内部担任主管职位，负责管理私域流量运营团队，并与其他部门进行协调合作，以实现企业的运营目标。其职责如表1.2所示。

表 1.2　私域流量运营经理/主管职责

职责	详细描述
制定私域流量运营策略	深入了解企业业务模式和目标用户群体，制定符合私域流量运营原则的具体策略
团队管理与协调	负责招聘、培训、绩效考核等团队管理工作，协调团队成员间的合作，保证团队高效运作
监控运营绩效	跟踪并分析运营活动效果，通过数据评估策略有效性，及时调整和优化
与其他部门合作	与销售、市场、产品等部门紧密合作，共同推动企业业务的发展
制定预算和资源分配	根据私域流量运营策略需求，合理分配资源和预算，确保运营活动顺利进行
反馈与改进	定期收集用户反馈和数据分析结果，根据反馈和数据，调整和改进运营策略
解决问题	具备解决运营中出现的问题的能力，包括战略执行、团队协作等方面的问题
监控行业趋势	密切关注行业发展趋势，了解用户需求和市场动态，及时调整运营策略以保持竞争优势

翻转一下

登录招聘网，查看不同行业对私域流量运营经理/主管职责与能力的要求。

（二）私域流量运营专员

私域流量运营专员是企业内部负责执行私域运营策略的专业人员。其职责如表 1.3 所示。

表 1.3　私域流量运营专员职责

主要职责	具体任务和描述
执行私域流量运营策略	根据私域流量运营策略，执行相关运营工作，包括内容制作、用户互动、数据分析等
内容制作与发布	撰写、编辑和发布各类内容，如文章、邮件、社交媒体内容等，以吸引、留存和活跃目标用户
用户互动与维护	与用户保持密切互动，回应用户的咨询、建议和反馈，建立良好的用户关系，提升用户满意度
数据分析与报告	收集、整理、分析数据，提供决策支持，向上级汇报私域流量运营活动的效果与成果
参与策略制定	参与私域流量运营策略的制定，提供运营策略实施的建议和意见
参与活动策划	参与各类活动的策划与执行，促使用户参与，提高用户黏性，确保活动达到预期效果
协作与配合	与私域流量运营团队内部成员以及其他部门密切合作，共同推动运营目标的实现
关注行业动态	密切关注行业发展动态，了解用户需求和市场变化，为运营策略的调整和优化提供依据

续表

主要职责	具体任务和描述
分析竞品活动	对竞争对手的运营活动进行分析，了解竞品的运营策略和效果，为企业的运营策略提供参考
持续学习与提升	不断学习和掌握行业的最新趋势、工具和技能，提升私域流量运营的专业水平
危机应对	在运营过程中，及时发现并解决出现的问题，保证运营活动顺利进行，避免出现重大危机
关注用户反馈	注意收集用户的反馈和意见，及时了解用户的需求和痛点，为优化运营策略提供依据

（三）内容创作者/编辑

负责撰写和编辑内容，包括文章、博客、图像、视频等，确保内容质量和吸引力。其职责如表 1.4 所示。

表 1.4　内容创作者/编辑职责

职责	详细描述
创作不同类型的内容	创作文章、图文、视频等，以满足品牌的营销和传播需求
创意发掘与构思	深入了解品牌故事、特点，挖掘创意点，为内容创作提供独特、有吸引力的创意
内容撰写与编辑	根据创意撰写内容，确保表达清晰、准确，进行内容编辑和校对以保证质量
图像与视频创作	创作或选择合适的插图或照片，增强内容的视觉吸引力，创作简单的视频内容
故事叙述与情感传递	运用故事叙述技巧，将信息融入故事，以情感共鸣吸引受众，用文笔传递情感
数据与社会热点的应用	根据数据和社会热点创作内容
持续学习与创新	关注行业趋势和创新，不断提升创作技能和创意能力，敢于尝试新的创意形式和创作方式
内容优化与反馈	根据数据分析和用户反馈，优化已有内容，不断改进创作质量，接受团队和领导反馈

（四）其他相关岗位

1. 视频制作师/编辑

负责制作和编辑视频内容，包括宣传片、短视频、直播切片视频等，以吸引受众的注意力。

2. 数据分析师

收集和分析私域流量运营数据，评估活动效果，为团队提供数据优化建议。

3. 商务

负责与其他企业或品牌进行合作，寻找互利共赢的商业合作机会。

翻转一下

请登录招聘平台，查找视频剪辑师、数据分析师和商务等岗位，梳理出这些岗位的具体职责内容。

二、私域流量运营团队搭建

私域流量运营团队搭建是一个涉及策略、人才、流程和资源等诸多方面的复杂工作，其重要性在于确保企业在数字化时代能够拥有一支承担私域流量运营业务策划与执行的核心团队，并实现其在新媒体时代背景下的私域流量运营目标。

（一）岗位规划

私域流量运营团队的岗位规划是指在私域流量运营工作中，根据具体的职责和任务，合理安排和配置团队成员的不同职位。这一过程包括确定各个岗位的职责范围、工作内容、所需能力和素质等。

岗位规划的主要内容如表 1.5 所示。

表 1.5　私域流量运营团队岗位规划的主要内容

内容	描述	私域运营专员	……
岗位描述和职责	定义每个岗位的主要职责、任务和工作范围，并说明岗位如何支持组织的战略目标和业务需求	/	/
技能和资格要求	列出每个岗位所需的技能、知识、资格和经验，确保员工具备完成岗位任务所需的能力和素质	/	/
职级划分	将不同岗位划分为不同的职级，反映岗位在组织中的级别和权重，以决定员工的薪酬水平、晋升机会和职业发展路径	/	/
协作和沟通	确定不同岗位之间的协作关系和沟通渠道，以促进信息的共享和流通，确保团队的有效合作	/	/
职业发展路径	为每个岗位制定职业发展路径，包括晋升机会和技能培训，以帮助员工了解他们在组织中的发展前景	/	/

翻转一下

角色代入：假设你是“王大爷茶饮”A 城市连锁奶茶店的私域运营经理，请为“王大爷茶饮”规划一个合理的私域流量运营团队，要求有岗位名称、人数要求、职责要求和能力要求。

（二）人才招聘

确定了组织结构，并做好岗位规划后，相当于确定了需要“哪些人才”。接着就是解决人才招聘问题。人才招聘过程中主要面临以下问题：

1. 选择招聘渠道

根据目标人才群体以及团队的搭建要求选择合适的渠道。

翻转一下

课后探索：对招聘渠道的了解，有助于我们找到更适合的人才，请探索我国当前招聘渠道类型及其优劣势，包括但不限于本地人才网、垂直招聘网、综合性招聘网、线下招聘会、内部推荐、猎头服务等。

2. 发布职位

编写吸引人的职位描述，清晰地传达职位要求和期望。

3. 筛选简历

根据招聘要求，筛选简历，选择与岗位要求匹配的候选人，重点关注候选人的经验、技能和教育背景。

翻转一下

情景模拟：假设你是“王大爷茶饮”A城市连锁奶茶店的私域运营经理，明天将面试一名“私域流量运营专员”应聘者，现在请你准备5个面试问题，并说明这些问题对筛选人才的作用。

三、团队管理

（一）工作安排和任务进度把控

在团队管理中，进行工作安排和任务进度把控是确保团队高效协作并按时交付项目的重要一环。作为管理者要有大局观，承担起项目的主要责任，要有始终掌控项目的感觉，需要对项目的具体进度、对过程中遭遇的问题，以及对成员的具体状态等有非常清晰的了解。工作安排和任务进度把控工作要点如表1.6所示。

表1.6 工作安排和任务进度把控工作要点

工作要点	描述
制订工作计划	为团队制订详细的工作计划，包括目标、策略、考核等
任务分解	将私域业务分解为更小的子任务，以便更好地管理和追踪进度
指定负责人	为每个子任务指定负责人，确保团队成员知道自己的责任
设定优先级	确定每个子任务的优先级，集中精力在最重要和紧急的任务上
使用任务管理工具	使用任务管理工具跟踪任务状态和进度
设置里程碑	在运营计划中设置里程碑，以此标志社群运营重要阶段的完成
预留缓冲时间	在任务计划中预留缓冲时间，以应对延迟或问题
持续沟通	定期与团队成员沟通，了解任务进展和问题

续表

工作要点	描述
灵活适应变化	社群运营可能面临变化和不确定性，需要及时适应和调整计划
监控和报告	监控社群运营的关键指标和数据，定期生成报告，向上级汇报状态

如果团队没有项目管理工具，如钉钉、OA 系统，可以借助腾讯在线文档搭建线上项目管理工具，如图 1.16 所示。

xx项目管理						
小组成员：张三、李四、王五			正在做　待审核　正在审核	已完成	[illegible]	存疑，附上批注
序号	任务	详细内容与要求	负责人	提交时间节点	完成进度	完成情况
例	《新媒体行业资讯渠道》汇总表美观设计与统一格式	统一各级格式标准，并根据不同层级内容，用不同颜色、字体大小进行区分	张三	7.25　16:00	正在做	已完成v1.0，正在迭代形成v2.0
1	xxxxxxxx	xxxxxxxx	xxx			
2	xxxxxxxx	xxxxxxxx	xxx			
3	xxxxxxxx	xxxxxxxx	xxx			
4	xxxxxxxx	xxxxxxxx	xxx			
5						

图 1.16　线上项目管理工具

翻转一下

工具设计：请打开腾讯在线文档，参照上文提到的“线上项目管理工具”，创建表格，复刻该工具。

（二）培训

在团队管理中，有效的培训工作可以提升团队成员的技能，提高整体绩效和团队的协作能力。培训工作要点如表 1.7 所示。

表 1.7　培训工作要点

工作要点	描述
识别培训需求	了解私域运营团队成员的现有技能和知识水平，确定他们需要哪些培训来提升工作能力。通过谈话、绩效评估和团队讨论等方式收集需求信息
制订培训计划	基于识别出的培训需求，制订培训计划，包括培训内容、形式、时间和地点等信息。确保培训主题与私域运营目标和工作内容相符
选择培训方法	根据培训内容和团队成员的特点，选择合适的培训方法，如内部培训、外部培训、在线培训等
定制培训内容	确保培训内容与私域运营工作相关，能够提升工作效能
安排培训时间	确定合适的培训时间，避免影响团队成员的正常工作。考虑选择非工作时间
准备培训资源	准备培训所需的教材、工具和设备，确保培训环境舒适
互动和实践	在培训过程中，鼓励互动和实践，增强学员的参与度和学习效果

续表

工作要点	描述
反馈和评估	收集团队成员的培训反馈意见，了解培训效果和改进的空间。根据反馈调整培训内容和方法，不断提升培训质量
持续学习	培养团队的持续学习文化，鼓励团队成员积极参与培训。主管可提供学习资源，让学习成为团队日常工作的一部分
跟踪效果	培训后，跟踪团队成员的表现和工作效率的变化。如果发现培训效果显著，可以进一步考虑类似的培训活动，提升整体团队能力

（三）例会与复盘

例会与复盘是私域流量运营业务的常见活动，也是“扁平化”组织常见的部门活动。例会与复盘期间，员工可以直接向主管反馈、参与研讨或进行头脑风暴，这将有助于发现问题、实现创新等。

小贴士

“复盘”原本是围棋术语，指对弈者下完一盘棋后，重新在棋盘上把对弈过程演练一遍，观察哪些地方下得好或者差，并思考更好的下法。

对于职场新人来说，复盘将使他们快速成长。作为互联网项目的主管，应该将复盘意识和复盘习惯带给员工，让他们掌握复盘的技巧。

（四）团队文化建设

团队文化建设旨在形成团队的共同价值观并创造积极的工作氛围，使团队成员能够更紧密地合作，以促使个人目标与团队目标达成一致，并在共同的文化框架下发挥最佳水平。基于私域流量运营业务的特点，该项工作要点如表 1.8 所示。

表 1.8　团队文化建设工作要点

工作要点	描述
明确价值观	确定团队的核心价值观，如传承传统文化、乡村助农等，并以此作为团队文化的基础
主管示范	主管在文化建设中充当榜样，积极践行团队价值观，引导成员端正工作态度、采取正确的行为
沟通透明	建立开放的沟通氛围，让成员感受到自己可以自由表达意见、分享想法
培养团队精神	强调团队合作的重要性，鼓励成员互相支持、学习，建立紧密的协作关系
激励奖励	设计激励制度，奖励符合团队文化的行为和贡献，激励成员积极参与
鼓励创新	打造鼓励创新的文化氛围，支持成员提出新点子、尝试新方法，推动业务创新
培训发展	提供培训和发展机会，帮助成员提升技能，增强团队成员的自信心和满足感
认同多元性	尊重成员的多样性，包括背景、经验和思维方式，鼓励创意和多角度思考

业务操作

业务内容：为“王大爷茶饮”奶茶店发布一则“私域流量运营专员”岗位招聘信息

工作要求：

1. 由于不同行业的私域流量运营工作内容和工作要求不太一样，请从网络上收集整理不同行业或产品的私域流量运营岗位职责资料。

2. 请从用人单位角度，完成部门人力需求申请表。

任务工具：

“部门人力需求申请表”，扫描二维码下载此表。

部门人力需求申请表

操作步骤：

1. 登录 BOSS 直聘、猎聘等招聘网站，根据行业、工作经验等条件查找“私域流量运营”相关的岗位信息，如图 1.17 所示。

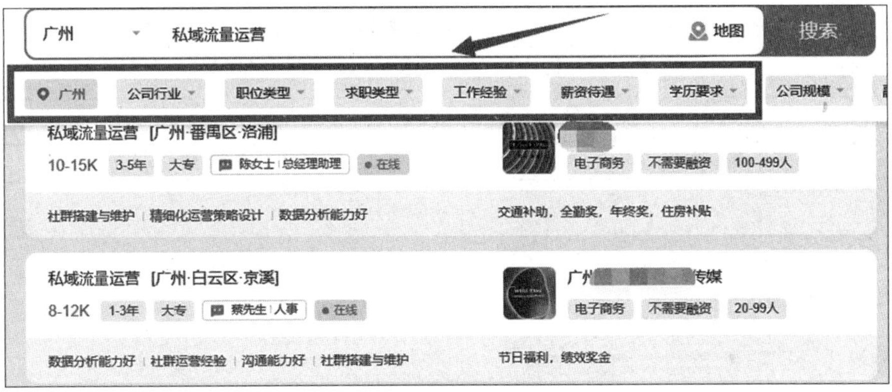

图 1.17　某招聘网站岗位筛选页面

2. 整理归纳私域流量运营岗位信息，如图 1.18 所示。

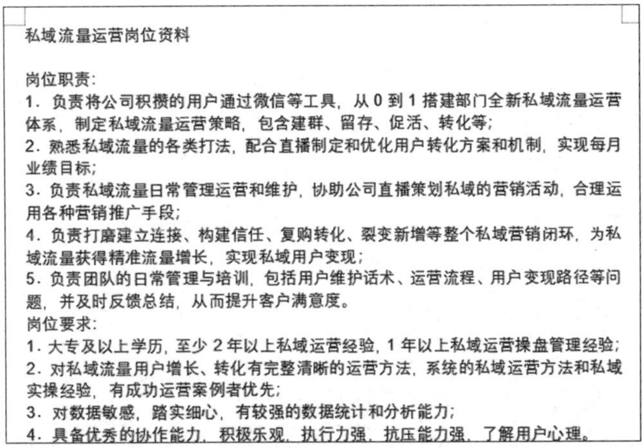
私域流量运营岗位资料

岗位职责：

1. 负责将公司积攒的用户通过微信等工具，从 0 到 1 搭建部门全新私域流量运营体系，制定私域流量运营策略，包含建群、留存、促活、转化等；

2. 熟悉私域流量的各类打法，配合直播制定和优化用户转化方案和机制，实现每月业绩目标；

3. 负责私域流量日常管理运营和维护，协助公司直播策划私域的营销活动，合理运用各种营销推广手段；

4. 负责打磨建立连接、构建信任、复购转化、裂变新增等整个私域营销闭环，为私域流量获得精准流量增长，实现私域用户变现；

5. 负责团队的日常管理与培训，包括用户维护话术、运营流程、用户变现路径等问题，并及时反馈总结，从而提升客户满意度。

岗位要求：

1. 大专及以上学历，至少 2 年以上私域运营经验，1 年以上私域运营操盘管理经验；

2. 对私域流量用户增长、转化有完整清晰的运营方法，系统的私域运营方法和私域实操经验，有成功运营案例者优先；

3. 对数据敏感，踏实细心，有较强的数据统计和分析能力；

4. 具备优秀的协作能力，积极乐观，执行力强，抗压能力强，了解用户心理。

图 1.18　将私域流量运营岗位信息汇总至文档

3. 打开“部门人力需求申请表”，填写私域流量运营岗位相关内容，如图 1.19、图 1.20 所示，然后提交。

部门人力需求申请表

申请日期：x 月 xx 日　　要求到岗日期：x 月 xx 日

需求职位名称		空缺人数		隶属部门	
申请原因	□离职补缺：________　□替换人员：________　□岗位调动：________ □业务发展扩编现有编制：____人　□新增职位，须附《岗位说明书》				
职位要求					
项目		最低要求/底限水平	项目		最低要求/底限水平
基本期望	性别	□不要求　□要求：	工作经验	行业背景	□不要求　□要求：
	年龄	□不要求　□要求：		工作年限	□不要求　□要求：大于 3 年
	薪酬	□不要求　□要求：		跳槽频率	□不要求　□要求：________
教育背景	学历	□不要求　□要求：本科	必备技能	电脑水平	□不要求　□要求：________
	专业	□不要求　□要求：		外语水平	□不要求　□要求：________
优先条件					
其他补充要求					

图 1.19　部门人力需求申请表截图

工作要求	
职位描述	任职要求

图 1.20　职位描述与任职要求

思考与练习

一、单选题

1. 私域流量的主要特点是（　　）。

A. 集体共有　　B. 随时及反复触达　　C. 成本高昂　　D. 难以挖掘

2. 下列不属于私域流量类型的是（　　）。

A. 粉丝　　B. 好友　　C. 社群　　D. 路人

3. SCRM 强调的是（　　）。

A. 单向营销　　B. 消费者参与和双边互动

C. 产品销售　　D. 售后服务

4. 以下属于私域流量载体的是（　　）。

A. 公共广告牌　　B. 企业自己的网站

C. 竞争对手的社交媒体账号　　　　　D. 电视广告

5. 在私域流量运营中，以下措施对于提高用户黏性最有帮助的是（　　）。

A. 减少与用户的互动频率　　　　　B. 定期推送大量营销信息

C. 提供个性化的服务和体验　　　　D. 忽视用户的反馈和建议

二、判断题

1. 私域流量是指那些可以通过公共平台免费获取的流量资源。（　　）

2. 私域流量类型中的“粉丝”和“好友”在本质上没有区别，都是指对品牌或个人有高度认同感的用户。（　　）

3. 社群成员因为共同的兴趣或需求聚集在一起，企业可以通过社群进行品牌推广和销售。（　　）

4. 会员制度主要用于吸引新客户，对于老客户的维护和留存没有太多帮助。（　　）

5. 私域流量运营的核心目标是通过各种渠道向用户发送尽可能多的营销信息，以提高转化率。（　　）

三、思考题

请简述私域流量与公域流量的主要区别，并举例说明私域流量运营对企业有何益处。

项目 1 参考答案

项目2 认识私域用户

学思浅悟

用户至上：私域用户维护的核心原则

始终把人民生活幸福作为"国之大者"，以最广大人民根本利益作为一切工作的根本出发点和落脚点，这是我们始终应该坚持的宗旨。这一理念在私域用户维护中也具有重要的指导意义。

私域用户维护着眼于用户的需求和利益，是保障用户权益、提升用户满意度的重要工作。我们要始终将用户利益放在首位，关注用户的实际需求，倾听用户的意见和建议，为用户提供优质的产品和服务。只有真正以用户的满意度为导向，才能够赢得用户的信任和支持，实现长期稳健的发展。

此外，我们要善于把握用户的核心利益诉求，关注用户的权益保障，为用户提供真正有价值的产品和服务。在私域用户维护中，要坚持真诚、贴心、高效的原则，努力为用户创造更好的体验。

教学目标

知识目标

1. 了解私域用户、私域流量池的概念和私域用户的意义；
2. 掌握用户调研的方法和步骤；
3. 熟悉私域目标用户画像的分类和构建方法；
4. 掌握私域用户类型与等级设计的用途和方法；
5. 了解用户维护的意义和工具；
6. 掌握用户维护方案的结构和设计方法。

技能目标

1. 能够运用用户思维和需求洞察进行私域流量调研；
2. 能够运用 RFM 模型等工具进行用户分层和分级；
3. 能够根据不同类型和等级的用户实施差异化运营和精准营销；
4. 能够利用客户数据中台和 SCRM 等工具进行用户维护；
5. 能够编写符合实际业务的用户维护方案。

素养目标

1. 培养以人为本、以客为尊的服务意识；
2. 增强对数字化时代下企业发展趋势和市场变化的敏锐度和洞察力；
3. 提高在市场营销和产品设计等领域的专业素养和创新能力。

任务 1 私域用户基本认知

任务引例

HZW 是知名母婴品牌，其私域运营模式非常成功，拥有几千万的付费会员。其中关键点就是对海量的会员进行精细化的分类，做到个性化、定制化服务。为了实现这一点，HZW 给用户打上了 200 多个不同的标签，包括用户常规信息、消费习惯、消费偏好等，从而对私域用户进行精细化维护。

任务描述

在当今数字化时代，了解和管理私域用户已成为企业持续发展的关键。本任务将探讨私域用户的重要性和构建私域目标用户画像的方法。

知识准备

一、认识私域用户

（一）私域用户及私域流量池

1. 私域用户的定义

私域用户是指能够沉淀在特定品牌、企业、个人等自有渠道内的用户群体，他们在品牌或个人的官网、App、社交媒体粉丝群、邮件订阅等自有平台上产生互动，参与购买、评论、分享等活动。与第三方平台上的流量不同，私域用户是沉淀到企业或个人自身控制范围内的用户，因此更容易进行精细化的管理和运营。

2. 私域用户的特点

（1）自有渠道：私域用户主要分布在企业或个人自己搭建的渠道内，这些渠道不受第三方平台的限制和干扰，可以更加自由、灵活地与用户建立稳定的联系。企业或个人可以根据自己的目标和策略，设计更具个性化和深度的用户互动方案，提升用户体验和满意度。

（2）高忠诚度：私域用户通常对企业或个人有着较高的兴趣和认同感，他们不仅关注产品或服务的质量和效果，更关注品牌的文化和价值。这为企业或个人打造独特的粉丝社区创造了条件。这些粉丝之间有着共同的兴趣点和价值观，他们可以相互交流和互动，也为品牌传播提供了有力支持。

（3）高精准度：私域用户的行为数据可以在自有渠道内被完整地收集和分析。通过对用户的行为、互动、浏览等数据进行深入挖掘，可以更准确地划分用户群体，更有效地定制内容和服务，更精准地触达目标用户。

（4）个性化互动：在自有渠道内，企业或个人可以与私域用户进行更为个性化和多样化的互动。通过定向推送、私信回复、在线咨询等方式，提供更有针对性和价值的信息和服务。这种个性化的互动不仅能够增加用户对企业或个人的信任度和好感度，还能够提升用户的参与度和活跃度。

（5）高转化率：私域用户的高转化率是基于对用户需求的充分满足而实现的。通过精细化的用户画像和个性化的运营策略，可以更好地匹配用户的期望，从而提高用户在自有渠道内进行购买、转发、评论等行为的可能性。这种转化率不仅体现在交易层面，也体现在用户在自有渠道内的互动和参与层面。

（6）长期价值：私域用户与企业或个人之间的关系不是一次性的交易关系，而是一个长期的合作关系。通过持续地输出高质量的内容和服务，可以不断地满足用户在不同阶段的需求，从而将一次性的用户转变为具有重复消费和互动行为的忠实用户。这种长期价值的积累，对于企业或个人的品牌建设和商业发展具有重要意义。

（7）触达成本低：私域用户的触达成本相比于公域用户的触达成本要低得多。因为私域用户已经在自有渠道内建立了与品牌或者内容的连接，所以企业或个人不需要再通过第三方平台去获取和吸引他们，只需要通过自己的渠道，定期地向他们推送有价值的信息和服务，就可以保持和增强与他们的联系。

3. 私域流量池

私域流量池是对私域流量的构建方式，其目的是让私域流量汇聚成池并能变现转化。私域流量能成池，也能成湖成海，关键在于能否对流量进行打通连接，形成交叉覆盖，建立网状人链。目前，市场上最广泛使用的私域流量池工具分别是基于微信生态的私域流量池和基于自有 App 的私域流量池。

（二）私域用户的意义

私域用户不仅是数字和数据的集合，更是品牌、企业或个人的宝贵资产。这些用户在品牌的自有渠道上产生互动，表达对品牌的兴趣和信任。相比于第三方平台上的流量，私域用户具有更高的忠诚度和参与度。了解这些用户，掌握他们的喜好、需求和行为，将成为私域流量运营成功的关键因素之一。私域用户的意义如下：

1. 私域用户代表着用户与品牌建立的稳定关系

私域用户愿意在品牌的自有渠道上进行互动，购买产品或服务。了解私域用户，不仅可以为他们提供更有针对性的体验，还可以建立更加牢固的信任基础。这种信任是与用户之间持续互动的基石，也是提升忠诚度和口碑的源泉。

2. 私域用户画像构建了个性化运营的基石

通过深入了解用户的兴趣、喜好和购买习惯，可以创造更加个性化的内容、服务和产品。这种定制化的运营方式，能够更好地满足用户的需求，提升用户的满意度和忠诚度。例如，一些品牌会根据私域用户的数据分析，为他们推荐适合的产品或套餐，或者根据他们的生日、节日等特殊场景，发送定制化的祝福和礼物。

3. 私域用户数据是指导战略决策的有力支撑

通过分析用户的行为和互动数据，可以更深刻地了解用户的需求、痛点和期望。这些数据不仅可以指导营销策略的制定，还可以影响产品创新和业务模式的调整，使运营的决策更加精准而高效。例如，某教育平台通过收集私域用户的学习进度、反馈、评价等数据，发现用户对于在线直播课程的需求和偏好，并据此开发新的课程形式和内容，提升了用户的学习效果和满意度。

4. 深入了解私域用户，有助于挖掘他们的潜在价值

通过满足他们的需求、理解他们的喜好，可以拓展用户的消费范围，提高用户的购买频率和幅度。私域用户不仅代表着当前的价值，更意味着长期的消费潜力，从而为品牌创造持续的商业回报。例如，某美妆品牌通过与私域用户进行多场景、多维度、多频次的互动，了解他们对于美妆产品和服务的需求，根据不同阶段、不同场合、不同风格等特点推荐适合他们使用或尝试的新品，并提供试用装、赠品等激励措施，促进了用户的复购和增购。

5. 私域用户的忠诚度常常伴随着积极的口碑传播

私域用户愿意分享自己的消费体验，将他们对品牌的认同与忠诚传播给更多的人。这种用户生成的内容和口碑，对于品牌影响力的扩散有着不可忽视的作用。例如，某旅游平台通过为私域用户提供优质的旅游服务和体验，激发了他们在社交媒体上晒图、晒单、晒评价等行为，从而吸引了更多的潜在用户关注和咨询，提升了品牌的知名度和美誉度。

6. 私域用户是品牌在市场波动中的稳定力量

相较于受第三方平台政策变化的影响，运营方可以相对自主地运营和管理私域用户。根据他们的反馈和需求，及时调整运营策略，更好地适应市场的变化。而且，现在的互联网热点信息传播领域存在“马太效应”，即公众更容易被社会热点吸引，若某个行业的热点长期被行业某些 KOL 或品牌把持，那么行业内其他品牌就得不到关注，长此以往，其他品牌的发展就会出现危机。例如，在我国的新能源汽车和手机行业，这种现象就较为明显。出现这种情况时，品牌及时搭建自己的私域流量池是关键应对举措。不然，品牌的“声音”无法被潜在客户听到，存在被遗忘的风险。

二、如何认识私域流量

（一）用户思维

要认识私域流量，首先要有用户思维。用户思维就是以用户为中心，关注用户的需求、期望和体验，从而指导企业的产品设计、营销策略制定等。用户思维中的“共情能力”是关键，共情能力包括以下几个方面：一是洞察、尊重、理解用户，不同国家、地区、文化圈的用户有不同的行为习惯，私域运营者要根据不同用户群体的需求，挖掘他们的共情点；二是创造共情内容，共情内容是一种基于共情的内容创作方式，目的是与用户建立情感共鸣，让他们感受到被理解和关心；三是实现共情，赢得用户的认可和喜爱。

（二）用户需求洞察

私域流量运营的本质是用户运营，用户是私域流量的源泉和目标。要想有效地运营私域流量，就必须深刻理解和满足用户的需求，提供更有价值的内容、产品和服务。因此，对用户需求进行洞察是私域流量运营的关键步骤，可以帮助我们找到用户留存和转化的动机和方法。用户需求可以从个体需求和群体需求两个方面进行分析。

1. 个体需求

个体需求是指每个用户作为一个独立的人，对自己的生存和发展有不同层次的需求。马斯洛需求层次理论将个体需求分为五个层次，从低到高依次是生理需求、安全需求、社交需求、尊重需求和自我实现需求。私域流量运营要针对不同层次的个体需求，提供相应的解决方案和价值主张。

例如，对于生理需求，可以提供与健康、美容、饮食等相关的内容和产品；对于安全需求，可以提供与保险、理财、法律等相关的内容和产品；对于社交需求，可以提供与交友、娱乐、社区等相关的内容和产品；对于尊重需求，可以提供与职业、教育、品牌等相关的内容和产品；对于自我实现需求，可以提供与创业、学习、兴趣等相关的内容和产品。

2. 群体需求

个体需求比较个性化，无法充分体现群体属性。作为群体，它也有自己的需求。

社会上存在各种各样的群体，如大学生群体、年轻女性群体、篮球爱好者群体、职场中年男性群体等。个体一般带有几个群体身份标签。社会其他群体对某群体的评价会影响这个群体中的个体，这种情况下，会形成“群体利益”概念。该群体中的个体会不自觉地维护群体的利益，因为这也是在维护他自己的利益。

为了维护或增加“群体利益”，就会产生“群体需求”。常见的群体需求有维持群体的生存、维护群体共同利益、实现群体共同目标、给予成员归属感、获得成员认同感、获得其他群体的认同与赞赏等。但也存在为了突出群体的优越感，可能会贬损其他群体的情况。

其中“获得其他群体的认同与赞赏”是品牌获得目标用户群体认可的关键，因为他们会认为成为某品牌的用户群体会得到社会其他群体的认同与赞赏。获得认同与赞赏是个体需求里面比较高层次的需求。例如，如果社会大众认为拥有某品牌的汽车是财富的象征，那么该品牌会受到追捧，其用户也会不自觉地维护品牌形象。

三、构建私域用户画像

（一）用户画像的概念

用户画像是指根据用户的属性、用户偏好、生活习惯、用户行为等信息而抽象出来的标签化用户模型。通俗地说就是给用户打标签，而标签是通过对用户信息分析而得来的高度精练的特征标识，即利用一些高度概括、容易理解的特征来描述用户。私域用户画像可以帮助企业更准确地了解和满足用户的需求，提高营销效率和转化率。

（二）私域用户画像构建的意义

1. 战略层面

私域用户画像可以帮助品牌或企业更清晰地定义核心用户群体。这有助于集中资源和精力，精准定位市场，从而在市场竞争中脱颖而出。

2. 营销层面

私域用户画像可以为营销团队提供有针对性的指导。通过深入了解目标用户的喜好、偏好和需求，可以更精确地制定营销策略，创造吸引力更强的内容，提高用户的参与度和忠诚度。

3. 运营层面

私域用户画像可以指导产品、服务或内容的设计。了解用户的需求和行为习惯，可以优化产品功能、界面设计等，提升用户体验，从而提高用户的满意度和留存率。

（三）私域用户画像的分类

私域用户画像可以根据不同的维度进行分类，以更好地理解和满足不同类型用户的需求。以下是一些常见的私域用户画像分类方式。

1. 根据用户的基本属性分类

如根据年龄、性别、地域、收入、教育等，可以将用户划分为不同的人口统计学群体。这种分类方法可以帮助企业了解用户的一般特征和背景，但不能很好地反映用户的个性和需求。例如，划分为华南地区用户、华中地区用户和西南地区用户。

2. 根据用户的心理特征分类

如根据性格、价值观、兴趣爱好、生活方式等，可以将用户划分为不同的心理画像群体。这种分类方法可以帮助企业了解用户的内在动机和偏好，更容易实现个性化、精准化营销。

3. 根据用户的行为数据分类

如根据购买行为、消费频次、消费金额、浏览记录、点击率等，可以将用户划分为不同的行为画像群体。这种分类方法可以帮助企业了解用户的实际表现和需求。

（四）用户数据调研与分析

私域运营者要想有效地开展运营工作，必须了解用户的需求。为了获取用户需求数据信息，可以通过以下几种途径。

1. 问卷调查法

通过向目标用户发放设计好的问卷，收集并分析用户的回答，从而了解用户群体的特征和需求。问卷调查法的具体步骤如下：

（1）明确问卷的目的和指标。

这一步需要根据产品的定位和目标用户，确定要了解的用户特征和相关信息。例如，为了调查对茶产品感兴趣的用户群体，可以设计如表 2.1 所示的用户调查问卷。

表 2.1 用户调查问卷

指标	选项
性别	A. 男性 B. 女性
年龄	A. 18 岁以下 B. 18～24 岁 C. 25～34 岁 D. 35～44 岁 E. 45 岁以上
职业	A. 学生 B. 教师 C. 白领 D. 自由职业者 E. 其他
收入（元）	A. 3 000 元以下 B. 3 000～5 000 元 C. 5 000～8 000 元 D. 8 000～12 000 元 E. 12 000 元以上
喜欢的茶类	A. 绿茶 B. 红茶 C. 黑茶 D. 白茶 E. 花草茶 F. 其他
每天饮茶次数	A. 不喝茶 B. 1～2 次 C. 3～5 次 D. 6 次以上
饮茶场合	A. 家中 B. 办公室 C. 茶馆 D. 餐厅 E. 其他
饮茶原因	A. 解渴 B. 养生 C. 社交 D. 品味 E. 其他
对茶产品的期待	A. 品质优良 B. 包装精美 C. 价格合理 D. 功能多样 E. 其他

问卷设计时，注意问卷的长度不能太长；可以设置陷阱题，避免出现无效问卷。

（2）问卷投放。

通常情况下可以使用问卷星、腾讯问卷等工具进行问卷的制作，制作完成后可以通过以下方式进行问卷的投放。

1）在社交媒体平台上，如微信、微博、知乎等，在茶文化或茶产品相关的社群或话题中分享问卷链接。可以通过设置奖励机制，如抽奖、优惠券等，增强用户的参与意愿。

2）在线下的茶馆或茶叶店，设置问卷二维码或纸质问卷，邀请到店的顾客或茶友填写。可以通过提供免费品茗、赠送茶样等方式，提高用户的参与度。

3）通过邮件或短信，向已有的茶产品消费者或潜在消费者发送问卷链接，收集他们对茶产品的反馈和建议。可以通过提供积分、折扣等方式，激励用户填写问卷。

（3）问卷的收集与分析。

这一步需要对收集到的问卷数据进行清洗、整理和统计，得出用户群体的基本特征和需求。具体操作如下：

1）对问卷数据进行清洗，剔除无效问卷，如不完整、不真实、不符合条件的问卷。

2）对问卷数据进行整理，按照不同的问题或指标，将用户的回答分类、编码和汇总。

3）对问卷数据进行统计，使用描述性统计或推断性统计的方法，计算用户回答的频数、百分比、平均数、标准差等指标，反映用户群体的分布和差异。

4）对问卷数据进行分析，使用图表、报告或演示文稿的形式，展示用户群体的特征和需求，找出用户群体的共性和个性，为产品设计提供依据。

小贴士

问卷调查法的优点：

（1）广泛覆盖：问卷调查法能够快速广泛地涵盖大量的用户，提供多样化的回答和意见，从而获取更全面的数据。

（2）定量分析：问卷数据可以进行定量分析，通过统计和数据处理，得出客观的数值结果，有利于了解用户群体的特点和趋势。

（3）低成本：相对于其他研究方法，问卷调查法的成本较低，不需要大量的人力和物力投入，适用于预算有限的情况。

问卷调查法的不足：

（1）样本偏差：由于样本选择不当或样本量不足，可能导致数据的偏差，无法完全代表整个用户群体。

（2）主观性和误导性：一些用户可能在回答时受主观因素影响，或者因为误解问题而提供不准确的回答。

（3）缺乏深度：问卷调查法难以深入挖掘用户的深层需求和动机，对于一些复杂问题可能无法提供详尽的解释。

（4）问卷疲劳：过长或重复性的问题可能导致用户疲劳，影响他们的参与度和回答的真实性。

2. 大数据分析法

通过收集和分析用户在互联网上的行为数据，如浏览、点击、购买、评论等，了解用户的偏好和需求。大数据分析法的具体步骤如下：

（1）明确分析的目的和指标。这一步需要根据产品的定位和目标用户，确定要了解的用户特征和相关信息。例如，为了分析小红书平台上对茶产品感兴趣的用户群体，可以确定如下分析指标：用户数量、用户画像、用户行为、用户满意度等。

（2）数据的采集和存储。这一步需要使用数据采集工具，如百度统计、友盟＋等，对用户在小红书平台上的行为数据进行实时监测和记录，并将数据存储在数据库中，如 MySQL、MongoDB 等。

（3）数据的清洗和处理。这一步需要对采集到的数据进行质量检验，剔除无效数据，如重复、错误、异常的数据，并对数据进行格式化、归一化、标准化等处理，使数据符合分析要求。

（4）数据的分析和挖掘。这一步需要使用数据分析工具，如 Excel、SPSS 等，对数据进行描述性分析、关联性分析、聚类分析、分类分析等，从中发现用户群体的规律和特点。

（5）数据的可视化和呈现。这一步需要使用数据可视化工具，如 Tableau、Power-BI、Echarts 等，将数据分析结果以图表、仪表盘或报告的形式展示出来，突出重点信息，便于理解和传达。

小贴士

大数据分析法的优点：

（1）高效性：大数据分析法能够快速地处理海量的用户数据，提供实时的反馈和结果，有利于及时调整产品策略。

（2）客观性：大数据分析法基于用户真实的行为数据，不受主观因素影响，能够反映用户真实的需求和偏好。

（3）深度性：大数据分析法能够深入挖掘用户的潜在需求和动机，发现用户群体的细分和差异化，为产品创新提供灵感。

大数据分析法的不足：

（1）技术难度：大数据分析法需要高水平的技术人员和设备支持，涉及复杂的算法和模型，对于一般运营者来说难以掌握和应用。

（2）安全风险：大数据分析法涉及用户隐私和敏感信息的收集和处理，可能引发用户不满或法律纠纷，需要注意保护用户权益。

3. 一对一深度访谈

通过与目标用户进行面对面或电话的一对一交流，收集并分析用户的观点、感受和经验，从而了解用户的需求和问题。一对一深度访谈的具体步骤如下：

（1）明确访谈的目的和指标。这一步需要根据产品的定位和目标用户，确定要了解的用户特征和相关信息。例如，为了了解对茶产品感兴趣的用户群体的消费习惯和偏好，可以设计如下访谈指标：用户对茶产品的认知、用户对茶产品的购买动机、用户对茶产品的使用场景、用户对茶产品的满意度等。

（2）访谈提纲的设计和准备。这一步需要根据访谈指标，设计出合理的访谈提纲，包括开场白、主要问题、结束语等。同时，需要准备好访谈所需的工具和材料，如录音笔、笔记本、茶具等。

（3）访谈对象的筛选和邀请。这一步需要根据产品的目标用户，选择合适的访谈对象，通常需要考虑以下因素：年龄、性别、地域、职业、收入、教育等。同时，需要利用合适的方式邀请访谈对象参与访谈，可以通过以下方式进行：

第一，在茶文化或茶产品相关的社群中发布语音或视频访谈邀请，可以通过设置奖励机制，如奖品、优惠券等，提高用户的参与意愿。

第二，在线下的茶馆或茶叶店，向到店的顾客或茶友发出访谈邀请，并与他们约定访谈时间和地点。

（4）访谈的实施和记录。这一步需要按照访谈提纲，与访谈对象进行一对一交流，注意以下几点：

1）保持友好和尊重的态度，使访谈对象产生信任感。

2）使用开放式问题，引导访谈对象自由表达自己的观点和感受。

3）避免提供暗示或引导性的信息，保持中立、客观。

4）及时进行回应和反馈，鼓励访谈对象继续深入探讨。

5）记录下访谈对象的回答和表情，或者使用录音笔进行录音。

（5）访谈数据的整理和分析。这一步需要对收集到的访谈数据进行归纳、总结和解读，得出用户群体的需求和问题。具体操作如下：

1）对访谈数据进行整理，将录音转化为文字，并按照不同问题或指标分类。

2）对访谈数据进行归纳，将不同用户对同一问题或指标的回答进行汇总，并找出其中的共性和个性。

3）对访谈数据进行解读，从中发现用户群体的需求和问题，并提出相应的建议或改进方案。

小贴士

一对一深度访谈的优点：

（1）灵活性：能够根据不同的访谈对象和情况，灵活地调整访谈提纲和方式，从而获取更多的有效信息。

（2）保证数据质量与真实性：能够与访谈对象进行深入的沟通，获取更多的细节和背景信息，从而提高数据的质量和真实性。

（3）互动性：能够与访谈对象建立良好的关系，增加用户的参与度和忠诚度，从而提高用户的满意度和口碑。

一对一深度访谈的不足：

（1）时间成本：需要花费较长的时间，从筛选访谈对象到进行访谈数据分析，整个过程可能耗时数周甚至数月。

（2）人力成本：需要较多的人力资源，从邀请访谈对象到进行访谈数据分析，整个过程可能需要多名专业人员参与。

（3）样本限制：由于时间和人力的限制，一对一深度访谈难以覆盖大量的用户，可能导致样本不足或不具有代表性。

4. A/B 测试法

A/B 测试法是一种通过对比两个或多个版本的产品或功能，观察用户的反应和行为，从而评估哪个版本更符合用户需求的方法。A/B 测试法的具体步骤如下：

（1）明确测试的目的和指标。这一步需要根据产品的目标和问题，确定要测试的产品版本或功能，以及要衡量的指标，如点击率、购买率、收藏率等。例如，为了测试小红书平台上的用户群体对不同茶产品的感兴趣程度，可以设计如下 A/B 测试：

A 组：展示铁观音、普洱、龙井等不同种类和等级的茶叶。

B 组：展示红茶、绿茶、花茶等不同种类和风味的茶包。

指标：点击率、收藏率、购买率等。

（2）测试的设计和实施。这一步需要确定测试的样本量和分配方法，以及测试的时间和频率，然后使用工具或代码实现测试方案。例如，为了保证测试结果的有效性和可靠性，可以使用以下方法确定样本量和分配方法。

第一，使用公式或工具计算所需的最小样本量，根据预期效果、置信水平、显著性水平等因素，得出每组至少需要多少用户参与测试。

第二，使用随机分配法，将用户随机分配到A组或B组，避免因为用户特征或行为的差异而影响测试结果。

第三，使用分层抽样法，根据用户对茶产品的感兴趣程度进行分层，然后在每一层内随机分配用户到A组或B组，保证两组用户在重要特征上的均衡性。

（3）测试结果的收集和分析。这一步需要对收集到的数据进行统计和检验，比较两组用户在指标上的差异，判断哪一组产品更受用户欢迎。例如，为了比较两组用户在点击率、收藏率、购买率等指标上的差异，可以使用以下方法进行数据分析。

第一，使用描述性统计方法，计算两组用户在各个指标上的平均值、标准差、最大值、最小值等指标，观察两组用户在各个指标上的表现。

第二，使用假设检验方法，如T检验、卡方检验等，检验两组用户在各个指标上是否存在显著差异，得出结论是否拒绝原假设。

第三，使用效果量分析方法，衡量两组用户在各个指标上差异的大小和方向，评估实验效果的意义。

小贴士

A/B测试法的优点：

（1）实用性：A/B测试法能够直接反映用户对不同产品版本或功能的反馈和行为，有利于验证产品假设和优化产品设计。

（2）灵活性：A/B测试法可以针对不同的问题和目标进行定制化设计，可以同时进行多个测试或多变量测试，提高产品迭代速度。

（3）简单性：A/B测试法相对于其他研究方法来说较为简单易行，不需要复杂的技术和设备支持，只需要合理地设计和实施测试方案即可。

A/B测试法的不足：

（1）局限性：A/B测试法只能比较两组或少数几组产品的版本或功能，难以涵盖所有可能的情况和变量，可能忽略一些重要的因素或影响。

（2）不稳定性：A/B测试法的结果可能受到外部环境或内部因素的干扰，如季节、节日、竞争对手、用户心理等，导致结果的不稳定和不可复制。

（3）不完善性：A/B测试法只能反映用户的表现层需求和偏好，难以深入了解用户的深层需求和动机，对于一些创新性或探索性的产品问题可能无法提供有效的解决方案。

职场案例

T咖啡店的A/B测试案例

T咖啡店在进行私域流量运营时，根据运营计划进行如下A/B测试：圈选一批会员用户为目标受众，分别设置对照组、实验组1和实验组2，对应组的发券策略分别为：不触达、无门槛8折券、满80减15。在测试进行一周后，T咖啡店运营人员对试验结果进行深度分析，找到针对这批用户相对有效的发券策略，从而实现目标人群圈选、内容差异化推送、复购率提升等业务的优化。

（五）私域用户画像的构建案例

1. 细分群体

每个细分群体应该具有相似的特征和需求，并且与其他群体有明显的区别。假设某茶叶品牌要开展私域流量运营业务，可以根据私域用户数据，将他们划分为不同的细分群体，如表2.2所示。

表2.2 某茶叶品牌用户细分群体

细分群体	基本属性	心理特征	行为数据	需求层次
茶文化爱好者	年龄：25～40岁 性别：男女不限 地域：全国 职业：白领、自由职业者等	爱好茶文化、注重品质、追求健康、有文化修养、喜欢分享和交流等	喜欢阅读茶文化相关书籍和文章、参加茶文化活动、购买高品质的茶叶和茶具等	了解茶文化的历史和传统、学习如何泡茶和品茶、寻找高品质的茶叶和茶具等
茶饮爱好者	年龄：18～40岁 性别：男女不限 地域：全国 职业：学生、白领等	爱好各种口味的茶饮、注重新鲜度和口感、追求时尚和个性、喜欢分享和互动等	喜欢购买各种口味的茶饮、参加茶饮品鉴活动、关注时尚潮流等	了解各种茶饮的制作方法和口感特点、寻找新颖有趣的茶饮品牌和产品等
茶叶消费者	年龄：30～50岁 性别：男女不限 地域：全国 职业：中高收入人群等	爱好高品质的茶叶、注重品牌信誉和口碑、追求健康和养生等	喜欢购买高品质的茶叶、关注各种优惠活动和促销信息等	了解各种茶叶的产地和品种特点、寻找高品质的茶叶品牌和产品等

在这个例子中，我们将某茶叶品牌的私域用户划分为三个细分群体，即“茶文化爱好者”“茶饮爱好者”“茶叶消费者”。每个细分群体都有不同的基本属性、心理特征、行为数据和需求层次，我们可以根据这些特征，为他们创建具体的用户画像，为后续制定私域流量运营策略做准备。

2. 创建具体的用户画像

梳理、归纳细分群体的特征，创建具体的用户画像，并对角色进行属性信息、场景等的详细描述，让画像更加丰满、真实。

下面延续上述例子，创建三个具体的用户画像，分别是“茶文化爱好者”“茶饮爱好者”“茶叶消费者”。

（1）茶文化爱好者。

姓名：李文。

年龄：32岁。

性别：男。

地域：北京。

职业：自由撰稿人。

兴趣爱好：阅读、写作、摄影、旅行、茶道等。

消费习惯：喜欢在网上或专业的茶叶店购买高品质的茶叶和茶具，不太在意价格，注重品牌信誉和口碑，经常参加茶文化相关的活动和交流，喜欢分享自己的茶道心得和感受等。

购买动机：了解茶文化的历史和传统，学习如何泡茶和品茶，享受茶道带来的精神境界和生活品位等。

（2）茶饮爱好者。

姓名：张悦。

年龄：24 岁。

性别：女。

地域：上海。

职业：会计师。

兴趣爱好：听音乐、看电影、逛街、美食、健身等。

消费习惯：喜欢在网上或各种茶饮店购买各种口味的茶饮，注重新鲜度和口感，追求时尚和个性，经常关注时尚潮流和明星动态，喜欢分享自己的生活点滴和心情等。

购买动机：了解各种茶饮的制作方法和口感特点，寻找新颖有趣的茶饮品牌和产品，满足自己的口腹之欲和审美需求等。

（3）茶叶消费者。

姓名：王强。

年龄：45 岁。

性别：男。

地域：广州。

职业：企业经理。

兴趣爱好：看书、打高尔夫球、收藏、投资等。

消费习惯：喜欢在网上或实体店购买高品质的茶叶，注重品牌信誉和口碑，关注各种优惠活动和促销信息，经常将茶叶作为礼物送给亲友、客户等。

购买动机：了解各种茶叶的产地和品种特点，寻找高品质的茶叶品牌和产品，享受健康和养生的生活方式，提升自己的社会地位，拓展人脉关系等。

构建出画像之后，运营、营销或客服人员可借助画像，快速了解用户基本情况和需求，然后有针对性地联系对方或推送个性化内容给对方，从而达到运营或营销目的。

业务操作

业务名称：根据细分群体创建用户画像

任务描述：假设要为某水果店连锁品牌构建用户画像，经过前期的用户数据调研分析，将他们划分为不同的细分群体，如表 2.3 所示。现在店铺社群里有一名刚步入社会的年轻人“小九”，他经常通过社群下单，且喜欢水果切盘等商品。为了更好地通过私域流量运营服务该客户，店长要求为其做一个用户画像。

表 2.3 某水果连锁店用户细分群体

细分群体	基本属性	心理特征	行为数据	需求层次
健康追求者	年龄：18～50 岁 性别：男女不限 地域：全国 职业：白领、自由职业者等	注重健康饮食、喜爱天然的食物、追求营养价值和天然味道等	喜欢购买新鲜水果、关注水果的营养成分和产地等信息、会选择有机水果品牌等	了解水果的种类和产地、学习如何挑选新鲜水果等
生活便利追求者	年龄：18～35 岁 性别：男女不限 地域：全国 职业：学生、白领等	注重生活便利、追求方便快捷、喜欢分享和互动等	经常通过网上订购或外卖平台购买水果、喜欢选择切好的水果或水果沙拉等便捷产品、喜欢尝试水果饮品等	寻找能节省时间和精力的水果购买方式、寻找能满足口感和营养需求的水果产品、寻找能提升生活品质和乐趣的水果品牌和产品等
礼品购买者	年龄：30～50 岁 性别：男女不限 地域：全国 职业：中高层管理人员、商务人士等	注重礼品的品质、追求个性化和定制化、喜欢分享和交流等	喜欢购买包装精美的水果礼盒、关注水果礼盒的定制服务、寻找独特的水果礼品等	选择高品质的水果作为礼品、关注礼品的精美包装和独特性

工作要求：

1. 设计“小九”的基本信息、兴趣爱好、消费习惯、购买动机等方面的特征，但不能过于夸张、不切实际。

2. 为“小九”配置一张角色照片，能够体现角色特征和所处环境。

3. 把用户画像设计到 PPT 上，并提交。

操作步骤：

1. 为“小九”匹配某个细分群体，细分群体的特征已经梳理过，“小九”基本符合该情况。

2. 可以为“小九”找一些形象照，如宅男、阳光暖男等。

3. 将用户“小九”的画像整合到文档或系统平台中，方便日后调用。

任务 2　私域用户类型与等级设计

任务引例

私域用户等级设计是常用的私域流量运营方法，大部分平台会设计一套用户等级体系以及每个等级对应的福利，例如直播平台，等级高的用户进入直播间会有专属座驾。表 2.4 所示为某家知名家电企业的自建线上商城会员体系。

表 2.4 线上商城会员体系

用户等级	定义	运营策略
等级 1：新手买家	刚刚注册并进行首次购物的用户	平台会主动联系用户，提供必要的购物指导和售后服务
等级 2：普通买家	在平台购物达到一定数量或购物额度的用户，尚未形成明显的忠诚度	平台会为此类用户提供一定的积分或优惠券，以促使他们再次购物
等级 3：高级买家	在平台购物次数和消费额度都达到一定标准的用户，表现出对平台的认可和信任	平台会为此类用户提供更加个性化的优惠和服务，比如专属推荐、快速发货、快速退货退款等
等级 4：VIP 买家	在平台购物次数和消费额度都达到较高标准，并且在社交媒体上具有一定影响力的用户，表现出极高的忠诚度和品牌认同	平台会为此类用户提供更高级别的专属服务，比如定制礼品、个性化活动邀请等
等级 5：至尊 VIP 买家	在平台购物次数和消费额度都达到最高标准，并且在社交媒体上具有极高影响力和号召力的用户，表现出对品牌的绝对忠诚和价值认同	平台会为此类用户提供最高级别的尊贵待遇和超乎想象的高级礼遇，比如高端定制、豪华旅行等

任务描述

为了有效地运营私域流量，对用户进行分类和分级尤为重要。本任务将深入研究私域用户的类型与等级设计，从不同维度对私域用户进行分类。通过了解私域用户的差异性，掌握如何精准运营和个性化营销，提升用户活跃度和裂变效应，提升用户关怀与服务水平，为企业的可持续发展提供支持。

任务描述

一、私域用户类型

（一）按购买阶段分类

在私域流量运营中，根据用户的购买阶段和行为，我们可以将目标用户划分为不同类型，以更好地理解他们在购买决策过程中的需求和行为，从而制定更有针对性的运营策略。以下是根据购买阶段划分的私域用户类型。

1. 潜在用户

这些用户尚未购买过品牌产品或服务，但他们可能对品牌或内容感兴趣。他们是潜在用户，有望在未来成为实际购买用户。在私域流量运营中，运营者的目标是吸引他们的注意，挖掘他们的兴趣点，并引导他们进入下一个购买阶段。

2. 新用户

这类用户是最近购买过品牌产品或服务的新客户。他们可能刚刚接触到产品或品牌。针对此类用户，运营者的目标是确保他们获得良好的购买体验，产生良好的第一印象，促使他们再次购买并提高忠诚度。

3. 活跃用户

这类用户在一段时间内多次购买过产品或与品牌互动。他们已经建立一定的品牌忠诚度，并对私域中的产品或服务感到满意。针对活跃用户，运营者的目标是保持他们的活跃度，提供更多有价值的内容或产品，促使他们继续购买，并推荐品牌给其他人。

4. 休眠用户

休眠用户曾经购买过该品牌产品或服务，但一段时间内没有再次购买或与品牌互动。他们可能已经流失或者暂时不再活跃。针对休眠用户，最主要的目标是重新唤起他们的兴趣，通过促销活动、个性化建议等方法重新激发他们的购买行为。

5. 忠实用户

忠实用户常购买该品牌产品或服务，对该品牌充满信任。他们可能会参与用户调查、提供反馈，帮助推广品牌。针对忠实用户，首要的目标是保持他们的忠诚度，提供特别的奖励、优惠和体验，同时鼓励他们分享使用心得和评价，扩大品牌影响力。

（二）按地域与文化分类

在私域流量运营中，对用户按地域与文化分类的目的在于更好地满足不同地区和文化背景下用户的需求，提高运营的精准度和效果。

1. 按地域与文化分类的依据

（1）地域差异。

不同地域的用户有其独特的生活方式、消费习惯、文化背景、法律法规等，因此他们对产品或服务的需求可能有差异。

（2）文化影响。

文化是影响用户价值观、兴趣爱好、消费行为等的重要因素。不同文化背景的用户偏向于不同的产品服务和产品价值观。针对用户的语言和文化特点进行运营可以提高用户的亲近感和认同感。使用用户习惯的语言和借鉴当地的文化元素，可以增强用户与品牌之间的情感连接。

（3）用户体验。

用户在地域与文化背景上的差异会影响他们对品牌和产品的感受。通过按地域与文化分类，企业可以提供更具有个性化的用户体验，增强用户的满意度和忠诚度，形成更紧密的用户关系。

2. 按地域进行私域用户分类

（1）本地用户。

本地用户是指居住在品牌所在地或主要运营地区的用户，这些用户可能会对当地的活动、促销和社区参与更感兴趣。

（2）国内用户。

国内用户是指分布在同一国家不同地区的用户。考虑到不同地区的文化、气候、习惯等差异，有针对性地为他们提供相关的内容和服务。例如某服装穿搭达人，其东北地区的粉丝和华南地区的粉丝对服装款式、价格、风格的喜好会有所不同，可以按照地区来划分用户类型。

（3）国际用户。

当拥有来自不同国家的用户时，需要考虑语言、时区、法律法规等因素，制定针对性强的运营策略，以满足不同国家用户的需求。

3. 按文化圈分类

可以将用户按照不同的文化圈分类。文化圈是指有着相同或相近的语言、文字、宗教、风俗、历史等文化特征的国家或地区的集合。不同文化圈的用户可能对产品或服务有不同的认知和期待，因此需要根据他们的文化特点进行差异化运营。

二、私域用户类型与等级设计的作用

在私域流量运营中，进行用户类型与等级设计可以帮助私域流量运营团队服务好用户。

（一）差异化运营

差异化运营是指根据用户的不同需求、喜好、行为等特征，提供不同的产品、服务、内容、活动等，以满足用户的个性化需求，提高用户的满意度和忠诚度。用户等级设计能够将用户划分为不同层次，对不同等级的用户实施差异化的运营和管理。高等级用户更可能需要高级别的服务和福利。

（二）精准营销

精准营销是指通过对用户进行细分和分析，找出目标用户群体，然后针对他们的特点和需求，设计合适的营销信息、渠道、时机等，以达到最大化的营销效果。例如，不同类型用户的购买行为和购买力可能不同。根据用户类型，可以制定精准的营销策略，提高购买转化率和变现效果。

（三）提高用户活跃度

用户活跃度是指用户在一定时间内对产品或服务的使用或购买频率，反映了用户对产品或服务的兴趣程度和黏性。对于低等级用户，可以通过等级升级制度来促进其更频繁地参与活动或购买产品。

（四）激励用户裂变

用户裂变是指通过利用现有用户的社交网络，让他们主动向其他人推荐产品、服务或账号，从而实现销售或用户数快速增长的一种方式。例如，“现场拉3个好友关注××美妆公众号就可以免费领一支眉笔”。高等级用户可能在社交圈子中具有影响力，他们可以成为品牌的裂变推手，可以通过给予高等级用户特定的裂变奖励，鼓励他们邀请更多用户加入。

（五）用户关怀与服务

进行个性化的用户关怀与服务不仅可以提升用户的满意度，更能加强用户与品牌之间的情感纽带，用户会感受到被重视与被尊重，从而提高他们的忠诚度和对品牌的认同感。此外，定期的互动和专属权益也能鼓励用户更频繁地参与，增加用户的活跃度与参与度。

三、私域用户类型与等级设计技巧

（一）用户分层

私域流量运营的核心是精细化运营，做好精细化运营的前提就是做好用户分层。不同的产品，用户的分层维度不同，有根据用户使用产品的时间来进行划分的，有根据产品类型进行划分的，有根据用户的忠诚度进行划分的，有根据用户的使用频次进行划分的。实践中更多的是对用户的等级进行划分，如 RFM 模型的使用。

（二）RFM 模型

1. RFM 模型的概念

RFM 模型是衡量用户价值和用户创利能力的重要指标。RFM 由 Recency（最近一次消费）、Frequency（消费频率）、Monetary（消费金额）组合而成。

（1）Recency：这个值越小，说明用户越活跃，对产品或服务的需求和兴趣越高。

（2）Frequency：这个值越大，说明用户越忠诚，对产品或服务的满意度越高。

（3）Monetary：这个值越大，说明用户对产品或服务的贡献越高，是潜在的高价值用户。

2. RFM 模型的应用步骤

（1）收集和清洗用户的消费数据，包括用户 ID、消费时间、消费金额等。

（2）根据用户的消费数据，计算每个用户的 R、F、M 值，并进行标准化处理。

（3）给 R、F、M 分别设置一个阈值，用来划分用户在该维度的价值高低，比如在 R 维度，低于整体 R 值的平均值用“低”表示，高于整体 R 值的平均值用“高”表示，在 F、M 维度也一样。

（4）根据 R、F、M 等级的组合，将用户分为 8 类不同的类型，如重要价值用户（R=高，F=高，M=高）、重要发展用户（R=高，F=低，M=高）、重要保持用户（R=低，F=高，M=高）等，如表 2.5 所示。

表 2.5　RFM 模型 8 种用户类型

划分群体类型	R（最近一次消费）	F（消费频率）	M（消费金额）	成交用户等级
重要价值用户	高	高	高	A 级
重要发展用户	高	低	高	A 级
重要保持用户	低	高	高	B 级
重要挽留用户	低	低	高	B 级
一般价值用户	高	高	低	B 级
一般发展用户	高	低	低	B 级

续表

划分群体类型	R（最近一次消费）	F（消费频率）	M（消费金额）	成交用户等级
一般保持用户	低	高	低	C级
一般挽留用户	低	低	低	C级

（5）针对不同类型的用户，制定相应的营销策略，如提供优惠券、积分、会员卡、礼品等激励措施，提高用户黏性和转化率。

3. RFM 模型的优缺点

RFM 模型的优点：

（1）RFM 模型简单易用，只需要基本的消费数据就可以进行分析；

（2）RFM 模型能够有效地区分不同价值的用户，提高营销效率和效果；

（3）RFM 模型能够及时发现用户流失风险，采取挽留措施。

RFM 模型的缺点：

（1）RFM 模型忽略了其他影响用户价值的因素，如用户年龄、性别、地域、偏好等；

（2）RFM 模型只能反映用户过去的消费行为，不能预测用户未来的消费意愿；

（3）RFM 模型需要定期更新数据和调整阈值，以适应市场变化。

业务操作

业务名称：根据 RFM 模型设计用户等级门槛条件

业务描述：某美妆新媒体账号的私域用户等级为重要价值用户、重要发展用户、重要保持用户和重要挽留用户。请运用 RFM 模型为这些等级设计门槛条件。

任务要求：

1. 设计具体的 RFM 阈值，数值要求合理、逻辑严谨。

2. 将成果汇总到表格上，并提交。

操作步骤：

1. 掌握 RFM 模型的概念与内容，在表格中绘制 RFM 表格。

2. 根据美妆消费者的消费习惯、消费水平设计大概的 RFM。例如每月购买一次，这种频率对于美妆产品来说已经是高频率购买行为。

3. 将 RFM 表格完善，并提交。

任务 3　用户维护方案设计

任务引例

某美妆品牌通过构建精细化的私域流量体系，实现了用户的高效引流、精准画像、个性化服务、社群互动以及会员体系的深度打造。该品牌利用多渠道引流策略吸引用户进入私域流量平台，并通过用户画像和分层管理提供个性化的内容和服务。同时，通过社群运营和丰富的互动活动，该品牌成功提升了用户的活跃度和忠诚度，打造了一个充满活力的私域用户生态。

任务描述

在私域流量运营中，用户维护是一个不可或缺的环节。本任务将探索用户维护的重要性，学习用户维护工具和方法，并设计用户维护方案。

任务知识

一、用户维护的意义

私域流量运营的前提是建立目标用户画像，以明确用户特征和产品定位。有了目标用户，就要做好私域用户维护，其意义主要有以下几点。

（一）增强信任感

信任是私域流量沉淀和转化的核心。用户信任能够促进用户参与、购买和互动，提高用户忠诚度、口碑传播，降低流失率，同时影响用户的购买决策和体验分享。品牌可以通过提供优质的产品和服务、安全的支付和可靠的售后，逐步建立用户信任。

（二）实现直接触达

私域流量是直接与品牌或商家连接的用户，是品牌和商家可以直接触达的流量，无须通过中间平台付费购买，如中石化易捷便利店直接在微信私信中进行私域营销，如图 2.1 所示。

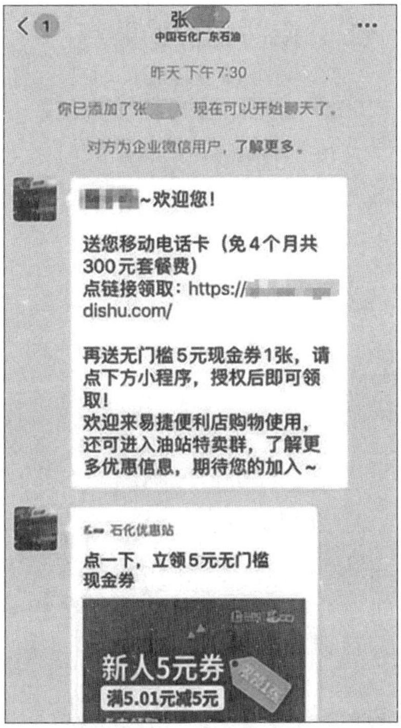

图 2.1 通过微信私信触达用户

（三）增加用户复购率

私域流量沉淀在品牌或商家的各种流量载体内，品牌或商家可以重复地进行激活、触达与转化，不限次数且触达效率高、成本低。

（四）推动买卖双方互动

私域流量体系下用户与品牌沟通渠道畅通，双方可以互相交流、互相影响，尽量避免信息不对称。

（五）增强用户黏性

私域流量不是短期收割的逻辑，而是需要长期积累、持续经营的，以深度挖掘用户全生命周期价值为目标。通过私域流量运营，能够使用户在较长时间段内都青睐特定的品牌或产品，从而极大地提升用户黏性，实现商业模式的可持续性。

二、用户维护的工具

（一）客户数据中台

私域流量运营平台通常自带通用的客户数据中台，为运营者提供便捷的用户管理工具，包括用户画像描述、用户留存趋势和用户数据分析等，帮助运营者了解私域用户的基本情况，为运营策略的制定和执行提供数据支持。

（二）社会化客户关系管理系统

除平台自带的数据统计工具外，还有一些比较成熟的第三方社会化客户关系管理（SCRM）系统。SCRM 系统可以整合各社交媒体的数据，为企业提供 360°的用户视图，帮助企业了解用户的喜好、行为等，从而进行个性化营销、实时互动和个性化服务。这有助于增强用户体验，促进口碑传播，实现社交裂变效应，并通过数据分析提供洞察，从而优化私域流量运营，提升用户忠诚度，推动品牌的长期发展。

翻转一下

请通过网络查找市面上常用的 SCRM 系统，了解它们的功能与价格。

三、用户维护的要点

（一）用户维护资料的查找

在进行用户维护时，可以参考行业动态和现有方案，查找适合自己产品的用户维护要点，具体可以从以下几个方面进行查找。

1. 行业报告

这是了解行业用户的重要途径，可以为私域流量运营提供主要研究方向。常见的行业咨询网站有洞见研报、艾瑞咨询等。

2. 文献

这是获取行业专家观点和方法论的重要途径，可以为私域流量运营提供理论支持和实践指导。常用的文献网站有中国知网、维普网、百度学术等。

3. 资讯类网站

这是分享和交流相关领域知识的重要途径，可以为私域流量运营提供灵感和借鉴。一些专业的资讯类网站会发布相关领域的最新资讯和案例分析。

翻转一下

请用百度搜索引擎查找当前有哪些行业报告网站，并搜索“私域用户”一词，查阅或下载相关行业报告。

通过网络查找提供私域运营案例的资讯类网站，不少于 2 个网站。

（二）不同类型用户的维护要点

不同类型的用户，其维护要点也有所区别，包括但不限于表 2.6 所示的要点。

表 2.6 不同类型用户的维护要点

用户类型	用户维护要点
新用户	（1）通过欢迎语、引导语、问卷等方式，增强用户的归属感和参与感 （2）通过优惠券、赠品、积分等方式，激发用户的消费欲望和体验意愿 （3）通过内容推送、活动邀请、社群引导等方式，提高用户的活跃度和黏性
活跃用户	（1）通过个性化推荐、场景化营销、智能化服务等方式，满足用户的个性化需求和偏好 （2）通过会员制度、储值卡、打卡签到等方式，增强用户的忠诚度和黏性 （3）通过社交分享、口碑传播、裂变活动等方式，扩大用户的影响力和传播力
忠实用户	（1）通过感谢信、祝福语、生日礼物等方式，表达对用户的关怀和感激 （2）通过专属客服、专享活动、专业咨询等方式，提供对用户的尊重和重视 （3）通过邀请制度、联合创作等方式，建立与用户的合作和共赢
休眠用户	（1）通过回访问卷、满意度调查、问题反馈等方式，了解用户的流失原因和改善建议 （2）通过挽回邮件、优惠短信、再次邀请等方式，重新吸引用户的注意和兴趣 （3）通过免费试用、特价促销、限时折扣等方式，重新激发用户的购买和体验行为
VIP 用户	（1）通过定制服务、私人顾问、一对一沟通等方式，提升用户的满意度和信任度 （2）通过高端礼品、尊贵活动、特殊待遇等方式，增强用户的荣誉感和归属感 （3）提供最优先的产品或服务，如预约、预定、预览、试用等，让其享受最新最好的品牌产品或服务

四、用户维护方案结构设计

围绕产品的实际业务，针对私域流量运营生命周期的不同阶段，采取针对性的用户维护方案，如表 2.7 所示。

表 2.7 私域用户维护方案结构

运营生命周期	主要流程	具体步骤和内容
用户吸引阶段	通过各种渠道和方式，引导潜在用户进入私域流量场景，如微信公众号、小程序、社群等，让用户了解和认知品牌和产品	（1）利用搜索引擎、社交媒体、广告投放等方式，提高品牌和产品的曝光度和知名度 （2）制作有吸引力的海报、视频、文章等内容，展示品牌和产品的特色和优势 （3）设置有趣的互动环节，如游戏、抽奖、问答等，增加用户的参与感和好奇心 （4）提供一些免费或低价的试用或体验机会，让用户有机会亲身感受品牌和产品的价值

续表

运营生命周期	主要流程	具体步骤和内容
用户转化阶段	通过各种激励和引导，促使私域流量场景中的用户完成首次购买或消费行为，成为正式的客户或会员	(1) 发送欢迎语和引导语，让用户感受到品牌的热情和专业 (2) 提供一些优惠券、赠品、积分等福利，激发用户的消费欲望，提高用户的购买意愿 (3) 根据用户的行为数据和偏好分析，推送个性化的产品或服务推荐，提高用户的转化率 (4) 在购买或消费过程中，提供便捷的支付方式、快速的物流服务、完善的售后保障，提升用户的满意度
用户维护阶段	通过各种方式，保持与私域流量场景中的客户或会员的持续沟通和互动，提高他们的活跃度和忠诚度	(1) 定期发送内容推送、活动邀请、社群引导等信息，让用户保持对品牌和产品的关注和兴趣 (2) 根据用户的消费记录和反馈意见，提供更加精准和贴心的服务，满足用户的个性化需求 (3) 建立会员制度、储值卡、打卡签到等机制，让用户享受更多的优惠和权益，增强用户的黏性 (4) 鼓励用户进行社交分享、口碑传播、裂变活动等行为，扩大用户的影响力和传播力
用户变现阶段	通过各种策略，促进私域流量场景中的客户或会员进行更多次数、更高金额、更多品类的购买或消费行为，提高他们的生命周期价值	(1) 通过场景化营销、智能化服务等方式，创造更多的消费场景和需求，增加用户的复购率和客单价 (2) 通过定制服务、私人顾问、一对一沟通等方式，提升用户的满意度和信任度，提高用户黏性和忠诚度 (3) 通过高端礼品、尊贵活动、特殊待遇等方式，增强用户的荣誉感和归属感，增加用户的品牌认同和忠诚度 (4) 通过邀请制度、联合创作等方式，建立与用户的合作和共赢，增强用户的参与感和价值感

以上内容仅供参考，在进行私域流量运营时，要根据实际产品的实际业务进行用户维护方案的设计。

业务操作

业务内容：发布一则“私域流量运营专员”岗位招聘信息

工作要求：

1. 利用抖音、视频号、公众号引流用户，添加企业微信。
2. 对私域用户进行精细化的运营，包括与用户互动、沟通、打标签、关怀等。
3. 负责微信私域用户售前疑问解答。
4. 通过服务、沟通互动、活动执行，挖掘用户需求，促进用户购买。
5. 负责微信朋友圈日常运营、人设 IP 持续打造及优化等常规运营工作。

任职要求：

1. 对私域、电商、互联网行业有浓厚兴趣。

2. 沟通能力强，学习能力强，逻辑清晰，有较强的表达及沟通能力，抗压能力强。

3. 热爱销售工作，有获取高薪的欲望。

操作步骤：

登录招聘网站，打开部门人力需求申请表，填写相关内容。

思考与练习

一、单选题

1. 私域用户的特点不包括（　　）。

A. 自有渠道　　B. 低忠诚度　　C. 高精准度　　D. 个性化互动

2. 私域用户运营的关键是（　　）。

A. 增加广告投放　　B. 了解用户喜好和需求

C. 提升产品质量　　D. 加强与第三方平台的合作

3. 私域用户与品牌建立稳定关系体现在（　　）。

A. 仅在第三方平台互动　　B. 在品牌自有渠道购买产品或服务

C. 偶尔关注品牌动态　　D. 不参与品牌活动

4. 私域用户对企业的价值主要体现在（　　）。

A. 增加广告投放量　　B. 提升品牌知名度

C. 增加用户数量和活跃度　　D. 忠诚度和长期价值

5. 私域用户画像可以帮助企业（　　）。

A. 降低生产成本　　B. 增加广告投放量

C. 创造个性化的内容、服务和产品　　D. 扩大市场份额

二、判断题

1. 私域用户与企业或个人之间的关系是一次性的交易关系。（　　）

2. 私域用户的触达成本通常比公域用户的触达成本要高。（　　）

3. 用户思维是指以用户为中心，关注用户的需求、期望和体验。（　　）

4. RFM 模型中“M”的数值越小，用户对产品或服务的贡献越高。（　　）

5. 私域流量运营中，可以尝试通过限时折扣重新激发流失用户的购买欲望和提升用户体验。（　　）

三、思考题

私域用户运营的核心价值是什么？试阐述私域用户对品牌建设和商业发展的重要性。

项目 2 参考答案

项目3 私域业务准备

学思浅悟

“从实际出发”对私域业务准备的启示

我们在实际工作中务必坚持解放思想、实事求是、与时俱进、求真务实。一切从实际出发是工作的重要指导原则。私域业务准备也需要强化实事求是思维，根据企业与业务实际情况，设计符合现实需求的私域业务目标和业务模式。首先，要深入了解企业的定位、优势、竞争环境以及目标用户群体的需求，基于实际情况制定私域业务目标，确保业务目标具有可实现性和可衡量性。其次，私域业务要求与时俱进，紧跟市场变化和技术发展的步伐。在私域业务的规划和设计中，要考虑到行业趋势和新兴技术的应用，不断优化业务模式，提升竞争力，确保私域业务的持续发展。

此外，还需要坚持求真务实的原则，不断实践验证，及时调整和优化业务策略。在实践中发现问题和挑战时，要勇于面对，并及时调整策略，以求取得更好的效果。

教学目标

知识目标

1. 清楚私域业务目标类型，掌握目标制定原则；

2. 了解竞争对手调研的概念，掌握查找竞争对手的方法；

3. 了解私域业务模式的概念与作用，掌握私域业务模式设计原则，熟悉常见的私域业务模式。

技能目标

1. 能够使用SWOT分析工具梳理出企业开展私域业务的内部优劣势以及外部的机会与威胁；

2. 能够根据企业现状、私域业务规划与目标用户群体的特征合理制定私域业务目标；

3. 能够通过调研查找与收集竞争对手信息，整理出关键的调研结论；

4. 能够根据私域业务目标，结合企业现状，设计有效的私域业务模式。

素养目标

1. 培养竞争意识，提高自我认知和自我管理能力，提高创新能力，从而更好地应对挑战，实现个人发展目标；

2. 培养实事求是的职业素养，能够根据企业与业务实际情况，设计符合现实需求的私域业务目标和业务模式。

任务 1　明确企业现状与私域业务目标

任务引例

2023 年的“三八妇女节”，MJ 在 5 天时间内，以 1 170 万元销售额拿下视频号直播时尚美妆带货榜第一和品牌带货榜第二。

MJ 直播间的成功离不开前期的私域沉淀和充分准备。MJ 近 5 年来一直在小程序和 App 里沉淀私域流量，培养了近 2 万的忠实用户。在开启视频号直播业务时，先邀请私域用户进入直播间，再利用平台依据私域用户导入视频号直播间产生的 GMV 流量券投流，进一步扩大直播间人群场观。同时，在直播间使用企业微信名片，将直播间的流量导入企业微信中进行运营，由此形成公域和私域的良性循环。

任务描述

明确企业现状和私域流量运营目标是企业进行私域业务准备的首要环节，本任务围绕“王大爷茶饮”连锁奶茶店进行相关任务操作。可扫码查看企业基本信息。

王大爷茶饮
（企业基本信息）

“王大爷茶饮”的客户群体偏年轻化，通过调研客户得知该品牌受年轻人喜欢的原因主要是品牌名称较为亲切有趣，且产品价格亲民、味道又好。据此，“王大爷茶饮”A 城市业务负责人王野在 A 城大学附近开设一家新店（见图 3.1），主攻年轻人市场。

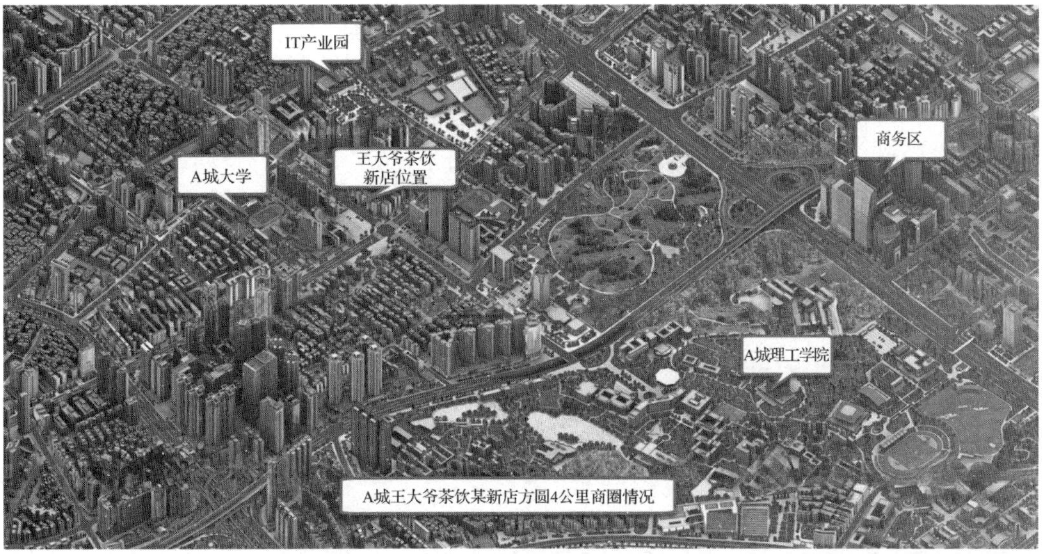

图 3.1　王大爷茶饮某新店商圈情况

王野要求作为 A 城“王大爷茶饮”私域流量运营经理的你使用 SWOT 分析工具诊断该店铺开展私域运营业务的优劣势并制定合理的私域业务目标。

知识准备

一、明确企业现状

（一）企业现状的概念

企业现状是指企业目前所处阶段经营管理的情况、状态和环境，包括企业的发展阶段、业务范围、资源状况、组织结构、市场和竞争环境等。

明确企业现状是企业制定经营战略、业务计划或营销方案的重要步骤。企业只有充分了解自身的情况，牢牢把握住企业经营过程中的内外部环境变化，才能更加科学地制定战略决策和规划，更加有效地实现企业长期可持续发展。

SWOT 分析
工具表及商圈图

（二）SWOT 分析

SWOT 分析是一种常用的企业内外部环境分析工具，通过评估企业的优势（Strengths）、劣势（Weaknesses）、机会（Opportunities）和威胁（Threats），经营者能够更好地发挥优势、改进劣势、把握机会和规避威胁，从而更好地实现企业经营的目标。

结合私域业务特点，可对企业现状做出以下 SWOT 分析，如表 3.1 所示。

表 3.1　SWOT 分析

模块	解读	私域业务 SWOT 分析
优势（Strengths）	企业内部所具备的有利因素或条件，如品牌声誉好、产品或服务优质、资金雄厚等	（1）品牌优势：品牌声誉良好，知名度高，口碑效应强 （2）产品或服务优势：产品品质好或服务质量高，深受用户信赖 （3）资金优势：资金充足，能给予私域业务资金支持 （4）企业领导/高层重视该业务
劣势（Weaknesses）	企业内部存在的不利因素或条件，如管理制度落后、技术能力不足、人才短缺等	（1）制度劣势：人员培训、绩效考核等制度不完善，管理混乱 （2）技术劣势：缺乏自建小程序、App 等的技术基础 （3）人才劣势：缺少专业的私域流量运营团队 （4）企业领导/高层对业务支持力度小
机会（Opportunities）	外部环境中可以为企业所利用的有利因素、条件、趋势或事件等，如出现新兴市场、技术进步、政策支持等	（1）市场机会：发现新兴蓝海市场 （2）技术机会：出现新技术，提升运营效率 （3）政策机会：国家给予政策支持，提供税收优惠、资金或技术支持
威胁（Threats）	外部环境中可能对企业造成负面影响的不利因素、条件或事件等，如竞争加剧、经济不景气、法律法规调整等	（1）竞争威胁：竞争对手多、实力强，竞争激烈 （2）经济威胁：经济不景气，居民消费意愿弱 （3）法律调整：法律法规因时势而变化，实施限制或打压

➡ 翻转一下

情境判断：请仔细查看“王大爷茶饮”新店商圈图，根据商圈图所透露出来的信息，并结合当下社会发展背景，对该店开展私域业务可能存在的优势、劣势、机会、威胁进行判断和梳理，并说明你的判断理由。

二、现有私域业务分析

（一）了解私域业务概况

私域业务概况是指对企业私域流量运营情况的全面概述，主要包括现有私域业务的业务范围、私域流量载体、用户群体、营销策略等。了解现有私域业务概况有助于运营者系统地把握企业私域流量运营业务的整体情况，对相关业务形成初步的认知和判断。

1. 业务范围

现有私域业务的业务范围可以理解为企业通过私域业务要卖哪些产品或服务。因为不同的产品或服务有不同的特点和目标受众，所以其运营方式就有可能存在一定程度的差别。例如，消费型产品的运营重点是通过内容营销和优惠福利来提升复购率；服务型产品则侧重于通过提供个性化的服务和解决方案来满足用户的个性化需求。

因此，了解现有私域业务的业务范围能够帮助运营者更有针对性地开展运营活动，制定运营方案或策略。

知识视窗

消费型产品和服务型产品

消费型产品是指消费者为了满足个人需求和欲望而购买的物理产品，如食品、服装、家居、日常用品等。消费者以直接使用或享受某实物为购买目的。

服务型产品是指为消费者提供的服务、技能或经验等非物理性产品，如教育服务、旅游服务、医疗服务、金融服务等。消费者以获得某种服务或体验为购买目的，而不是为了获得实物。

2. 私域流量载体

现有私域业务的私域流量载体是企业或个人目前阶段内可以与其客户或粉丝直接接触和沟通的前沿阵地，包括微信公众号、社交账号、App 等。了解现有私域业务的私域流量载体对于制定营销策略、提高运营效率和提升客户满意度等方面有着重要意义。例如，截至目前，抖音的社交属性依然不如企业微信成熟，因此，部分企业会将抖音上的客户引流至企业微信中进行更深入的用户运营。又如，企业微信配备群管理功能，可以实现群机器人关键词自动回复、群成员去重、群防骚扰等，从而优化了运营效果。

3. 用户群体

了解现有私域业务的用户群体是分析现有私域业务必不可少的环节。了解现有私域用户群体的年龄、性别、地域等基本特征，性格、价值观、兴趣偏好等心理特征，以及购买渠道、消费频率、支付方式等行为特征，能够帮助运营者构建起现有私域用户的用户画像。这对于洞察用户需求，精准定位目标群体，开展个性化营销，提升用户的满意度和忠诚度等具有重要作用。例如，五菱通过私域社群连接消费者，获取消费者对于五菱产品的想法与建议，从而设计出真正符合用户需求的产品，宏光 MINI EV 便由此而生。

4. 营销策略

通过了解现有私域业务的营销策略，运营者能够评估营销效果，知道哪些策略是积极有效的，哪些策略是有待改进的。针对营销效果差或无效的策略，可以停止资源投入，从而避免不必要的资源浪费，降低营销成本。同时，现有营销策略还可以为未来的营销策略制定提供参考。此外，运营者还可以通过分析用户行为与偏好，了解用户对产品或服务的兴趣，从中发现营销机会，获取营销新思路。

（二）评估私域业务效果

私域业务效果指的是企业通过开展私域业务所取得的成效。通过评估现有私域业务效果，运营者能够了解业务现状和存在的问题，便于及时调整运营策略和方式，从而实现业务效率和效果双向提升，不断增强企业的竞争力。

1. 评估指标

数据具有客观性、可量化、可比较的特点，能够准确地衡量和比较业务效果，是业务效果评估的重要手段。现有私域业务效果可以从用户、销售、品牌等多个方面进行评估，不同的评估角度会涉及不同的数据指标，如表 3.2 所示。

表 3.2　私域业务评估指标

评估角度	数据指标
用户角度	如新增用户数、用户活跃度、用户留存率、用户转化率、用户满意度等
销售角度	如转化率、复购率、销售额、订单量、利润等
品牌角度	如品牌知名度、品牌影响力、品牌口碑等

2. 评估方法

现有私域业务的效果可以通过数据分析、用户调研、KPI 考核、咨询主管等方式进行评估，如表 3.3 所示。

表 3.3　私域业务评估方法

评估方法	解读
数据分析	对私域业务数据进行研究和分析，从中提取有用的信息，例如用户数量、活跃度、留存率、转化率等指标，了解业务的运营状况和效果
用户调研	指通过直接与用户交流来了解用户需求、行为和反馈的研究方法，如问卷调查、深度访谈、焦点小组等。可直接或间接进行私域用户调研，从用户那里获得企业私域业务现状信息。例如了解用户对私域业务的满意度、使用体验、需求和期望，以评估业务的效果和改进方向

续表

评估方法	解读
KPI考核	KPI即关键绩效指标。KPI考核通过跟踪和评估设定的关键绩效指标来衡量工作表现，常用于衡量组织、部门、项目或个人绩效和成就。当进入一个新的私域流量运营部门时，可通过查询以往的KPI数据来了解部门业务和工作人员状态
咨询主管	向业务主管或相关负责人了解业务的实际运营情况，包括团队协作、资源投入、策略执行等方面，以评估业务的效果和发展潜力

翻转一下

角色代入：假设你明天要面试A城“王大爷茶饮”私域运营专员岗位，为了提高面试成功率，你应提前了解“王大爷茶饮”的私域业务现状，请问你该怎么做？

三、确定私域业务目标

（一）目标制定原则

SMART原则是一个常用于设定和管理目标的方法，包括具体的（Specific）、可衡量的（Measurable）、可实现的（Achievable）、相关性（Relevant）和时限性（Time-bound）五个要素。遵循SMART原则制定目标，可以帮助企业、组织或个人更有效地规划和追踪目标，更好地管理和实现目标。此原则在私域流量运营中同样适用。下面以提高私域流量成交转化率为例展开介绍，如表3.4所示。

表3.4 SMART原则解读与应用示例

要素	解读	示例
具体的（Specific）	目标应该是具体的，即明确指出想要达到的具体结果，而不是使用模糊或笼统的描述	在未来3个月内，将公司的私域业务成交转化率从2%提升至5%
可衡量的（Measurable）	目标应该是可以衡量的，即有明确的指标评估目标是否已经实现	成交转化率＝成交用户数量/私域用户总数，因此可以用成交用户数量与私域用户总数的比值进行衡量
可实现的（Achievable）	目标应该是可以实现的，即要合理，需结合可用资源和时间等评估目标的可行性，不宜过高导致无法实现，也不宜过低，轻易即可达成	公司已经具备一定的私域基础，并且拥有较为专业的私域流量运营团队和运营策略。接下来三个月公司会推出针对私域业务的促销政策
相关性（Relevant）	目标应该与企业整体规划和长远目标有关，且在大方向上保持一致	提高私域业务成交转化率将有助于提高公司的销售业绩，符合公司的整体发展目标
时限性（Time-bound）	目标应该是有时间限制的，以便评估是否在规定的时间内实现	该目标时限3个月

（二）根据私域流量运营流程设定目标

1. 私域流量运营流程

私域流量运营通常包括引流、裂变、留存与促活、变现等流程。下面通过一个App

私域流量运营流程的例子加以说明。

在引流阶段，通过新人礼包、新人优惠等方式吸引用户下载和使用 App；在裂变阶段，推出分享有礼、邀请有礼等激励措施，刺激用户主动分享和传播 App；在留存与促活阶段，推送优惠券、限时折扣等个性化内容和活动吸引用户持续登录和使用 App，培养其使用习惯；在变现阶段，提供会员专属福利制度、首次开通会员优惠等，实现普通用户向付费用户的转化。

需要注意的是，以上流程并不是固定不变的，在不同行业、产品和场景中可能会有所不同，其界限也不是绝对的，流程之间相互关联，可能存在同时进行的情况，但一般会有所侧重。

2. 私域流量运营流程目标

不同阶段的私域流量运营侧重点各有不同，我们可以根据私域流量运营的不同阶段来设计私域运营的目标，如表 3.5 所示。

表 3.5　私域流量运营流程目标

阶段	主要目的	目标参考
引流期	将潜在客户吸引到某个特定的私域流量载体	提高用户数、降低引流成本
裂变期	促进用户之间传播与分享	提高裂变率/用户增长率
留存与促活期	让用户留在私域中，持续使用产品或服务；提高用户活跃度	提高留存率，减少流失率；提升活跃度，提高互动率
变现期	将产品或服务转化为现金收入	提高转化率/复购率/销售额/订单量

（三）根据商业目的设定目标

私域流量运营的最终目的是实现商业价值，可以根据商业目的设定目标。

1. 商业目的

商业目的是指企业或组织在开展各种商业活动时所追求的具体目标和意图，如实现盈利、扩大市场份额、提高品牌知名度等。

2. 基于商业目的的目标

按商业目的划分目标，大致分为变现、品牌、用户和产品等四大类型，如表 3.6 所示。

表 3.6　根据商业目的设定目标

类型	商业目的	目标参考
变现相关目标	销售增长	提升产品或服务的销售量和销售额
	促进变现	提高付费会员或付费订阅用户比例
	扩大市场份额	扩大企业在市场中的占有率

续表

类型	商业目的	目标参考
品牌（含 IP）相关目标	品牌知名度	提高品牌的知名度
	品牌识别度	建立独特的品牌标识
	品牌美誉度	塑造品牌价值，提升品牌口碑
用户相关目标	用户增长	增加私域用户的数量
	用户满意度	提高用户满意度
	用户忠诚度	提高用户忠诚度
产品相关目标	产品创新	创新产品或服务
	价值测试	测试产品、服务、内容或情感等价值对用户的吸引力

业务操作

业务名称：为 A 城“王大爷茶饮”连锁奶茶店设计私域业务目标

工作要求：

1. 根据“新店开业优惠活动”这一背景设计私域业务目标。由于新店开业优惠活动，预估会吸引大量客户购买，企业希望你把他们转化为私域用户。请扫描二维码查看 A 城大学店新店开业优惠活动内容。

2. 将你的目标和设计理由汇总到文档中并提交。

操作步骤：

1. 了解新店开业优惠活动的内容，明确活动的优势，如打折、赠送礼品等，以及活动时间和目标客户。

2. 预估下单客户数量，思考如何转化为私域用户，并设计 VIP 会员数量目标。

3. 设计其他私域业务目标，给出见解。

4. 汇总到表格中，可列出具体的目标、实施策略以及支持这些目标的理由。

“王大爷茶饮”A 城大学店新店开业优惠活动

任务 2　竞争对手私域流量运营业务调研

任务引例

某烘焙品牌对某个竞争对手的私域流量运营业务（或称为私域业务）做出如下调研。

企业名称：AA 烘焙

企业概况：2017 年成立的互联网蛋糕烘焙品牌，定位为生日派对解决方案的服务商。截至2023年4月，该品牌累积的全网粉丝超过2 300万，企微用户累积超过500万，复购率超过50%。

社群运营策略：基于节日、主题活动等场景，周期性创建生日派对群、星座群或快闪群，不建立长期群，实现小成本快速迭代。

引流策略：地推+公众号投放+广告投放；将美团外卖、饿了么、天猫平台的完成成交的用户引流至私域；通过私域流量反哺公域流量，撬动更大的流量，例如，从社群引流至抖音直播间等。

以上内容来源于第三方访谈，这是一种竞争对手私域流量运营业务调研（以下简称竞争对手调研）的途径。

任务描述

“知己知彼，百战不殆。”竞争对手私域业务调研是一项重要的市场研究工作。通过调研竞争对手，运营者能够了解竞争对手在私域流量运营方面的策略、方法和效果等，从而为自身提供参考和借鉴。

本任务里，我们将为“王大爷茶饮”A城大学店调研其周边竞争对手的私域业务情况。据悉，该店铺周边的茶饮品牌主要为“X茶”“MX冰城”，还有咖啡品牌“RX咖啡”，将通过调研它们的私域业务情况，指导店铺私域业务目标和策略的制定。

知识准备

一、竞争对手调研的概念和作用

（一）竞争对手调研的概念

调研是通过各种手段和方式，收集、整理和分析有关调研对象信息的过程。竞争对手调研是针对竞争对手开展的调研活动，旨在了解竞争对手私域业务的发展情况和运营策略。

（二）竞争对手调研的作用

1. 了解竞争对手的私域业务概况

竞争对手调研可以帮助企业了解竞争对手的私域业务布局，包括了解竞争对手搭建了哪些私域流量载体、运用了哪些私域工具、如何实现用户的增长、如何进行用户维护等。

2. 评估自身私域业务竞争优势

竞争对手调研可以帮助企业了解竞争对手的私域业务实力，分析竞争对手私域业务开展的优缺点，通过与竞争对手的优劣势对比，寻找企业自身私域业务的差异化优势。

3. 辅助私域流量运营决策

竞争对手调研可以帮助企业了解竞争对手的私域业务情况，包括所提供的产品或服务、产品组合与定价、促销活动、销售情况、运营流程、运营策略等多方面的信息，从而根据自身情况制定更有效的营销策略和竞争方案。

4. 学习借鉴

通过对竞争对手私域业务运营方式的拆解，结合自身私域业务实际，可适当借鉴竞争对手私域业务做得出色的地方，以优化自身的运营方式或策略。与此同时，针对竞争对手私域业务的不足之处，进行自我审视，有则改之，无则加勉。

二、确定调研对象

（一）竞争对手的概念

竞争对手是指在同一市场或行业中，与本企业提供相同、相似或存在可替代性的产品与服务，争取同一或相似的目标用户群体的其他企业或组织。

（二）确定竞争对手

竞争对手可划分为直接竞争对手和间接竞争对手。

1. 直接竞争对手

直接竞争对手指的是那些提供相同或类似产品或服务，在目标市场、用户群体、定价策略等方面与本企业存在直接竞争关系的企业。这些企业通常是我们需要密切关注的对象，因为它们的行动和策略会直接影响我们的市场份额、销售业绩和品牌形象。

2. 间接竞争对手

间接竞争对手是指那些提供的产品或服务可以满足相似的用户需求或解决类似问题的公司、品牌或个人，即产品或服务存在替代性。例如咖啡和茶饮品牌，咖啡和茶饮都可以满足职场人群提神醒脑的需求。

一般来说，竞争对手调研优先选取直接竞争对手为调研对象，如果已经成为行业龙头，则可以跳出直接竞争对手的范围，从相近品类中选取竞争对手进行调研。在资源条件允许的前提下，想要快速跟进私域业务，可以调研对标或可供参照的企业、品牌或个人，实现私域业务模式的复刻。

小贴士

部分竞争对手的私域业务模式是根据其自身的经营理念、用户关系、产品口碑、营销策略、资源与技术等条件而设计的，并不能直接复制。例如，一些大型茶饮或咖啡品牌有渠道、有资源做跨界联名营销，通过联名营销营造品牌热度、获得用户好感。这种情况下，这些品牌的私域业务可以简单直接，如直接拉人进群、发券、打广告。对于小型茶饮品牌而言，做不到这一点，就需要思考如何规划内容、塑造人设、设计创意活动等。

三、查找与收集竞争对手信息

（一）明确调研内容

在查找和收集竞争对手信息之前，明确调研内容可以让我们的竞争对手调研更有方向性。调研内容可以包括以下几个方面。

1. 私域基本信息

了解竞争对手私域业务的基本信息，包括业务范围、市场地位、发展历史、核心优势、运营亮点等，建立对竞争对手的初步认知。

2. 产品或服务

了解竞争对手通过私域业务推广或销售哪些产品或服务，了解其产品或服务的定位、特点、优势和劣势，具体可包括卖点、价格、质量等。了解竞争对手的产品或服务与本企业的产品或服务的区别，寻求差异化优势。可重点研究为竞争对手带来主要利润的产品或服务。

3. 私域用户群体

了解竞争对手私域用户群体的基本属性，如年龄、性别、兴趣爱好等；梳理它们用户的消费行为，如消费水平、频率、购买渠道等；尽量搭建出它们的私域用户画像。了解竞争对手用户群体的需求和偏好，有助于改进自身的营销策略。

4. 私域业务策略

调研竞争对手的私域业务策略，包括宣发渠道、引流方式、促销活动、会员制度、账号人设、用户维护方案等。了解竞争对手引流策略、裂变策略、转化策略等，便于及时调整自身运营策略。

5. 私域业务数据

收集竞争对手的私域业务数据，如销售额、订单量、私域用户数量、活跃度等，以便了解竞争对手的业务状况和发展趋势。

6. 私域用户反馈

收集竞争对手私域用户的评价和反馈。了解竞争对手的用户满意度，并进行自我检查与反省。

需要注意的是，竞争对手调研的目的决定了调研内容的侧重点，例如为了挖掘竞争对手的私域业务运营策略，该调研内容则需要重点分析竞争对手在私域流量运营方面是如何进行引流裂变、促活留存以及成交转化的。下面以竞争对手私域业务运营策略调研为例，设计一份竞争对手私域业务调研表，如表 3.7 所示。

表 3.7　竞争对手私域业务调研表

分析维度		自身私域业务	竞争对手 1	竞争对手 2
私域业务基本情况				
主要产品/服务				
私域用户画像				
引流策略	引流钩子			
	引流方式			
	引流路径			
裂变策略	裂变诱饵			
	裂变方式			
	裂变路径			
促活和留存	福利机制			
	推广策略			

续表

分析维度		自身私域业务	竞争对手 1	竞争对手 2
变现策略	首单转化策略			
	持续复购策略			
私域 IP 策略	人设分析			
总结				
优势				
劣势				
共同点				
差异点				

（二）竞争对手调研渠道

1. 社交媒体

通过关注竞争对手的社交媒体账号获取其私域业务布局和最新动向，如微信、微博、抖音、快手、B 站、小红书等。了解竞争对手在不同社交媒体平台的私域流量运营动作，包括公众号推送、私域直播、社群运营等。例如，关注竞争对手的社交媒体账号，接收图文、短视频、直播等消息推送，能够及时获取竞争对手的动态，了解其内容策略、活动频率、私域话术等。

2. 扮演私域用户

扮演成竞争对手的目标用户，购买竞争对手的产品或服务，关注竞争对手的社交账号，进入竞争对手私域流量池等。成为竞争对手的私域用户，能够及时了解竞争对手的运营手段和策略，如图 3.2 所示。

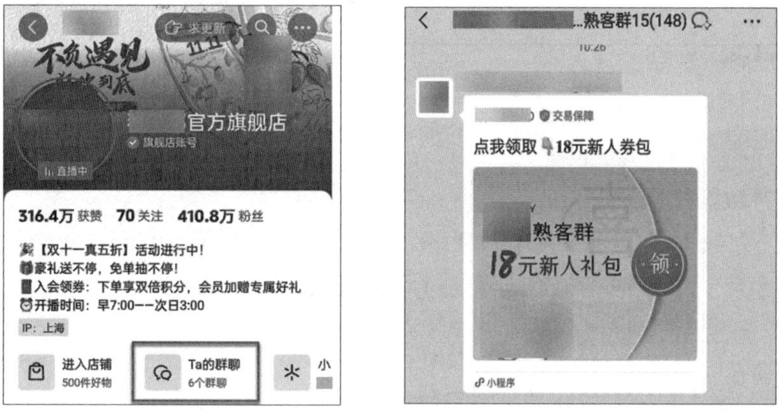

图 3.2　加入竞争对手的社群

翻转一下

实际行动：关注抖音平台上一些茶饮品牌并加入它们的抖音群；通过 O2O 外卖平台购买“下午茶”，扫描产品包装上的引流二维码，加入品牌的私域流量池。从用户视角，体验对方品牌的私域流量运营操作。

3. 实地调研

针对有线下门店的私域业务竞争对手，可以选择到线下门店进行实地调研，了解其门店运营情况。可以蹲点观察客流量，也可以进店了解产品、活动和宣传的内容，查探门店如何进行私域引流，如导购的引流话术、二维码物料、宣传物料等。

翻转一下

实际行动：到学校或学校附近购买奶茶时，请留意店铺的私域业务相关操作和相关物料。如果条件允许，请拍摄相关内容并与工作人员交谈“加入对方私域流量池的福利”。

4. 私域业务服务商渠道

直接向私域业务解决方案的服务商了解是否有与同业竞争对手合作的经历，获取竞争对手的相关信息。例如，“微盟”官网首页中就能看到部分合作伙伴的案例，如图 3.3 所示，也可以通过咨询客服获取相关信息。

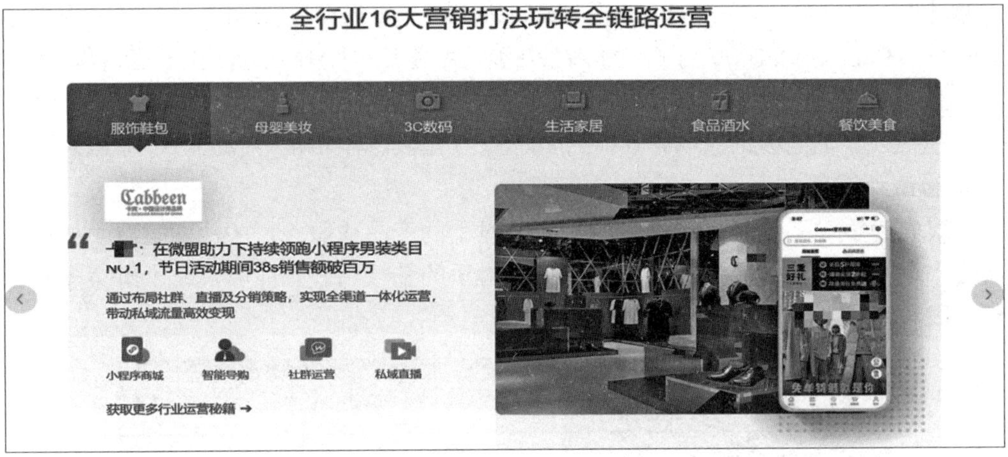

图 3.3 企业私域业务合作案例

5. 第三方数据工具

借助第三方数据工具获取竞争对手的官方账号运营表现、电商带货数据、用户评价等信息。以新榜有数为例，该工具可以对品牌数据、营销投放数据、电商带货数据进行分析，如图 3.4 所示。

6. 桌面调研

桌面调研也叫案头研究（Desk Research），在不同的咨询/调研公司中有不同的说法，但是共性的描述都是：桌面调研是一种通过现有二手资料（文献、书籍、新闻、数据、文档等）进行分析和研究的方法，重点在于对二手资料的整理、筛选和汇总，也称为“二手资料研究法”。

在私域流量运营领域，可通过互联网渠道广泛收集竞争对手的私域业务信息，包括新闻报道、媒体访谈、从业者分析、案例拆解、财务报告等。

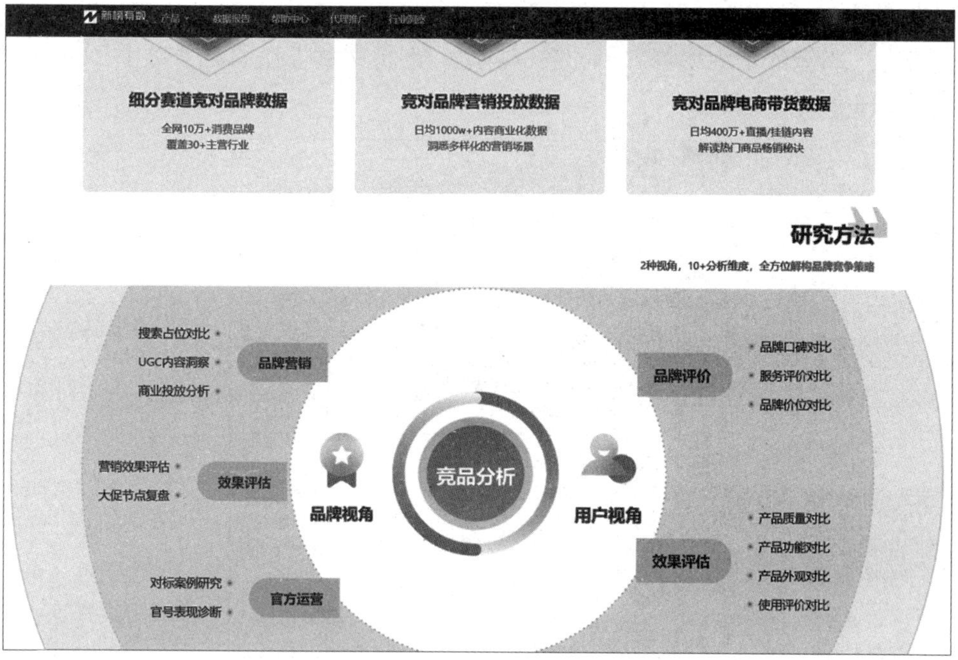

图 3.4　第三方数据工具示例

常用的搜索引擎有百度、360 浏览器等，通过输入不同的关键搜索词获取竞争对手的相关信息。例如，在百度搜索框中输入“竞品名称＋私域流量运营”就能获取与竞争对手私域流量运营相关的文章、资讯、视频等信息，如图 3.5 所示。

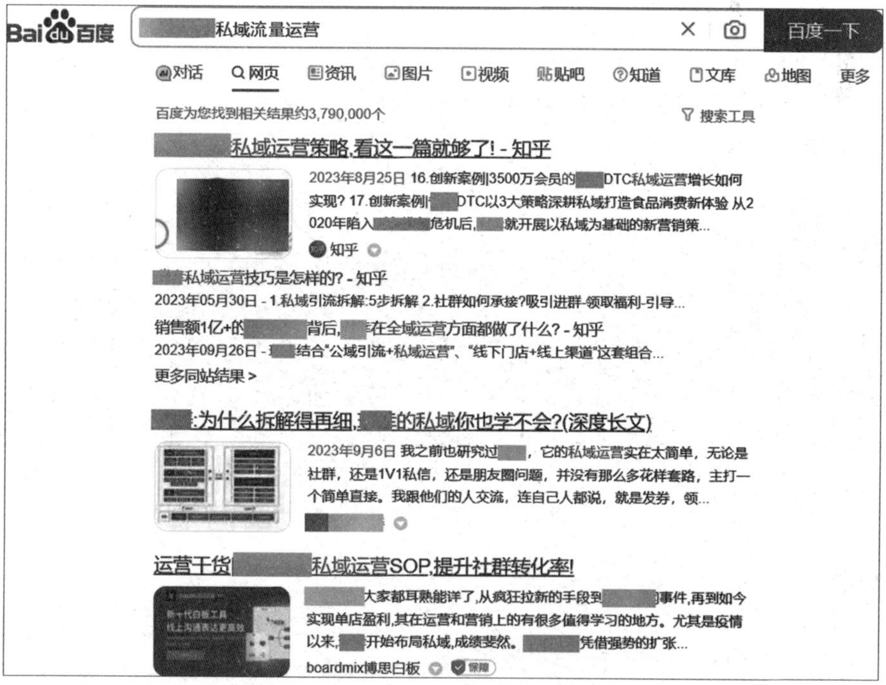

图 3.5　百度搜索示例

除此之外，还可以通过私域流量运营领域比较资深和专业的媒体、机构，如见实、运营研究社、私域流量观察等发布的案例拆解、剖析文章等获取竞争对手私域业务的情况，如图 3.6 所示。

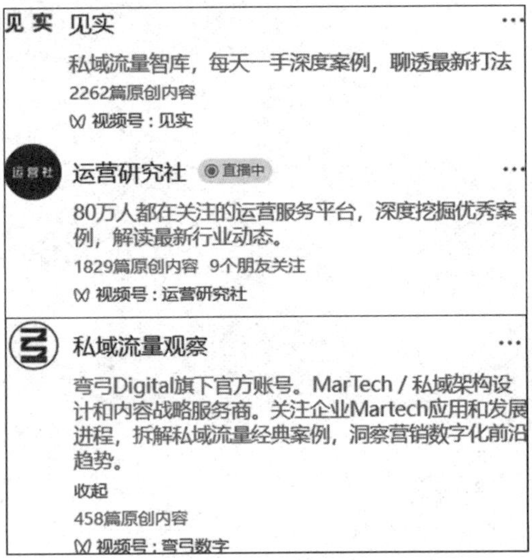

图 3.6 媒体机构示例

7. 市场调研公司

在预算充足的情况下，可以委派市场调研公司进行竞争对手调研，这种方式的优点就在于节省自身精力、专业程度高，但需支付相应的报酬。

知识视窗

一手资料和二手资料

一手资料是研究者自行收集或创建的原始数据，是直接从原始来源获取的信息，例如通过调查、实验、观察或采访等方式直接获得的数据和信息。一手资料没有经过其他人的处理或转述，可靠性和准确性较高，但获取成本高，需要耗费较多的人力、物力资源。

二手资料是指通过其他人或其他渠道，从已有资源或文献中获得的信息，例如通过书籍、期刊、报告、新闻、互联网等渠道获取的信息。二手资料的获取成本较低，但这种资料可能已经经过其他人的处理或转述，其真实性、准确性较一手资料较差，且时效性可能难以保证。

业务操作

业务名称：调研竞争对手私域业务情况

工作要求：

1. 假设你是一个女装穿搭账号的私域流量运营经理，你们账号的定位是平价时尚穿搭，主要粉丝是高校女生与职场新女性，请围绕这个背景，展开竞争对手私域业务调研工作。

2. 要求查找和关注相关账号，尽量加入账号的粉丝群。

3. 编写一份调研报告并提交。

操作步骤：

1. 确定竞争对手。基于账号的定位，从抖音、小红书平台找到对应账号，如图 3.7 所示。

2. 关注账号并申请加入账号的粉丝群，从中观察对方的私域业务策略。

3. 整合汇总这类账号的私域业务策略到表格中，可对上文中的竞争对手私域业务调研表进行适当调整后使用，也可以自行设计。

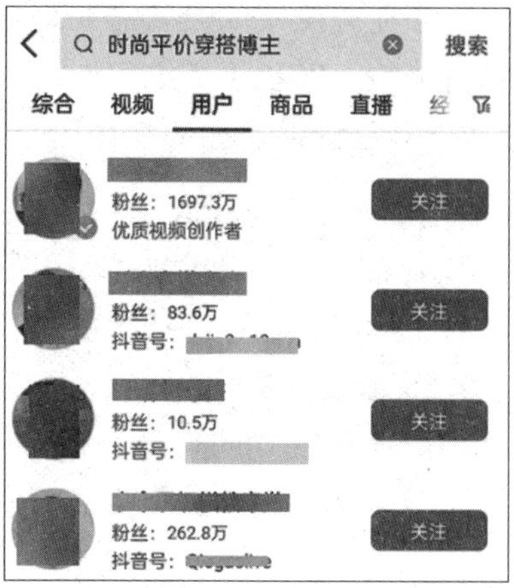

图 3.7　查找账号

任务 3　设计私域业务模式

任务引例

某饮料品牌基于微信私域生态公众号矩阵＋小程序＋企微和微信＋视频号，构建了一套较为完整的私域业务模式。公众号矩阵负责活动发布、互动消息推送；小程序发挥商场交易和承载用户信息的作用；企微和微信承担着一对一私聊、朋友圈营销、派发社群福利的任务；视频号侧重于发布明星代言、健康科普、活动宣传等内容。

任务描述

“王大爷茶饮”是新晋连锁奶茶品牌，正值 A 城大学新店开业之际，推出系列新店优惠活动。预计将有大量新客户，店长计划将这些新客户沉淀到私域流量池中。已知“王大爷茶饮”有企业微信、小程序以及微信公众号。

本任务将根据“王大爷茶饮”现状，设计适合该企业的私域业务模式。

知识准备

一、私域业务模式的概念与作用

（一）私域业务模式的概念

私域业务模式是指企业或个人通过自有流量渠道，如社交媒体账号、社群、App 等，直接与客户建立联系和互动，以实现品牌营销、产品销售和客户关系管理与维护等目标的一种业务模式。

私域业务模式的设计需要充分结合企业现状，以便于充分利用企业资源和优势，降低经营风险，实现可持续发展。

（二）私域业务模式的作用

1. 价值创造与获取

私域业务模式最重要的作用是指导企业创造价值和实现价值变现。因此，私域业务模式对于推动私域业务持续发展和实现盈利发挥着重要的指导作用。

2. 获取资源支持

私域业务模式的设计，是对私域业务前景的直观表达。私域业务模式设计明晰，可持续盈利的空间大，有助于获取企业各方面的资源支持，从而加速推进私域业务进程。

3. 提高效率

私域业务模式可以帮助企业明确业务方向，如确定目标受众是谁，提供什么价值，如何实现盈利等，有助于优化内部流程和资源配置，提升运营效率。当一个私域业务模式成熟之后，又可以被快速推广。

4. 提升竞争力

独特的私域业务模式是企业竞争力强的一种表现，能够使企业与竞争对手区分开来，形成差异化的竞争优势。

二、私域业务模式设计原则

（一）盈利性与可持续性

盈利与可持续是实现长期商业成功的基础。私域业务也需要投入一定的人力、物力，无法盈利的私域业务模式将难以为继，只能造成资源浪费；实现盈利是私域业务业绩增长的基础保障，只有产生收益才能够让私域业务进一步扩大规模、开发新产品或服务等。因此，私域业务模式应该具备盈利性和可持续性，以实现在长期内获得稳定的收益并能持续发展。

（二）以用户为中心

私域业务模式应该满足用户需求和提升用户体验，以建立良性用户关系、提高用户忠诚度为关键点。

（三）合法合规

私域业务模式应该遵守相关的法律法规和行业准则，保证私域业务的合法性和合规性。

三、私域业务模式设计

私域业务大致遵循着私域流量的获取、运营、变现这三个关键的环节。因此，私域业务模式的设计可以重点围绕以下环节进行。

(一) 获取私域用户

1. 搭建引流渠道与触点

私域业务模式设计首先需要选择引流渠道，将目标用户引导至私域流量载体。以下是一些常见的引流渠道和触点，如表3.8所示。

表3.8 私域流量引流渠道与触点

类型	渠道	触点
线上引流渠道	社交账号	图文视频等账号内容、评论区、个人简介、主页背景图、私信等
	直播	主播引导、二维码、链接、评论区、推送名片等
	公众号	关注自动回复、菜单栏设置、推文内附的链接或二维码、留言区等
	线上广告	搜索引擎广告、原生广告、横幅广告等
	官方网站	在线客服、会员注册、社群二维码等
	官方App或小程序	固定栏、Banner、Icon等跳转添加福利官或加入社群
	AI外呼+短信营销	AI客服、短信链接等
线下引流渠道	门店	海报、易拉宝、门店导购工牌等
	产品包装+包裹卡	包装文案，如关注公众号、加入社群、下载App、注册会员、添加导购或客服联系方式；包裹卡，如会员卡、积分卡、优惠券、刮奖卡、礼品券、口令红包卡等
	线下广告	楼宇广告、电梯广告、公交站/地铁广告等
	线下活动	促销活动、会议、沙龙、展会等

知识视窗

触点

在营销领域，触点指的是企业与顾客或潜在顾客接触的机会或渠道。在私域引流场景中，触点是指与私域流量载体接触的机会或渠道，常见的做法是在目标用户面前展示私域流量载体的名称、二维码或链接。

翻转一下

课堂互动：请思考“王大爷茶饮”的引流渠道可以有哪些，说说你的见解。

2. 设计裂变活动

用户裂变是获取新私域流量的另一思路，即通过用户分享与传播的力量扩大私域流量池。

通过策划一系列的裂变活动，以获得某种福利或优惠为诱饵，鼓励用户主动分享或传播特定内容，以此吸引新用户进入私域场景中。裂变活动的设计需要关注很多方面，如确定裂变渠道、裂变形式和裂变诱饵等。

（1）裂变渠道。

确定通过哪个渠道进行裂变，如社交媒体账号、私域社群、小程序商城、官方 App 等。裂变渠道对裂变的具体方式、裂变效果都可能产生影响，因此选择合适的裂变渠道对于裂变活动来说十分关键。

（2）裂变形式。

不同的裂变活动目的决定了裂变形式。根据最终目的，裂变形式可以是鼓励用户邀请朋友注册小程序、下载 App、添加福利官、参与拼单等；分享活动链接给朋友；赠送朋友礼品卡等。

（3）裂变诱饵。

裂变诱饵是刺激用户主动分享和传播的关键。裂变的福利或优惠可以是优惠券、抵扣券、现金红包、会员资格、礼品、积分等。裂变诱饵越具有吸引力，裂变效果越好。

翻转一下

课堂互动：根据“王大爷茶饮”现状，思考如何做裂变活动。

（二）运营私域用户

私域流量运营的重点是对用户关系的长期经营，可以通过社群搭建、人设打造、互动、活动促销等方式来维持与提升用户留存率和活跃度。

1. 提升用户留存率

价值和体验是决定用户留存的关键要素。因此，运营者需要通过不同的方式为用户提供不同的价值和体验，满足用户对产品或服务，甚至是情绪、情感方面的需求。提升用户留存率的方式是多种多样的，下面简要介绍四种促进用户留存的方式。

（1）社群搭建。

建立私域社群，为品牌和用户提供一个日常互动、连接情感的平台，提升用户的参与感和归属感。常见的社群操作有话题讨论、打卡签到、干货分享等方式，它有助于加强品牌与用户、用户与用户之间的联系和互动。

（2）人设打造。

立人设，能够加强私域账号的记忆点和辨识度，当用户产生某种需求时，能够更容易想起该账号。在私域中，常见人设有两种：一种是福利官人设，适用于购买频率高、客单价低的产品，如奶茶、生鲜食品等，如图 3.8 所示；另一种是专家型、顾问型、服务型人设，适用于购买频率低、客单价高的产品，如知识付费课、汽车等，如图 3.9 所示。

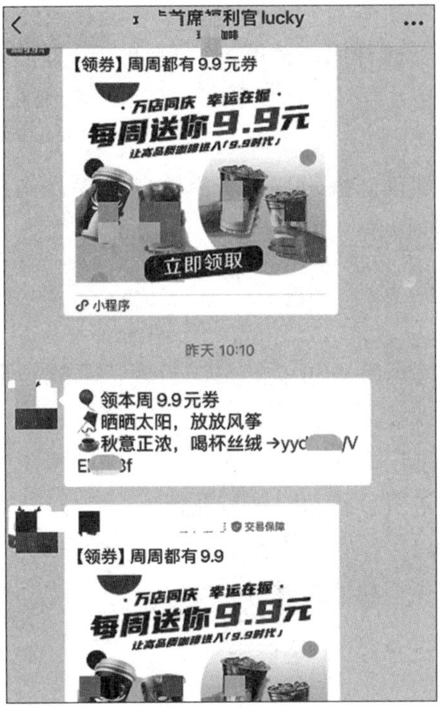

图 3.8　福利官人设示例

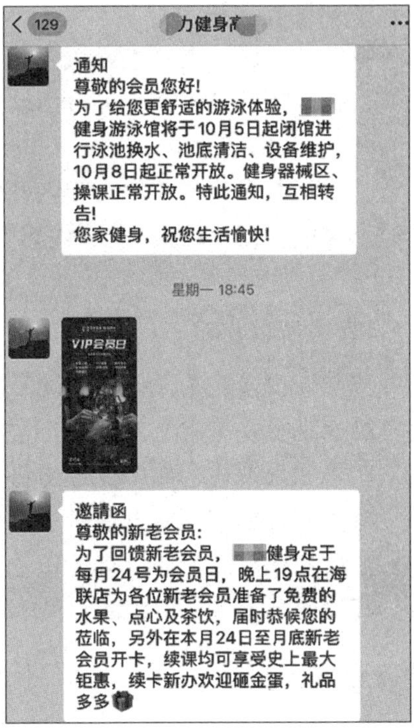

图 3.9　服务型人设示例

（3）会员制度。

建立会员制度，及时将新客户变成会员，能有效提升用户留存率。会员制度为私域用户提供相应的会员特权和增值服务，提高用户的忠诚度和留存率。例如，提供会员日折扣、专属福利、优先服务、积分奖励等。

小贴士

及时将新用户变成会员

在设计私域业务模式时，很多人忽略了会员制度的作用。在餐饮、生鲜、生活服务类实体行业中，会员系统是优质的私域流量载体。会员的福利、等级和特权等会让用户更有归属感。并且，企业也将新增一个可免费触达的私域用户。

（4）用户分层。

对私域用户划分用户类型和等级，可以为不同的用户提供个性化的服务，实现精细化运营。按照用户价值、行为或者生命周期等不同特点，为不同层次的用户提供个性化的服务与营销策略，实现用户留存与转化。

2. 提升用户活跃度

（1）设计话题。

根据用户的兴趣和需求设计互动话题，与用户进行互动，鼓励用户积极参与，如发送问候、调查问卷、活动通知等，增强用户黏性。

（2）举办主题活动。

基于特定的主题，在线上或线下举办活动，提升用户活跃度。例如，设置抽奖、问答、比赛、打卡等互动环节，提升活动的趣味性，吸引用户积极参与。

（3）开展促销活动。

在节日、纪念日等特殊的时间内开展促销活动，促进用户下单购买，提升用户转化率。例如，采取拼团/砍价、发放优惠券、限时秒杀、满减折扣、积分兑换等方式吸引用户购买。

（三）私域流量变现

私域流量变现模式的设计是实现私域流量运营商业价值的关键步骤。不同行业和业务所适合的变现模式是有所差别的，常见的变现模式有：

（1）广告变现模式，如广告位出售、合作推广等。

（2）电商变现模式，如直播带货、短视频带货、社群电商变现等。

（3）会员变现模式，如设置 VIP 会员、SVIP 会员等。

（4）其他变现模式，如内容订阅、咨询服务、粉丝打赏等。

四、私域业务模式类型

（一）按主要私域流量载体划分

1. 社群模式

以社群业务为主的私域业务模式，主要通过建立和运营私域社群，进行长期的客户关系维护，延长用户价值生命周期，实现用户长效价值。社群运营可以运用的方法有：

（1）社群拉新。

社群拉新可以通过社交媒体、直播平台、短视频等渠道，运用特定的内容、活动、广告等方式为社群进行拉新。

（2）社群裂变。

社群裂变的方式主要有拼团、分销、邀请、砍价，用户往往会以获取某种特定的福利为目的而主动传播裂变信息。

（3）社群转化。

通过话题互动、促销活动、内容种草等方式提高社群成员的参与度和活跃度，促成最终的销售转化。

（4）社群复制。

在社群模式成功后就可以进行社群复制，进一步扩大企业社群业务的规模。

2. 直播模式

以直播业务为主的私域业务模式，目的是从私域流量池引流到带货直播间，增加直播间流量与直播间销售数据，常见于电商直播和知识付费行业。

以直播为主的私域业务模式可以运用的方法有：在私域流量池发布活动信息，进行营销推广；直播时，通过福袋、话术引导、新粉福利等方式吸引原来的私域用户分享直播活动，从而获取新用户关注；引导在直播间下单的用户进群，进一步沉淀私域流量。

3. 社交账号模式

以社交账号为主的私域业务模式，主要是通过创建和运营社交账号，发布社交动态和有价值的内容，以达到塑造品牌形象、积累账号粉丝和带货等目的。下面以微信朋友圈为例，私域流量运营可能涉及：

（1）打造人设。

在朋友圈场景中，个人号/企业号的品牌账号除可以发布品牌活动外，还可以分享日常动态，以此强化真实感，加强用户的信任。可有针对性地发布内容，打造特定人设，如权威专家、时尚达人、产品福利官等。

（2）广告投放。

以卡片视频、轻互动视频、图文等多种形式，融入用户社交圈，引导用户通过微信私信咨询相关产品或服务。

（3）集赞裂变。

用户分享海报或链接到朋友圈，集赞获取福利，使品牌/产品/活动曝光，较适合本地生活服务行业，如餐饮、美容美发等。

翻转一下

请为“王大爷茶饮”创建一个朋友圈人设，表述你的人设思路以及内容规划。

（二）按产品复购频率和客单价划分

1. 高复购低客单价产品私域业务模式

高复购低客单价产品是指消费者购买频率高且价格较低的产品，如日常的快消品、生鲜、餐饮等。消费者对这类产品较为熟悉，消费决策周期短，决策难度低。

（1）获取私域用户。

这类产品的消费者对产品需求较为旺盛，对营销信息耐受度高。选择私域流量载体时，优先选择能够高效触达客户、信息打开率高的私域流量载体，如微信号和会员系统，前者能够发微信消息，后者能够发送短信。可在产品包装、包裹卡植入微信号信息，或在接待用户时，邀请用户成为会员或添加微信号。

（2）运营私域用户。

消费者对此类产品或品牌比较熟悉，不需要运营者再花精力介绍产品，不需要为了让用户信任产品，为产品背书。运营策略以发放福利为主，拥有此类产品的部分企业会选择用人工智能机器人来联系用户，如日常的短信、企业微信消息推送等由机器人执行。

（3）变现策略。

以提供福利优惠为主要策略来提高复购率。高频复购产品往往是刚需品，如食物。在不得不买的情况下，消费者会更乐意用优惠券来购买以达到降低成本的目的。当然，也可能因为优惠券刺激了他们的购买欲望。

职场案例

中石化易捷便利店

中石化旗下的易捷便利店是中国规模最大的便利店之一，其私域流量载体主要是企业微信。

易捷便利店通过企业微信添加客户，站长们成为“客户服务经理”。站长们提供针对客户的专属服务，如活动提醒、油卡推荐等，有效带动客户的留存。同时，站长还发送易捷便利店的优惠券，直接带动营收，间接提升加油站的客户留存率和收入，如图 3.10 所示。

图 3.10 中石化易捷便利店私域业务模式

2. 高复购高客单价产品私域业务模式

高复购高客单价产品是指购买频率高且价格较高的产品，如母婴、服装、美妆等，由于价格较高，消费者购买此类产品时会谨慎些，更看重品牌附加值和对运营者的认可度、信赖度。

（1）获取私域用户。

从已消费的用户中获取私域用户，依然是获取私域用户的优质方法。已购买了产品或服务的用户，对产品和品牌有了一定的认知，形成了一定的信任关系。基于此，可减少“与用户建立信任关系”的过程。常见方法有包裹卡引流、官网引流等。

如果还未有消费记录，这类产品运营者想要获取私域用户，需要证明自身价值和专业性。常见方法有“持续提供高价值内容”“塑造品牌形象和品牌价值”“打造专业人设”等。

合适的私域流量载体有社交账号、社群和微信公众号。这类载体能够方便运营者发布和展示内容，吸引消费者成为账号的粉丝。

利用好粉丝的信任，同时鼓励他们分享内容或产品，因为是高频复购产品，此类产品其他人同样有需求，“把好东西分享给好友”也是人际交往中的常见方式。通过粉丝的社交关系，来获取新私域用户是此类产品私域拉新的重要策略。

（2）私域用户运营。

进一步拉近用户关系的关键在于持续提供价值和稳固信任关系。持续提供价值可通过打造新媒体账号内容来实现，例如某职场培训微信公众号每周提供职场干货。要注意内容的价值属性，广告性质的内容容易让粉丝反感，例如某小红书博主因为频繁打广告，渐渐丧失粉丝的信任，同时因营销行为恶劣，被官方限流。

此类产品价格较高，消费者购买时较为谨慎，他们会参考老用户的评价以验证产品是否物有所值。所以，此类产品要额外重视产品评价内容。

（3）变现策略。

将私域流量引流至直播间实现销售转化是常用方法。直播形式能更直观展示产品特点，展示品牌背书，实时解答消费者疑问，打消购买顾虑。

分销是此类产品另外一种销售策略，产品价格较高，利润空间大，因此此类产品适合分销策略。例如流行于微商的美妆类产品。

知识视窗

微商分销模式

微商分销模式是指通过微信进行商品销售和分销的一种商业模式。微商分销商可以通过发展下线的方式获取一定的佣金或奖励。

微商分销模式是依托于社交关系传播的，基于社交关系传播的产品会更容易获得信任。消费者在购买高复购高客单价的产品时往往会参考他人的意见和建议，特别是来自社交好友的建议，因此，这种基于社交网络的模式天然就比较容易获取用户信任。分销商可以通过分享自己的使用体验和用户的反馈来提升用户的信任度，从而促进销售。

3. 低复购高客单价产品私域业务模式

低复购高客单价的产品，如婚纱摄影、汽车、家居装修、房产等，个性化程度高，购买频率低，有些产品甚至一生就买一次，如婚纱摄影，所以存在消费者因购买经验少而对产品没有足够认知的情况，这导致其购买决策相对较长，且较为谨慎。此类产品的运营者有个重要任务，就是为用户提供产品教育服务。

知识视窗

产品教育服务

产品教育服务是指运营者为消费者提供关于特定产品或服务的详细信息、指导和教育。针对那些购买频率低、个性化程度高的产品，产品教育服务的目的是帮助消费者更好地了解产品特点、使用方法、优劣势和选购技巧，以便他们做出更为理性和符合自身需求的购买决策。

（1）获取私域用户。

此类产品价格高，大部分产品需求更个性化且会涉及隐私。它适合的私域流量载体是微信号，方便运营者提供一对一的服务。常见的引流渠道有：

1）传统广告渠道，如电梯广告、地铁广告等。例如，新小区有家具置办、装修等需求。

2）异业合作：不同行业不同产品，其用户可能是同一批，例如上文提到的典型产品“婚纱摄影、汽车、家居装修、房产”等。此类产品潜在用户数少，可考虑打通这些产品私域流量池来获取精准私域客户。例如，婚纱摄影从业者和房产从业者进行异业合作，互相在对方私域流量池进行相关营销活动。

3）自建渠道：如官网、问答平台账号、内容平台账号等，提供测评、内容干货等，积累感兴趣粉丝。

（2）私域用户运营。

1）提供产品教育服务。该类用户对于产品或服务的了解比较少，容易存在各种困惑和疑虑。提供教育性的内容能够提升用户对产品或服务的认知，打消疑虑，降低用户感知风险。例如，向用户提供独特卖点、产品性能参数、检测报告、成功案例、过往用户好评等信息。

知识视窗

用户感知风险

用户感知风险是指消费者在购买产品或服务前，由于自身对产品或服务了解的不足或不确定性，对可能出现的问题、质量、适用性或其他方面的担忧和疑虑。这种风险建立在消费者对产品或服务认知不足的基础上。

2）提供个性化服务。低复购高客单价产品的特殊属性决定了用户在进行购买决策时会格外注重个人需求与产品或服务的匹配度，对产品或服务的质量要求高，特别是在家装、婚庆等定制化程度高的产品与服务中，个性化需求尤为明显。因此，在进行用户运营的过程中要充分了解用户诉求，为其提供个性化的产品推荐或定制服务。例如，对于房产交易，每个购房客户对房子的价格、地理位置、周边设施、交通条件的要求都是不同的，因此需要结合客户需求提供合适的房源。

3）线上线下结合。在线上渠道，可以通过添加个人企微（或微信）好友、建立社群进行用户关系的维护；在线下场景中，可以通过邀请用户参与线下活动来提升用户的参与感和忠诚度。以汽车行业为例，除了建立车友交流群供车主进行交流，品牌还会邀请私域用户进行汽车试驾、举办车友交流会等。

小贴士

在私域流量运营中，通过细节体现对用户的尊重、获取用户的好感和信任也是非常重要的。以下是一些相关的技巧和方法：

个性化服务：关注用户的需求和偏好，为其提供个性化的服务和产品推荐。

及时回复和处理：及时回复用户的咨询和反馈，迅速处理用户投诉，给出解决方案等。

问候关怀：如在用户生日时送上生日祝福、生日小礼品等，在特殊节日送上节日问候和祝福等。

提供专属权益和优惠：如专属折扣、限量商品等，让用户感受到被关注和重视。

听取粉丝建议：积极听取粉丝的建议和意见，可以通过投票、调研或专门的建议渠道来征集意见。

（3）变现策略。

可提供高附加值的服务或功能来增加产品的总价值，如专业咨询、定制设计、保修计划、售后服务等；提供分期付款，降低客户的财务压力；提供限时的促销和折扣，创造紧迫感，刺激客户在限定时间内购买产品或服务。

业务操作

业务名称：私域业务模式设计

工作要求：

假设你是“王大爷茶饮”A城大学店的店长，请你根据店铺现状以及前两个任务的内容，设计适合该店的私域业务模式。请阐述清楚以什么为私域流量载体、从哪些渠道引流、如何拉新与进行销售转化等。

操作步骤：

1. 分析店铺现状，选择合适的私域流量载体，并说明理由。

2. 设计引流渠道，思考通过哪些方式方法为私域流量载体引流，并说明理由。引流渠道要求包括线下店铺推广、社交媒体推广和校园合作。

3. 设计拉新策略，思考如何拉新，策略要求包含会员制、拉新赠品、专属私域优惠等，并说明具体思路。

4. 设计变现策略，思考用什么策略让用户复购等。

5. 使用软件将“王大爷茶饮”A城大学店的私域业务模式画出来。

思考与练习

一、单选题

1. 根据文档，SWOT 分析中的“Opportunities”指的是（　　）。

A. 企业内部所具备的有利因素或条件

B. 企业内部存在的不利因素或条件

C. 外部环境中可以为企业所利用的有利因素、条件、趋势或事件

D. 外部环境中可能对企业造成负面影响的不利因素、条件或事件

2. 私域流量运营的最终目的是（　　）。

A. 提高品牌知名度　B. 提高用户忠诚度　C. 实现商业价值　D. 增加用户数量

3. 私域业务模式设计中，对于低复购高客单价产品，运营者的重要任务是（　　）。

A. 提供售后服务　　B. 提供产品教育服务

C. 实施大规模广告宣传　　D. 增加产品种类

4. 以下哪一项不属于私域业务模式的类型？（　　）

A. 社群模式　　B. 直播模式

C. 社交账号模式　　D. 搜索引擎优化模式

5. 在私域流量运营中，私域流量载体的选择应考虑的因素是（　　）。

A. 用户的触达效率　　B. 信息的打开率

C. 载体的互动性　　D. 所有选项都正确

二、判断题

1. 私域业务的业务范围只包括消费型产品。（　　）

2. 私域流量运营流程中的留存与促活阶段不需要考虑变现。（　　）

3. 私域业务模式设计不需要考虑盈利性与可持续性。（　　）

4. 私域业务模式中，社群模式只适用于低复购高客单价产品。（　　）

5. 私域业务模式设计时，不需要遵守相关的法律法规和行业准则。（　　）

三、思考题

考虑到“王大爷茶饮”品牌名称的亲切有趣和产品价格亲民的特点，你认为在私域流量运营中应该如何利用这些优势来提升用户留存率和活跃度？

项目 3 参考答案

项目 4 引流到私域流量池

学思浅悟

私域引流拉新的守正创新之道

党的二十大报告提出“必须坚持守正创新”。守正创新是指在坚持正确的思想路线和政治方向的基础上，不断创新工作方法和手段，推动事业发展。这一思想为私域引流拉新工作指明了方向。

在引流拉新工作中，我们要坚持诚实守信的原则，不以虚假宣传手段来吸引用户，而是通过真实的产品和服务获得用户的关注和信任。我们还必须坚定地拒绝低俗文化，确保引流拉新的内容健康向上，符合社会主义核心价值观。只有如此，才能够建立起良好的用户口碑和信誉，使用户成为忠实的支持者。

同时，引流拉新也需要创新。我们可以尝试使用新颖独特的文案风格、吸引人的宣传物料、创意十足的活动主题等，吸引用户的注意力，提高用户参与度，增强用户黏性。通过不断创新，可以提升引流拉新的效果，拓展用户群体，推动私域业务的持续发展。

教学目标

知识目标

1. 熟悉引流拉新的概念，清楚我国常见引流渠道，掌握引流拉新话术设计技巧；
2. 清楚几种线上引流渠道的特点，掌握对应引流方法和原则；
3. 清楚几种线下引流渠道的特点，掌握对应引流方法和原则。

技能目标

1. 能够完成引流拉新话术或文案设计；
2. 能够为私域流量池搭建合理的引流渠道，从线上渠道、线下渠道精准引流；
3. 能够和其他账号或机构合作，展开互相引流拉新的活动。

素养目标

1. 提高职业道德，诚实守信，不夸大引流拉新奖励，不欺骗用户；
2. 培养问题解决思维，能够根据实际业务情况合理设计引流拉新策略；

3. 提高审美能力，能够为引流拉新设计优秀的文案或宣传物料。

任务1　引流拉新的基本认知

任务引例

竹叶青茶业成立于1998年，是国家农业产业化重点龙头企业，全国著名的名优茶生产企业。

竹叶青通过慧博科技云千载（数据中台），整合了京东、阿里、天猫等多个电商平台的会员系统，实现了线上、线下会员积分的统一管理。

通过将公域流量导流到私域，竹叶青不仅统一了会员身份，还集中了全渠道的会员权益，实现了会员权益的共享。消费者在线上店铺领取的会员卡在线下展厅也能被识别；在线上获得的积分和余额可以在实体店内使用；优惠券也可以在线上领取后在实体店内使用。

通过云千载会员中心，竹叶青能够精准看到顾客的消费数据、行为数据、偏好数据、交易数据、活动数据、线下数据等，从而更精确地满足顾客需求，提升顾客忠诚度。

任务描述

"王大爷茶饮"是一个年轻而有活力的奶茶品牌，虽然刚刚开业不久，但总经理对于引流至私域流量池的重要性有着清晰的认识。目前有好几家分店开在高校或中学周边，竞争对手多，面临学生客户流动性较大、学生群体喜好复杂多变、拉新较为困难等挑战。总经理要求作为私域流量运营经理的你通过巧妙的策略吸引潜在客户，并将他们沉淀到私域流量池中，变成"王大爷茶饮"忠实的粉丝。

在这个任务中，你需要了解各种引流方法和渠道，熟悉拉新的话术设计技巧，针对"王大爷茶饮"目前面临的挑战，设计合适的引流渠道和拉新方式。

知识准备

一、引流拉新概述

（一）引流拉新的概念

在营销领域，引流指的是吸引更多的流量到特定的平台或网站，一般从线上或线下引流；拉新是让新流量成为客户或者购买者的过程。在私域业务中，两者紧密相连，运营者往往会将这两项工作结合起来，以帮助企业扩大其客户群体，提高销售量和知名度。常见的引流渠道包括搜索引擎优化、社交媒体营销、线下实体店引流、包裹卡引流等。

（二）引流的意义

在私域业务中，引流的意义主要体现在以下几个方面。

1. 增加品牌曝光度

通过引流，可以让更多的目标用户了解品牌，并提高品牌知名度和曝光度。例如，运动品牌李宁通过在社交媒体上发布与运动健身相关的内容，如运动技巧、健身挑战等，吸引用户的关注和参与。还与一些知名运动博主、健身教练等合作，进行线上直播或分享买家秀等，将观看内容的用户引流到自己的私域平台，提高品牌的曝光度。

2. 培养用户信任度

私域流量建立在用户与企业相互信任的基础上。通过优质的引流内容和服务，提高用户的信任度，从而提高用户成为私域用户的转化率。例如，某抖音知识博主持续提供专业见解和行业知识，获得了众多观众的信任，不少观众进而关注账号和加入其粉丝群。

3. 提供提高用户体验的机会

私域流量载体也许有精彩的内容和服务，但如果没有引流的操作，那就会出现“酒香也怕巷子深”的情况。所以，引流提供了一个提升用户体验感的机会，运营者需要思考如何承接住流量，把流量留下来，变成客户或粉丝。

4. 降低成本

通过引流，可获得精准的、大量的用户，且用户沉淀在私域流量池中，随着私域流量池的扩大，会逐渐降低触客成本。所以，引流本身是一项降低企业营销或销售成本的工作项目。

（三）引流的基本流程

在私域流量运营中，引流包括以下几个步骤。

1. 定位目标受众

明确目标用户群体，并对其进行人口统计学分析和行为习惯分析，以便更好地针对他们制定引流策略。

2. 确定引流渠道

根据目标受众的特点，选择适合他们的引流渠道，如抖音、知乎、实体店等。评估每个渠道的优势和潜在用户规模。

3. 设计拉新文案

引流是第一次触客，还需要让用户以加关注、加好友、加群或成为会员等方式沉淀到私域流量池中，此环节需要设计拉新文案。

4. 增加用户互动

由于存在拉新后用户短时间内退出私域流量池的情况，所以，在拉新后，需要加强与目标用户的关系，如邀请新用户成为会员、及时回复用户、提供个性化的咨询服务、开展线上活动等，提高用户参与度和留存率。

5. 建立社群

部分行业，如服装、美妆等，运营者可创建与产品或服务相关的社群，如抖音群、微信群、QQ 群或论坛等。精心管理社群，提供有价值的内容和服务，增强用户黏性。

6. 数据分析

使用数据分析工具跟踪用户行为，评估不同引流渠道和不同引流策略的引流效果。根据数据分析结果，优化引流策略和内容发布计划。例如，同样是引流到微信群，从百度贴吧、企业官网、小红书、知乎、抖音、B 站等渠道引流来的用户数量和质量，一定是不同的，需要对引流效果进行数据分析，从而优化引流策略。

以上是私域引流的基本流程，需要根据实际情况制定具体的引流策略和方案。

二、引流渠道

（一）引流渠道的概念

如果把公域流量池比作大湖，那私域流量池就是自有池塘，为了给池塘注水，可以用沟渠将池塘与大湖连接起来，从大湖引水到池塘。这个“沟渠”就是引流渠道。

引流渠道是指在公域流量池搭建私域流量池的入口，以达到增加品牌曝光和将公域流量转化为私域流量的目的。

（二）常见引流渠道

常见引流渠道如表 4.1 所示。

表 4.1 常见引流渠道

渠道	描述
搜索引擎	通过优化网站内容、结构和关键词等，使网站或账号内容在搜索引擎结果中的排名更靠前，吸引用户点击访问
社交类平台	如微信公众号、微博等，通过建立品牌账号并发布内容，吸引用户关注，实现品牌推广和用户互动
视频类平台	如抖音、B 站等，通过制作有吸引力的视频内容，吸引用户观看和分享，并引导用户关注账号或加入其他私域流量载体。但要注意，部分平台对引流内容有严格限制
资讯类平台	如今日头条、百家号等，通过提供内容吸引用户。但要注意，部分平台对引流内容有严格限制
问答类平台	如百度知道、知乎等，这类平台对引流内容的限制比较宽松
线下推广渠道	如展会、商场促销、线下活动等，通过邀请加入会员或展示私域流量载体二维码等形式，将线下流量转化为线上私域流量
合作推广渠道	与其他品牌、媒体或网站进行合作，在对方的平台上发布内容或广告，从对方私域流量池引流

值得注意的是，选择合适的引流渠道需要考虑受众群体、目标市场、预算和运营成

本等因素，并根据实际情况制定相应的策略和方案。同时，随着科技和市场的发展，新的引流渠道也不断涌现，需要及时了解和适应市场变化。要点是用户在哪，引流渠道在哪。

翻转一下

小组合作：请选择一家奶茶店品牌，分析其私域引流的成功之处，要包括引流的过程、渠道、文案和效果。

三、拉新

在引流的同时，需要考虑拉新话术。拉新是一种增加私域流量池粉丝数量的方式。需要注意的是，拉新并不是私域流量运营的终点，而是为后续的裂变和转化打下基础。

（一）拉新与引流的关系

拉新和引流通常是相辅相成的，因为它们在运营策略中有着密切联系。例如，通常引流内容中的私域流量载体二维码附近会有配套的拉新话术，如图 4.1 所示。

图 4.1　某实体店引流海报与拉新话术

只引流不拉新，相当于放弃“自建触客渠道”，日后想要再触达客户，依然需要花费大量营销费用。所以，大部分企业进行引流活动时，会想方设法让用户变成私域流量载体的用户或粉丝。例如，通过投放流量广告提高观众人数的直播间，主播会不断邀请观众关注账号，这样才能把公域流量变成账号的私域流量，下次直播时，平台会将直播活动信息推送给相关粉丝。

翻转一下

课堂分享：请仔细回想一下自己在生活中遇到过哪些被要求加粉的场景，你是如何被劝说加粉的？

（二）常用拉新方式

常用拉新方式有 AI 外呼、短信、包裹卡、导购加微、商家自有渠道图文/视频/直播等内容拉动、促销裂变等活动拉动、用户转介绍、垂直媒体流量引导、KOL 导流、异业互换等。

知识视窗

拉新效率

根据一家知名机构调查的117个商家的数据来看，被商家选择最多的拉新方式是促销裂变等活动拉动、用户转介绍、商家自有渠道图文/视频/直播等内容拉动。许多商家提到类似观点，“自有免费的拉新渠道效率最高，用户质量最好”。在商家进行拉新之前，从这些渠道来的用户对品牌本身已有了较为深入的了解，很有可能已经是品牌消费者。在已有信任的情况下，用户进入私域的后续整体表现都较为优异。商家可以选择以自有免费渠道为主、裂变合作为辅进行拉新工作，广告付费渠道可以视预算与具体市场活动进行。

（三）拉新关键数据

拉新关键数据是指在私域业务中用于衡量和评估拉新活动效果的关键性指标。这些数据通常用来分析和确定新用户获取的情况，以便优化策略和提高效率。

1. 新用户注册数

这是最基本的指标，用于衡量拉新活动吸引的新用户数量，它直接反映拉新工作的成效。可通过提供用户感兴趣的内容、优化注册流程、简化注册表单或提供吸引人的注册奖励来提高新用户注册数。

2. 新用户转化率

新用户转化率是指新用户在注册后完成某个目标行为（如购买、订阅等）的比例，是衡量拉新活动转化效果的重要指标。如果单纯为了获取新用户数量，而不考虑质量和精准性，对于企业的私域业务来说，没有太大价值。

3. 新用户留存率

新用户留存率是指新用户在一定时间内继续使用产品的比例，是衡量用户黏性的重要指标。它也反映了拉新所带来的新用户的需求与企业提供的价值的匹配程度。

4. 获客成本

拉新活动的总成本除以新用户注册数，是衡量拉新活动成本效益的重要指标。这里还要看最终的购买转化情况。从投资回报率角度看，如果获客成本过高，而实际产出少，在持续亏本的情况下，该拉新策略甚至整个私域业务都有可能被企业撤销。

小贴士

获客是很多产品或服务首要解决的问题，当你能为企业带来客户时，那你的话语权和受重视程度会很高。但也要注意，不要操之过急。特别是要谨慎使用付费推广策略，付费推广的成本很高，在没有确定投入产出比时，要谨慎投入大额资金去做付费推广。即使可能会获得一些“线索”，但“线索”不一定是有效的、精准的。

5. 渠道效果

渠道效果是指不同渠道的拉新效果，如搜索引擎、社交媒体、广告等。例如，搜索引擎带来的新用户对产品更有意向，而社交媒体可能吸引对品牌或内容感兴趣的用户。

（四）拉新话术设计

1. 线下店铺拉新话术设计

在商家拉新过程中，话术起着非常重要的作用，合理、巧妙地运用话术可以有效激发用户的兴趣，与用户建立良好的沟通和信任关系，对应在数据上会大幅提升拉新转化率。

以线下客服邀请用户添加企业微信的话术为例。

公式：自我介绍＋为什么加你？（陈述目的）＋提供价值（利益/服务/兴趣/互动）＋邀请添加微信＋个性化互动。

这个公式中最重要的部分是“提供价值”环节，设计好相关权益的话术内容是成功拉新的关键，其中“利益＋服务”组合选项被认为是较有效的拉新话术设定。除此之外，沟通中的情感也值得注意。需要真诚、真实，真诚是为了拉近距离，真实是为了让用户相信自己。同时，文案不宜过长，简短文案一不会造成阅读疲劳，二不会过度打扰，以此来打消用户的疑虑，提高用户加好友的积极性。

话术设计例子：

自我介绍：您好，我是某某企业的导购。

陈述目的：我想请您添加我们的企业微信，方便我们为您提供服务。

提供价值：这款产品买回去后，有任何的使用问题，都可以通过企业微信来咨询我们。

邀请添加微信：请您扫描这个二维码。

个性化互动：期待能为您提供更贴心的服务，感谢您的支持与信任。

翻转一下

“王大爷茶饮”A城大学店正在开展新店促销活动，附近的中学生和大学生是高复购人群，请针对到店消费群体，使用上述公式编写一个拉新话术。

任务提示：可以借助问答式AI，如文心一言或豆包等，提供创作灵感。

小贴士

拉新话术与目的相关，目的不同，话术内容自然不同。如做用户沉淀，可以强调私域账号对用户的价值；如果想做裂变，话术突出对用户裂变行为的奖励。此外，不以虚假、夸张的方式进行引流，这种方式即便初期拉新效果好，最终留存率和转化率也不会高，且可能很大程度上降低用户信任感。

2. 线上渠道拉新话术设计

线上渠道拉新话术一般比较简短，可以以利益、兴趣、服务、利益＋服务、互动几种方式来设计拉新话术。

（1）利益型：突出利益点和价值点是最简单、最直接有效的拉新方法。

例句：

1）扫描二维码，添加企业官微，免费领取价值 3 000 元的理财课。

2）每周三会员八折，扫码就能成为会员。

（2）兴趣型：很多企业在做引流时往往会忽略这一点，其实兴趣也可以做引流和用户沉淀，常见的有运动健身、阅读、美食、社交、电竞等。

例句：朋友圈太窄，找不到人一起健身、读书、玩游戏，就来注册“同城搭子”App。

（3）服务型：拉新文案要强调成为私域用户后能获得高净值服务。

例句：添加企业微信，护肤专家将为您做一对一服务。

（4）利益＋服务型：利益和服务是双重保险，更容易打动人，这种比较适合美容或低复购高客单价行业。

例句：加入会员，即可领取新会员大礼包，并获得一对一专属客户服务。

（5）互动型：拉新话术可添加互动性的内容，指引用户添加关注，常见于线上新媒体账号。

例句：如果你们觉得本期内容对你们有用，请点击左上角头像，关注博主，博主在此感谢各位的支持！

总体而言，充分响应用户需求点的话术，其拉新率更高，越来越多用户不会因为简单利益刺激就轻易成为粉丝，这也是获客成本越来越高的原因。如何让用户愿意成为私域用户，核心在于充分了解和响应用户的需求点。

翻转一下

出谋划策：“王大爷茶饮”A 城大学店计划吸引高校学生成为企业微信号的好友，为此招聘了一位 A 城大学生兼职“校园推广”。该兼职生打算到 A 城大学兼职群和相关贴吧、论坛发广告，广告中会植入企业微信号二维码。请你结合上文设计几个配套的拉新话术。

业务操作

王大爷茶饮
（企业详细信息）

业务名称：引流拉新方案策划

工作要求：

1. 根据本任务情境，为“王大爷茶饮”A 城大学店设计一个引流拉新方案。要求涉及引流渠道的选择、方案主题策划、企业微信二维码植入、拉新文案设计等。

2. 该项业务的目的是将潜在客户转化为忠实粉丝，形成稳定的私域流量池。也可以按照你的想法设定该业务目标，这取决于你的洞察。

操作步骤如表 4.2 所示。

表 4.2 引流拉新操作步骤

步骤	要求	你的分析/操作/成果
引流拉新目标设计	明确本次引流拉新活动的目标客户、私域流量载体、引流拉新目标	
选择引流渠道	为该店铺罗列全部合适的引流渠道，并为本次的引流拉新活动选择对应的引流渠道	
方案主题策划	为引流拉新项目设计一个活动，并设计出应景的活动主题，该主题将用于活动宣传海报	
企业微信二维码植入	请使用二维码活码制作平台，将企业微信号制作成活码	
拉新话术设计	针对到店客户，设计对应的拉新话术，要求体现活动主题	

任务 2 从线上引流到私域流量池

任务引例

在小鹏汽车广泛的线上公域触点中，用户点击广告后，如果不愿意留电话号码，可通过添加企业微信，对产品进行初步的了解。借此，以更低的反感度对公域流量进行流量收口，由公司的运营中台高效地进行运营，充分挖掘“潜客下单”“车主复购”“沉默用户唤醒”“存量用户数据反哺产研/营销策略优化”四大用户价值。在使用企业微信进行流量收口后，小鹏汽车的私域流量池获得了更多流量，到店率翻番，线上订单提升七成。

任务描述

通常而言，私域流量池中大部分为曾表现出对品牌有兴趣的人群，因此虽然人群基数不如公域流量池的大，但是人群更加精准且有效线索更多。对于“王大爷茶饮”这种新秀品牌，耗费巨资于公域推广显然不划算，因此，培养自己的私域流量池至关重要。本任务中，将以微信等为私域流量的承接载体，讲述如何通过线上渠道将流量引流到企业微信。

知识准备

一、从线上引流到私域流量池的概念

线上引流到私域流量池是一种运营策略，旨在将线上渠道的流量引导和转化为企业自身拥有并能够控制的私域流量资源。

通过合理的引流策略和手段，诸如用户注册、订阅、关注等，将线上渠道的用户引导到企业的私域平台，如官方 App、微信公众号、会员系统等。在私域平台上，企业可以更好地与用户进行互动、沟通和关系维护；可深入了解用户需求，提供个性化的服务和推广活动。通过建立私域流量池，企业可以更加高效地进行精准营销和用户管理，降低用户获取成本，提升用户留存率，增强品牌忠诚度。同时，私域流量也具备较高的价值和竞争力，有助于企业长期稳定地经营发展。因此，不少企业在运营策略中注重线上引流和私域流量池的建设。

二、从线上引流到私域流量池的渠道

基于我国发展的现状，可引流的线上渠道比较多，主要有以下几种。

（一）从微信渠道引流

微信作为社交媒体平台和实时通信工具，被广泛使用，利用微信渠道引流大有可为。微信渠道的三个引流平台如表 4.3 所示。

表 4.3 微信渠道的引流平台

平台	操作技巧	优点	缺点
微信公众号	确保微信公众号和企业微信之间的信息互通和整合。例如，通过公众号菜单或自动回复功能，提供链接或按钮，让用户可以直接跳转到企业微信的添加界面； 在微信公众号上发布文章时，在文章底部放置一个加企业微信号的二维码，引导用户扫描该二维码	同属于微信生态，与企业微信的协同能力强； 公众号的个性签名支持企业微信等敏感词引流介绍，不会影响账号流量； 微信公众号的用户对品牌有一定了解，对加企业微信这一操作的接受度较高	推送过于频繁可能会引起用户的反感； 微信公众号本身用户获取和留存成本高
视频号	视频号提供主页展示和配置，可以关联企业微信，同时还可以在视频号的直播中推送企业微信，方便购买或了解更多； 直播时引导观众加微信； 视频评论引流，即在评论处留下引流文案； 添加视频号下单客户为好友	同属于微信生态，与企业微信的协同能力强； 视频号兼顾公域流量和私域流量，视频号本身活跃用户数大，有大量潜在客户； 视频号提供短视频和直播功能，方便企业微信进行相关操作，从而实现引流拉新	会增加运营成本，如制作视频、推广视频号等都需要资金投入

续表

平台	操作技巧	优点	缺点
小程序商城	在自有小程序中设置开屏广告，直接链接到企业微信，提高用户进入企业微信的转化率； 可以设置浮动客服图标，为用户随时提供产品咨询，引导有需求的用户添加企业微信	结合小程序和微信生态，用户使用门槛低，使用便捷； 个性化服务体验，提高了用户的满意度，使得企业微信的添加更为自然； 可通过数据分析和运营工具对用户进行精细化管理和个性化推荐，提高加好友的成功率	需要开发和维护小程序，成本较高

（二）从企业官方渠道引流

企业官方渠道的引流平台如表 4.4 所示。

表 4.4 企业官方渠道的引流平台

平台	操作技巧	优点	缺点
官方网站	优化 SEO：使用相关关键词、合理布局网站结构、提供高质量的内容，以提高网站在搜索引擎结果中的排名； 网页设计：采用易于导航和浏览的布局，将企微等联系方式放在最显眼的地方，引导用户添加； 激励行动：激励用户咨询、注册、订阅、下载等，吸引用户留下联系方式，进一步引导其进入私域流量池	进入官网的用户，对品牌有一定的兴趣或需求，更容易添加企业微信； 网站能提供良好的用户体验，让访问者更容易找到所需信息并留下深刻印象	如果网站内容更新不频繁或缺乏实时信息，可能导致用户流失或降低用户对网站的兴趣； 搜索引擎营销需要大量费用，成本较高
官方社交媒体账号	内容策略：在内容中留下企业微信号或二维码； 社交互动：通过私聊或评论，留下企业微信号或二维码； 主页介绍：在主页介绍或背景图中，放置企业微信号。但需要注意，大部分社交媒体平台对引流到其他平台有严格限制	公域流量多，各类用户都有，即使是小众产品，也有可能找到对产品感兴趣的用户	社交账号竞争激烈； 部分社交平台对引流到微信端这一行为有严格限制； 官方社交媒体账号存在于第三方平台，受到平台规则的限制，同时也依赖着平台的政策，存在平台政策变更或被封杀的风险
官方 App	个性化推荐：根据用户的喜好和行为，提供个性化的推荐内容、优惠活动，在不同的活动页面设置不同的浮动图标，引导用户添加企业微信等； 在官方 App 中内置 H5 页面，并将企业微信的相关页面嵌入其中。用户可以直接在 App 中打开企业微信页面，无须离开 App，提高用户体验	个性化推荐提高了用户使用率和留存率，提高了引流的成功率； 作为官方自有的 App，可操作性大，用户信任度高	由于设备和操作系统的种类繁多，App 在不同设备和操作系统上的兼容性可能存在问题，需要进行兼容性测试和优化； 如果 App 的体积过大，占用用户设备的存储空间过多，可能导致用户产生抵触情绪，特别是对于存储空间有限的设备

（三）从直播场景引流

1. 概念及意义

从直播场景引流是指在直播活动中吸引用户关注并引导用户进入企业的私域流量池。我们应该思考一个问题，为什么我们要在直播时尽力将用户引流至私域流量池呢？主要是因为私域流量池中的用户可以反复地免费触达，即当再一次的直播带货开始时，我们几乎不需要耗费多少成本就可以推送直播活动信息给私域流量池中的用户，如在粉丝群里推送直播预告信息。倘若直播间所有的用户都来源于平台的推送以及自身的宣传，每一次的直播都将会产生极大的触客成本，这对企业来说是一笔巨大的负担。对于使用“付费流量”策略的直播间，更需要及时将新流量转化为私域用户。

2. 引流技巧

从直播间引流至私域流量池时，要掌握一些操作的技巧。

（1）设置领福利条件。

领福利是指让观众领取直播间福利，常见的直播间福利有福袋、红包、优惠券等。引流拉新的关键是将加关注或加粉丝群作为领福利的参与条件，如图 4.2 所示。

图 4.2 优惠券领取条件

职场案例

用福袋引流拉新

抖音中的福袋是一种直播间互动工具，主播可以在直播过程中向观众发送福袋，观众可以通过参与互动来获得福袋中的奖励。为了让观众关注账号，可以设置参与条件“加入粉丝团”，如图 4.3 所示。而加入粉丝团的前提是关注账号，这样就可以将公域流量转化为私域用户。

图 4.3 福袋领取条件

（2）引导观众点关注。

点关注是指让观众关注直播间。这是一种直接的拉新方式，关键是给观众一个加关注的理由。

要点：

1）可以表述加关注的理由，这个理由要提前想好。它可以是产品有特点、价格吸引人、主播讲得好、粉丝专属价、点关注送运费险等。

2）可以演示点关注的操作或提示点关注的位置。

3）要很频繁地引导观众点关注。

话术举例：

1）如果觉得我们家的款式能戳中你的心窝，不要犹豫，左上角这红色关注点一下，不要错过我们家。

2）为什么要点关注？加关注的宝宝，以后在我们直播间购买鞋子，自动赠送运费险。而且，加了关注的宝宝，下单后质保自动延长到 120 天。还没关注的宝宝，快去左上角点关注。

（3）引导点亮粉丝灯牌。

点亮粉丝灯牌是指观众关注直播间后，选择花钱加入该直播间粉丝团的行为。它的好处是观众在进入直播间或进行评论时，粉丝的昵称前附带勋章灯牌。另外，可以参与直播间领福袋、领优惠券等福利活动。

要点：

1）要给粉丝一个点亮粉丝灯牌的理由，比如，可以凭借粉丝灯牌参加截屏免单活动，点亮粉丝灯牌可以参与领福袋等。

2）可以演示点亮粉丝灯牌的操作或提示点亮粉丝灯牌的位置。

话术举例：

1）如何点亮粉丝灯牌？就是在关注这个地方点一下，变成小黄心，再点小黄心，花一抖币就可以加入粉丝团。

2）等一下，宝贝们，这么多粉丝还没点亮粉丝灯牌，赶紧去点亮粉丝灯牌。参加福袋抽包包，需要点亮粉丝灯牌。

3. 其他引流拉新技巧

还可以在直播间评论栏、账号简介和直播间物料中添加“引导用户点关注”的文案。

翻转一下

“王大叔茶饮”计划在抖音平台开启同城直播，面对新观众，你有什么办法将他们转化为账号的私域用户？说说你的想法。

（四）从别人的私域流量池引流

从别人的私域流量池引流是指将其他个人或组织的私域流量引导到自己的私域平

台，以扩大自己的用户群体和增加销售机会。

1. 商家联盟

商家联盟引流适用于互补品牌。互补品牌是指在产品定位、目标用户、服务等方面有相互补充关系的品牌。有些产品的用户群体差不多，例如女装、美容用品等，其用户群体主要是女性，私域流量池里有彼此较精准的用户，这种情况下，可以展开合作，互相开放自己的私域流量池给对方。常用方法是在各自的私域流量池里互相推荐对方，具体操作如下：

（1）在各自的官网添加对方的网址链接。

（2）在社群中推送对方的内容和账号。

（3）在社交媒体上发布对方的内容或产品，或者双方共创内容，类似“联名营销”。

（4）和对方社交账号进行互动，如@对方或者在评论区进行互动，如图 4.4 所示。

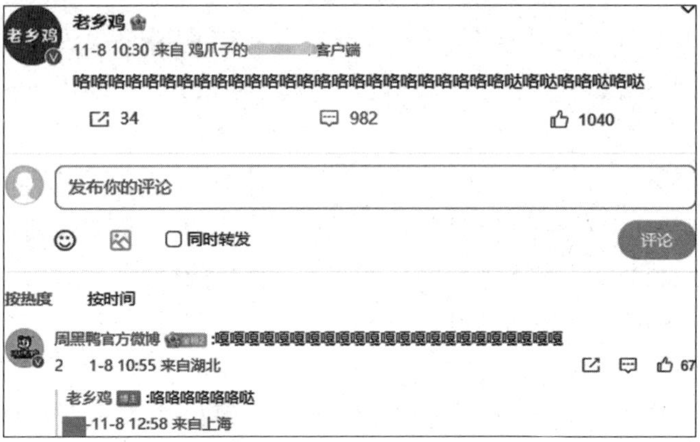

图 4.4 品牌之间的互动

2. 评论区引流

平台热门内容的评论区是一个引流的场所，可以吸引潜在用户的注意力，并引导他们访问私域流量载体，常见于微博、抖音和知乎平台。以下是一些注意事项：

（1）选择相关的热门内容：尽量选择与自己产品或服务相关的热门内容，这样可以吸引到更有可能对我们感兴趣的潜在用户。

（2）使用小号进行操作：使用小号进行评论引流相关操作可以降低被封禁或删除评论的风险。这样即使账号被封禁或评论被删除，也不会对主要账号造成太大影响。

（3）提供有价值的评论：确保评论对内容有贡献，而不仅仅是为了宣传自己的产品或服务。提供有价值的见解或观点可以吸引其他人的注意，并增加他们点击账号的可能性。或者为方便受众了解事件来龙去脉，可以评论“去搜××××，你就明白了”，若自己的账号有对应的被搜内容则更好。

（4）避免过度宣传：在评论中过度宣传自己的产品或服务可能会让人反感，尽量保持评论自然，并在适当的时候提及产品或服务。

（5）遵守平台规则：不同的社交媒体平台有不同的规则和政策。在进行评论引流时，确保遵守平台的规则，以避免被封禁或受到其他惩罚。

（6）监控和回复评论：及时监控和回复评论可以建立与潜在用户的互动，提升品牌形象和可信度。

（7）让企业内部人员对评论进行点赞、回复，让评论变成热门评论，能够让该评论置于靠前位置，这将增加其曝光量。

3. 发帖与发文

网络上还有百度贴吧、论坛和公开的社群，通过发帖或发文达到引流拉新的目的。

例如，如果是与大学生考试培训相关的业务，可以通过 QQ 找群的功能，找到相关公开群，如图 4.5 所示。

图 4.5　QQ 找群

4. 与新媒体达人或机构合作

与新媒体达人或机构合作进行引流的逻辑核心是利用其影响力和受众基础，将其私域用户引导到企业的私域流量载体中。当前很多企业愿意和新媒体达人合作，就是因为达人拥有企业大量的潜在用户。

翻转一下

小组讨论：假设“王大爷茶饮”在你们学校附近开了一家新店，你们作为“校园推广大使”，请思考线上哪些地方会是你们学生聚集的地方？你们会如何引流？

（五）投流广告

投流广告是“投放流量广告”的简称，通过在流媒体平台（如视频网站、社交媒体、资讯平台等）上投放广告来吸引目标受众的注意力。

流量广告是一种数字广告形式，通常以视频、图像、文本或音频的形式展示，可以在流媒体内容播放前、播放中或播放后展示。广告主可以根据目标受众的兴趣、地理位置、行为等因素进行定向投放，以提高广告的效果和投资回报率。

它较适合高客单价产品的私域引流，如房产、汽车和知识付费产品。这类广告会设置“留资页面”，让感兴趣的用户留下资料或联系方式，如图 4.6 所示。

图 4.6　留资页面

1. 获取销售线索

销售线索是指可能成功实施一次销售的机会，常用于销售领域。在投放流量广告时，感兴趣的用户留下的联系方式，会被当作一个销售线索。当获得一个潜在用户的手机号码或电子邮箱时，如果日常使用 SCRM 软件管理用户关系，某种程度上，引流拉新工作已经完成。因为 SCRM 系统也是一种私域流量载体，也能通过它来推送信息给私域用户，如短信营销和邮件营销。

当然，通过投放流量广告获得的有效线索，价值比较高，及时进行人工联系用户是较为稳妥的方式。

2. 添加微信

考虑到信息触达和信息被打开的效率，大部分企业还是希望能添加到用户的微信，从而在微信的私域生态中进行用户运营。由于微信号比较敏感，大部分用户不乐意在"留资页面"填写微信号。为了避免用户反感，大部分企业的"留资页面"只要求填"手机号码"和"姓名"。后续通过工作人员的电话回访，取得用户初步信任，才更容易添加到用户微信。回访话术一般包含以下几点：

（1）告知来意，建立初步信任。

在与用户沟通时，先要表明自己的身份和职责，然后询问对方是不是在某投流广告页留下了联系方式。这样做的好处是，让对方放下警惕心，避免被对方当作骚扰电话。

（2）提供专业帮助。

询问对方的需求或遇到的问题，给予简单且关键的回复，借此获得对方对我们专业性的认同。此处要强调解决问题的关键点并给出解决问题思路的专业理解，这些能够帮助我们获得对方信任。获得信任后，对方会认为继续和我们接触是一件"有价值的事情"。

（3）请求添加对方微信。

设计一个适当的添加微信的理由，如电话沟通不方便、添加微信可以发送资料或案例、添加微信可以进入专业社群等。

为提高用户体验，主动询问对方手机号是不是对应的微信，这样可以减少对方报微信号的麻烦。

（4）即时互动。

成功添加用户微信后，要立刻进行互动，内容主要是自我介绍、案例或产品资料推送、企业资质展示等。

添加客户微信后的沟通话术案例

翻转一下

“王大爷茶饮”通过投放美团和抖音平台的流量广告，加了大量同城客户微信。请你根据这一场景，为该企业设计“加好友”后的第一条、第二条打招呼文案。

（六）AI 外呼

AI 外呼是指利用人工智能技术进行电话或语音外呼的过程。这种技术可以自动拨打电话号码，并使用预先录制的语音或实时语音合成与接听者进行交流。AI 外呼常用于客户服务、市场营销、调查等领域，能够提高效率，节省人力资源。

在引流工作中，AI 外呼能够帮助筛选出意向客户，大大降低销售人员的压力，同时提高获客效率。使用 AI 外呼方式引流和获客，一般会搭配获客或拓客系统，拓客系统是指一类帮助企业智能获取客户联系方式的软件或平台。例如，产品的客户是幼儿园，那拓客系统可以收集百度地图上当地幼儿园的联系方式，快速生成一个当地幼儿园客户通讯录，再由 AI 外呼系统联系客户，最后进行意向客户筛选和人工介入。

（七）短信引流

私域中的短信引流是指企业通过短信邀请用户成为会员或将私域流量载体链接推送给用户。类似的还有邮件引流。

职场案例

短信邀请用户成为会员

周××是一家从事珠宝首饰研发、设计、生产和销售的企业，主要产品包括钻石首饰、黄金首饰、铂金首饰和其他珠宝首饰等。公司总部位于广东省深圳市，在全国范围内拥有众多门店和销售网点。

图 4.7 所示是该企业通过短信推送的方式邀请消费者成为店铺会员。图 4.8 所示是会员邀请界面。

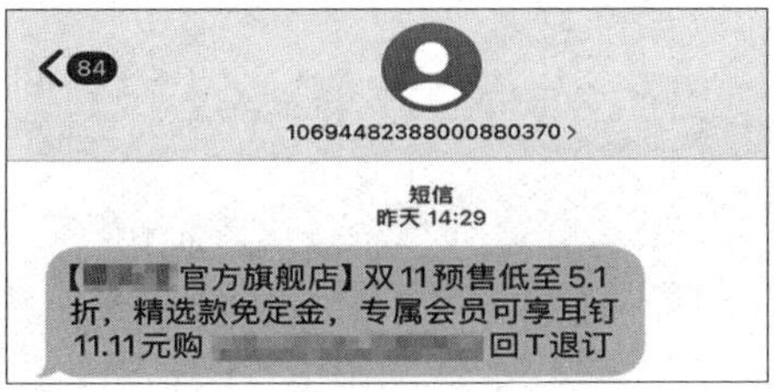

图 4.7　周××的短信推送

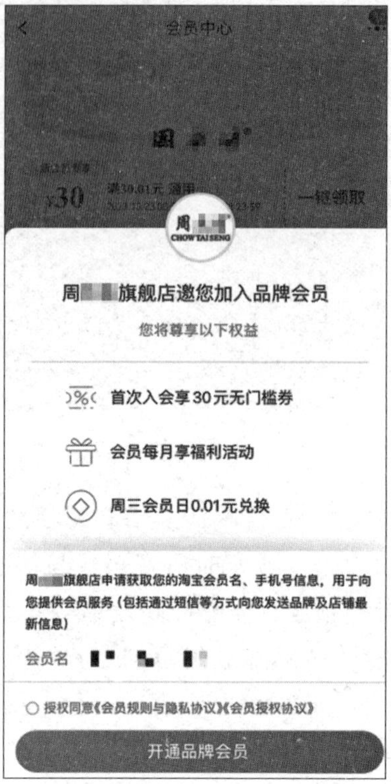

图 4.8　周××的会员邀请界面

小贴士

在进行 AI 外呼和短信引流时，需要特别注意以下几点：

（1）企业需要遵循相关法律法规和道德准则，保护用户隐私权和通信权，确保营销行为合规和合理。

（2）品牌方需要不断调试出合适的外呼时间，以及用户购买后什么时间外呼最合适，并针对呼叫情况进行分析。同时在 AI 外呼接通后配合短信提醒，有效提升拉新率。

（3）营销内容应真实有效，同时也要避免对用户造成干扰，规避高投诉账号。

通过科学的策略和合规的操作，AI 外呼与短信引流可以成为企业提升市场竞争力的有效手段之一。

翻转一下

假设“王大爷茶饮”拥有一个会员管理系统，且拥有会员的生日和手机号码，请你编写一条“生日祝福语”，需包含“邀请对方关注企业微信号”的内容。

任务 3　从线下渠道引流到私域流量池

任务引例

生活中到处都是线下引流的例子，从生鲜店到餐饮店再到健身房，它们会在店铺显眼的地方放置用于私域引流的宣传物料，如图 4.9 所示。

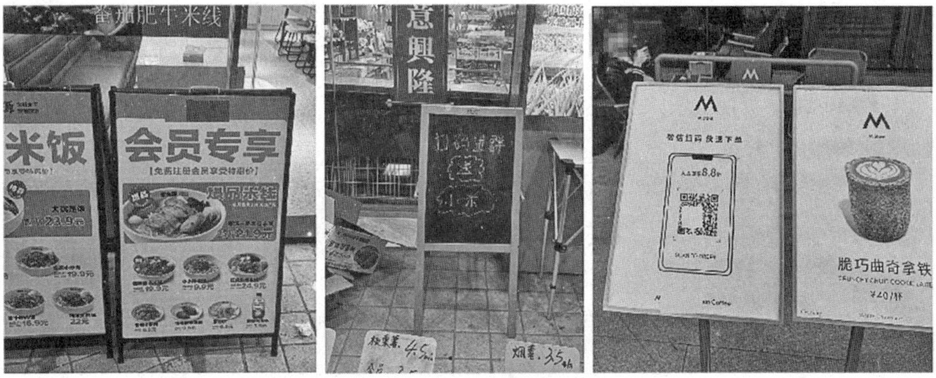

图 4.9　线下私域引流的宣传物料

任务描述

“王大爷茶饮”除了发展线上引流渠道以外，也意识到线下引流渠道的重要性。本任务里，将根据“王大爷茶饮”现状，为其规划出线下引流的方法。

知识准备

从线下渠道引流到私域流量池，是指通过线下活动、促销、宣传等手段，将线下客户或潜在客户引导到自己的私域流量池中，以便进行更精准的营销和服务。常见的线下引流渠道有门店引流、产品包装引流、线下广告引流、包裹卡引流和社会组织机构引流。

一、门店引流

（一）概念

门店引流是指通过门店的宣传物料、店员引导、会员制度、引流赠品等方式将实体店面的流量和客户资源转化为私域用户。

这一操作的好处是，有机会将客户与门店绑定，让其养成在门店消费的习惯。例如邀请客户成为会员，然后制定会员优惠价或会员积分等制度，让客户有可能因为会员优惠或积分而不断来门店消费。

知识视窗

什么是锁客

在私域领域，有一个词很热门，就是“锁客”。它是指通过各种手段将客户锁定在自己的私域流量池中，逐步养成消费的习惯。它是培养忠实客户的关键步骤。当年的“外卖百团大战”和“共享单车大战”都有典型的锁客策略，就是通过大量的补贴，让消费者养成在某平台消费的习惯。

在门店经营领域，常用的锁客手段有会员制、抵用券和赠品券，用券的方式锁客，建议给多张券，一次消费抵消一张。例如，某小龙虾餐厅推出活动“加入会员赠送 5 张价值 30 元的水果拼盘券”。

（二）门店引流方法

1. 发挥导购的作用

对于进入线下门店的客户，门店导购可以引导其加入私域流量载体，并告知加入私域流量池的好处，如获得赠品、获得优惠券或获得折扣等，以此将线下客户转化为线下私域用户。

翻转一下

假设你是“王大爷茶饮”某店的店员，现在有一个引流拉新活动是“关注微信公众号，新品半价”。请你为此编写一个引流拉新话术用于引导到店客户关注微信公众号。

任务提示：可以借助问答式 AI，如文心一言或豆包等，提供创作灵感。

2. 会员制度

当我们在线下门店消费并要买单时，收银员往往会问我们有没有会员，这是因为有些商品或服务的优惠价是针对会员的。可以通过宣传会员制度的好处，吸引客户成为会员，从而实现引流到 CRM 系统的目的。

3. 优惠券和代金券

在消费者买单时发放优惠券或代金券，并在券上植入公众号、企业微信和会员等内容，提醒消费者加入以获取更多优惠和资讯。当然，优惠券和代金券不一定是自己门店的，可以通过商家联盟方式，赠送其他门店的优惠券，如健身房赠送水果店优惠券、水果店赠送健身体验券等。

4. 赠品

赠品依然是有效的引流拉新策略，所赠送产品要与主营产品相关联，这样能刺激主营产品的销售。例如，上文提到的水果拼盘，消费者进店不会单独只要一个水果拼盘，也会点店里其他菜品。

5. 服务

当前有些门店可以通过私域流量载体提供一些便捷服务，如社群电商中的社群下单、快递到店通知等。这些服务也能成为门店用户加入私域流量池的原因。

6. 宣传物料

制作适用于引流拉新的宣传物料也是关键动作，包括标语、海报、宣传单等，如图 4.10 所示。这些都可能让有意向成为私域用户的客户付诸实际行动。

图 4.10 门店宣传物料

二、产品包装引流

(一) 概念

产品包装引流是利用产品包装传递信息，引导消费者加入私域流量池的一种策略。可以通过在产品包装上添加私域流量载体二维码、社交媒体账号名称等方式来实现。

(二) 产品包装引流方法

以下是一些常见的产品包装引流方法。

1. 印上二维码

在产品包装上印上或贴上二维码，如图 4.11 所示，消费者可以使用手机扫描二维码，直接跳转到相关的私域流量载体，如官方网站、社交媒体账号、微信公众号或企业微信等。这种方式常见于外卖和电商行业。

2. 添加引流文案

在包装上添加引流文案并呈现私域流量载体名称，如“关注微信公众号：王大爷茶饮”“微信号：wangdayechayin”“抖音号：王大爷茶饮”等。

图 4.11 某奶茶店产品包装

三、线下广告引流

线下广告引流是指利用在线下场所展示的广告，吸引潜在客户或目标群体，将其引导至企业的私域流量池，以达到推广和营销的目的。这种广告形式包括公交车站广告、地铁广告、小区广告、电梯广告、门店橱窗广告等。这些广告在进行私域引流时有其独特的优势。

（1）覆盖面精准：线下广告可以根据目标人群活动轨迹，直接在对应区域精准投放广告。例如家政行业可以直接向居民小区投放广告，这类广告能精准吸引目标客户群体。也适合基于地理位置营销的实体店开展引流相关工作。

（2）广告反复触达：线下广告存在于实际生活环境中，能使营销信息、引流拉新信息反复触达消费者，如图 4.12 所示。这将加深消费者对私域流量载体的印象，并提高用户关注或加入私域流量载体的可能性。

图 4.12 线下广告

然而，线下广告也存在一些挑战。

（1）成本高：与线上广告相比，线下广告成本通常较高。

（2）投放过程测量效果困难：线下广告的效果往往难以精确测量，无法像线上广告那样实时追踪和优化。

（3）受众选择有限：线下广告无法像流量广告那样精准定向到某个具体受众群体。

四、包裹卡引流

（一）概念

包裹卡是指夹在快递包装盒或外卖包装盒里面，随产品一起发给客户的卡片。包裹卡引流是指在包裹卡附上引流文案和私域流量载体入口，从而实现私域引流拉新的一种策略。

（二）包裹卡设计

1. 文字信息要少

从大部分商家的反馈来看，文字越多的卡片，效果越差，有些商家以为把品牌故事、感谢信等内容呈现给客户，能获得客户的好感，从而实现私域引流。实际上，只有小部分客户会阅读内容，大部分客户不会将注意力花费在大量文字上，文字多、信息多反而干扰客户的注意力，可能导致客户没有兴趣查看内容或扫描二维码，如图 4.13 所示。所以，文字越简洁，加粉效果反而更好。

图 4.13　文字和二维码繁多的包裹卡

2. 内容要突出利益点和引导文案

直接给客户一个加粉理由，如赠品、返现、定制服务等。同时要配套引导，例如“赶紧扫码添加××微信领取吧”。引导语有暗示和指示的作用，能够提高客户实施加粉行为的可能性。

小贴士

包裹卡禁止使用“好评返现”策略

在电商和外卖领域，“好评返现”卡一直屡禁不绝，这其实是一种违法行为。

国家市场监督管理总局发布的《网络反不正当竞争暂行规定》中明确要求经营者不得“以返现、红包、卡券等方式利诱用户作出指定好评、点赞、定向投票等互动行为”；《中华人民共和国电子商务法》中规定，“电子商务经营者不得以虚构交易、编造用户评价等方式进行虚假或者引人误解的商业宣传，欺骗、误导消费者”。这些法律法规明确“好评返现”是违法行为。

3. 使用二维码活码

一般使用活码，这样可避免二维码过期或无法修改内容等问题。

翻转一下

请通过网络渠道收集一些包裹卡案例。

五、社会组织机构引流

产品素材图

海报模版

微信物料

社会组织机构引流是指与部分社会组织或机构合作，从它们那里引流。常见的组织或机构有商家、企事业单位、小区街道、学校等。具体合作对象，要根据业务实际情况来定。

例如，本任务情境中的“王大爷茶饮”A 城大学店临近 A 城大学和 A 城职业技术学院，可考虑与学校社团合作开展相关活动，从而实现引流。

业务操作

业务名称：“王大爷茶饮”线下引流方案策划

工作要求：

1. 根据所学知识和企业背景条件，为“王大爷茶饮”A 城大学店设计一个线下引流方案，要求涉及门店引流、包裹卡引流，鼓励拓展社会组织机构引流内容。

2. 制作置于门店门口的展架海报。请扫描二维码下载海报制作素材。

操作步骤如表 4.5 所示。

表 4.5 线下引流操作步骤

步骤	要求	你的分析/操作/成果
线下引流目标设计	根据店铺现状，选择线下引流渠道，设计线下引流目标，并将目标配额给各渠道	
门店引流	思考如何进行门店引流，并准备相关的话术和宣传物料	
包裹卡引流	设计外卖单子引流包裹卡，尺寸为常规名片尺寸 9cm×5cm；要求正面为引流文案和私域入口，背面为 Logo	
拓展：与校园机构或社团合作	拓展部分，根据兴趣和自己对校园的了解以及所拥有的资源，自愿选择是否进行该项工作	

思考与练习

一、单选题

1. 在私域引流拉新中，我们应该坚持的原则是（　　）。

A. 虚假宣传　　B. 诚实守信　　C. 低俗文化　　D. 高成本投入

2. 私域引流的基本流程中，第一步应该做的是（　　）。

A. 定位目标受众　　B. 增加用户互动　　C. 设计拉新文案　　D. 建立社群

3. 拉新关键数据中，用于衡量拉新活动吸引的新用户数量的指标是（　　）。

A. 新用户转化率　　B. 新用户留存率　　C. 新用户注册数　　D. 获客成本

4. 在设计拉新话术时，以下环节中最重要的是（　　）。

A. 自我介绍　　B. 提供价值　　C. 邀请添加微信　　D. 个性化互动

5. 投流广告适合于对以下哪种类型的产品进行私域引流？（　　）

A. 低客单价产品　　B. 高客单价产品　　C. 服务类产品　　D. 快消品

二、判断题

1. 私域流量池的建立可以增加品牌曝光度和培养用户信任度。（　　）

2. 拉新活动的目标是增加私域流量池粉丝数量，而不是为了后续的裂变和转化。（　　）

3. 线上引流渠道的效果容易精确测量和优化。（　　）

4. 投流广告通过在流媒体平台投放广告来吸引目标受众。（　　）

5. 包裹卡引流时，包裹卡上的文字信息越多越好。（　　）

三、思考题

结合“王大爷茶饮”的案例，分析线下引流活动对提升品牌知名度和客户忠诚度的作用。

项目 4 参考答案

项目5 私域流量的裂变增长

学思浅悟

裂变营销：创新与合法并重

在新时代背景下，裂变营销作为一种新型的营销模式，以其独特的方式在市场营销领域发挥着越来越重要的作用。裂变营销通过激发用户的分享与传播动力，利用社交网络的自然扩散，有效地提高了品牌的知名度和消费者的参与度，体现了市场营销的创新和发展。

然而，随着裂变营销的广泛应用，一些企业在实施过程中出现了违背法律法规、伤害消费者权益的行为，如虚假宣传和误导消费者等。这些行为不仅损害了消费者的利益，也影响了市场的公平竞争环境，与社会主义市场经济的要求背道而驰。

根据《中华人民共和国广告法》的规定，广告内容必须真实、合法，不得含有虚假或者误导消费者的信息。这一规定强调了广告活动中坚持真实性和合法性的重要性。因此，企业应加强法律意识和社会责任感，将裂变营销的创新发展与遵循法律法规、维护消费者权益相结合，促进裂变营销健康、合法、有效发展，为构建和谐社会做出积极贡献。

教学目标

知识目标

1. 清楚裂变的概念与作用，熟悉裂变活动的基本流程；

2. 熟悉常见的裂变活动形式，清楚拼团裂变、砍价裂变、邀请裂变和分销裂变的要点；

3. 熟悉裂变诱饵的概念、类型与作用，掌握裂变诱饵的设计技巧；

4. 熟悉裂变文案与海报的作用，掌握裂变文案与海报的设计技巧。

技能目标

1. 能够根据企业现状设计合适的裂变活动形式与规则；

2. 能够为裂变活动设计合理有效的裂变诱饵；

3. 能够独立完成裂变文案的编写与裂变海报的制作。

素养目标

1. 提高学习意识，重视对优秀作品的收集与学习，能够从优秀作品中吸取有价值的内容；

2. 提高创新意识，能够策划有创意、有趣、有效的裂变活动主题与玩法；

3. 提高审美水平，能够设计符合目标受众审美的裂变文案与海报；

4. 加强职业道德培育，加强法律法规意识，不虚假宣传，注重知识产权。

任务 1　认识私域流量裂变

任务引例

某生鲜 App 为用户提供了便捷的线上购物体验，同时也建立了完善的会员系统。该会员系统不仅为会员提供专属优惠和服务，还设计了多种裂变式的营销活动，激励会员邀请新用户加入并享受会员权益。比如，该生鲜推出了“邀请好友送会员卡”等活动，现有会员邀请朋友注册成为新会员，双方都能获得相应的奖励，从而实现裂变增长。

此外，某生鲜也在 App 内部设置了社交分享功能，鼓励用户将自己的购物体验和优惠信息分享给朋友，进一步扩大了用户群体。通过这些私域流量裂变营销策略，该生鲜成功地扩大了会员规模，增强了用户黏性，提升了用户参与度，使公司业务取得了可观的成绩。

任务描述

作为一家新兴茶饮品牌，“王大爷茶饮”面临市场竞争激烈、宣传成本高、用户黏性不足的挑战，私域流量裂变策略成为其发展的关键。私域流量裂变可以帮助“王大爷茶饮”扩大用户规模，引入更多潜在消费者，并增强品牌影响力；同时，裂变还能够建立更加紧密的用户关系，提升用户忠诚度，进而实现用户消费频次的提升。因此，私域流量裂变不仅有助于解决目前的问题，更能够为“王大爷茶饮”的可持续发展打下坚实基础，助力品牌在市场中取得长足发展。通过本任务的学习，我们将深入了解什么是私域流量裂变。

知识准备

一、裂变的概念与作用

（一）裂变的概念

裂变的概念源于生物学中的细胞分裂，现常用来指通过原有用户的分享和传播，快速增加新用户的数量。在私域流量运营中，裂变是指通过用户自发地分享和传播，将品牌信息扩散给更多用户，并吸引他们进入私域流量池中的一种营销策略，其核心思想是通过激发用户的分享欲望，让他们主动将品牌信息分享到他们的社交圈子，从而实现品牌传播和用户增长的效果。

（二）裂变的作用

裂变在私域流量运营中扮演了重要的角色，它有以下几个方面的作用。

1. 扩大品牌影响力

通过裂变活动，企业可以将品牌信息快速传播给更多潜在用户，扩大品牌的影响力和知名度。

2. 增加私域用户数量

裂变活动能够吸引更多的用户参与，并通过用户自发地分享和传播，增加新用户的数量。在裂变活动中，无论是老用户还是新用户皆可参与，通过用户的社交分享能够裂变出更多的新用户，从而扩大私域用户规模。

3. 增强私域用户黏性

裂变活动具有趣味性玩法和社交分享性，并且能给用户提供相应的奖励，提高用户的参与度和互动性，增强用户的黏性及与品牌的连接。

4. 降低获客成本

相较于传统的广告投放和推广方式，裂变活动能够在较大程度上节约人力、宣传等成本。通过相应的福利诱饵刺激用户自发地分享和传播，使其承担起宣传、引流的工作，从而降低获客的成本。

5. 增强用户口碑

通过裂变活动，用户会自发地分享品牌信息，并将这些信息传递到他们的社交圈子。这种分享方式是一种有效的口碑传播方式，能够增强用户对品牌的好感度和信任度。

二、裂变活动的基本流程

（一）明确活动目标

确定私域裂变活动的目标，明确目标有助于后续策划和评估活动效果。例如，以获取新用户、扩大私域用户规模为目标，裂变活动的侧重点是激励现有用户邀请朋友加入私域流量池，成为私域新用户；若是以促进产品销售为目标，则裂变活动的侧重点应是提供针对性的产品或服务福利，刺激现有用户和潜在用户产生购买行为。

（二）设计裂变活动诱饵

在私域裂变活动中，诱饵可以用来吸引用户参与和传播活动信息，如优惠券、礼品、红包、会员积分、免费试用机会等。

裂变活动诱饵是影响用户参与意愿的关键因素之一。高价值、有吸引力的诱饵能够激发私域用户和潜在用户的兴趣和欲望，激励用户参与活动并主动将活动信息分享给其他人。

（三）设计裂变活动形式

设计裂变活动形式时，需要考虑裂变活动的活动机制、裂变路径和活动规则等。简单清晰、合理易懂且富有创意的裂变玩法和规则能够让用户获得良好的活动体验，有助于扩大裂变活动的传播规模，提高传播速度。

1. 活动机制

活动机制指的是鼓励用户分享和传播活动信息的创意玩法，是增加活动趣味性和互动性的关键，如邀请有礼、任务挑战、拼团、砍价等。

2. 裂变路径

裂变路径指的是用户参与裂变活动时所经历的一系列步骤和流程。简单清晰的裂变路径能够提高用户的参与积极性和传播效果。

3. 活动规则

活动规则是为了保障裂变活动的顺利进行而设置的一系列规则和条件。合理的活动规则可以让用户了解裂变活动的奖励机制、任务要求、时间限制、参与方式等。

（四）设计裂变文案和海报

裂变文案和海报是吸引用户注意力、激发用户兴趣的重要因素。简洁明了的裂变文案和精美的海报设计可以迅速吸引用户的眼球，引起他们的关注。同时，裂变文案和海报还是向用户传递活动信息的重要方式，将直接影响裂变活动的用户参与度和效果。

（五）初始流量布局

初始流量即种子用户，是活动的初始传播者。没有足够的初始流量，活动难以迅速扩散至更广泛的潜在用户群体，因此，裂变活动需要有一定的初始流量度过冷启动期。活动组织者可以通过个微/企微私聊、微信群、朋友圈、公众号等方式发布活动信息，鼓励现有私域用户积极参与活动并分享活动信息。

小贴士

在实际操作过程中，可能存在用户看到活动之后产生了转发欲望，但是苦于没想好转发文案而放弃参与活动的情况。想要避免类似情况发生，可以在策划裂变活动时提前帮用户想好转发文案，方便用户直接复制转发，以降低用户传播成本。

（六）监测和优化

实时监测活动的参与度、传播效果和用户反馈。通过数据监测和分析，如监测分享次数、新增用户数量、活跃度、留存率等指标，了解活动的优点和不足之处，根据活动的效果和用户反馈不断优化裂变活动的内容，提升活动效果和参与度。

（七）活动复盘

在裂变活动结束之后，及时进行活动复盘。裂变活动的组织和执行人员应对裂变活动的各个环节进行回顾和分析，挖掘活动亮点与不足，提出问题解决措施，总结经验教训，为下一次的裂变活动提供有益借鉴。

职场案例

裂变活动形式：集卡/符赢好礼

主题示例：集卡大作战，上万礼包免费送；集幸运符，免费领×××。

活动目的：通过趣味性集卡/符活动，吸引用户参与社交活动，形成社交传播，增加社群成员数；发放折扣券提高销量。

裂变诱饵设置：

（1）用户关注公众号或小程序可获得一张幸运符；

（2）添加企微或入会可再获得一张幸运符；

（3）成功分享给好友可再获得一张幸运符；

（4）每成功邀请一位好友关注公众号或进入小程序可获得一张微信商城的抵扣优惠券；

（5）集齐三张卡片即可领取礼包并兑换奖励。

参与和分享的路径渠道，如图 5.1 所示。

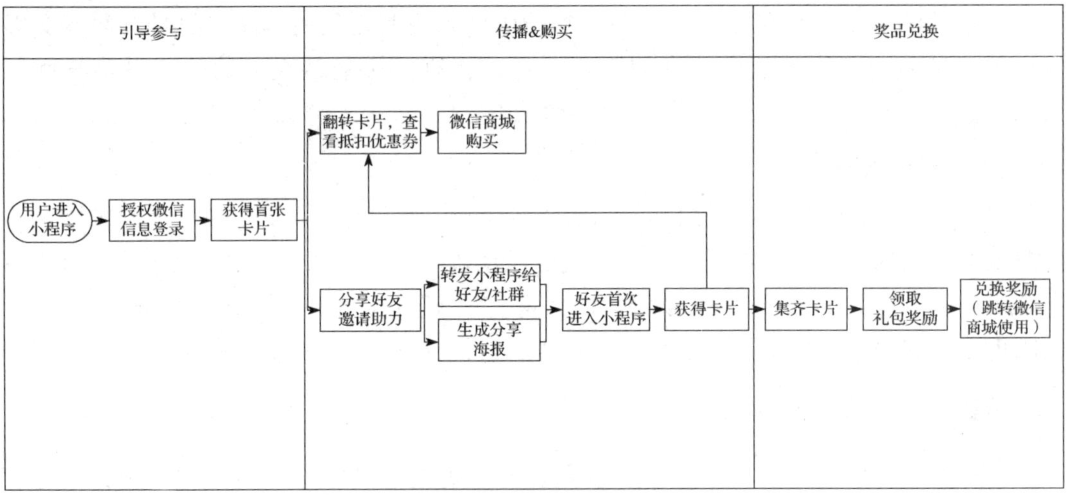

图 5.1 参与和分享的路径渠道

三、裂变活动的形式

裂变活动形式的发展与演变日新月异，这里主要介绍几种常见的模式。但这并不意味着它们是相互独立的，在实际进行私域流量运营的时候多是交叉使用，彼此之间没有明确的界限，关键在于侧重点有所不同。

（一）拼团裂变

1. 方式

私域现有用户邀请好友一起购买同一商品或服务，达到一定数量后可享受优惠价格或免费赠品。

商家通过设置成团人数和优惠价格激发用户的参与意愿和购买欲望。例如，2 人团享受 9 折优惠，4 人团享受 8 折优惠，6 人团享受 7 折优惠等。如图 5.2 所示，某品牌小程序的“1 元值得拼”，可以通过邀请好友参团获得大额优惠折扣券，以折扣价购买商品。

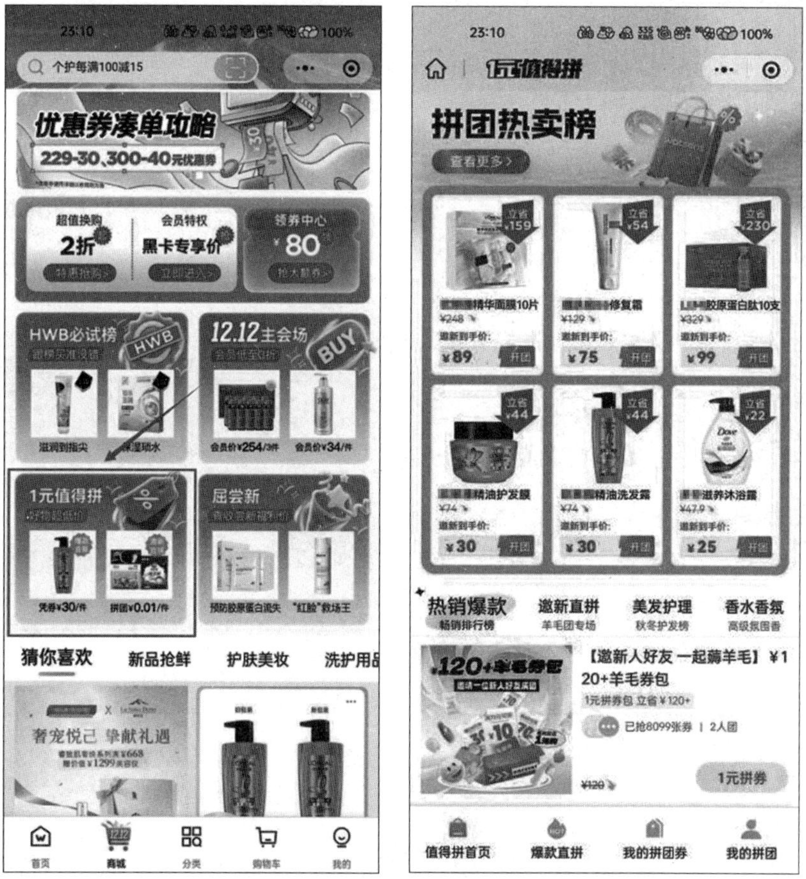

图 5.2　某品牌小程序界面

2. 裂变流程

裂变流程为：用户开团→邀请好友参团→好友参团→拼团成功→以低价或免费获得产品。

（二）砍价裂变

1. 方式

私域现有用户发起砍价活动，并邀请好友帮忙砍价，然后以极低的价格购买商品或服务。

商家通过设置砍价目标和砍价幅度激发用户的购买欲和分享欲。例如，某商城小程序“1 元砍价”，邀请好友助力免费获得 0 元商品兑换券，还可以发起砍价获取优惠商品，如图 5.3 所示。

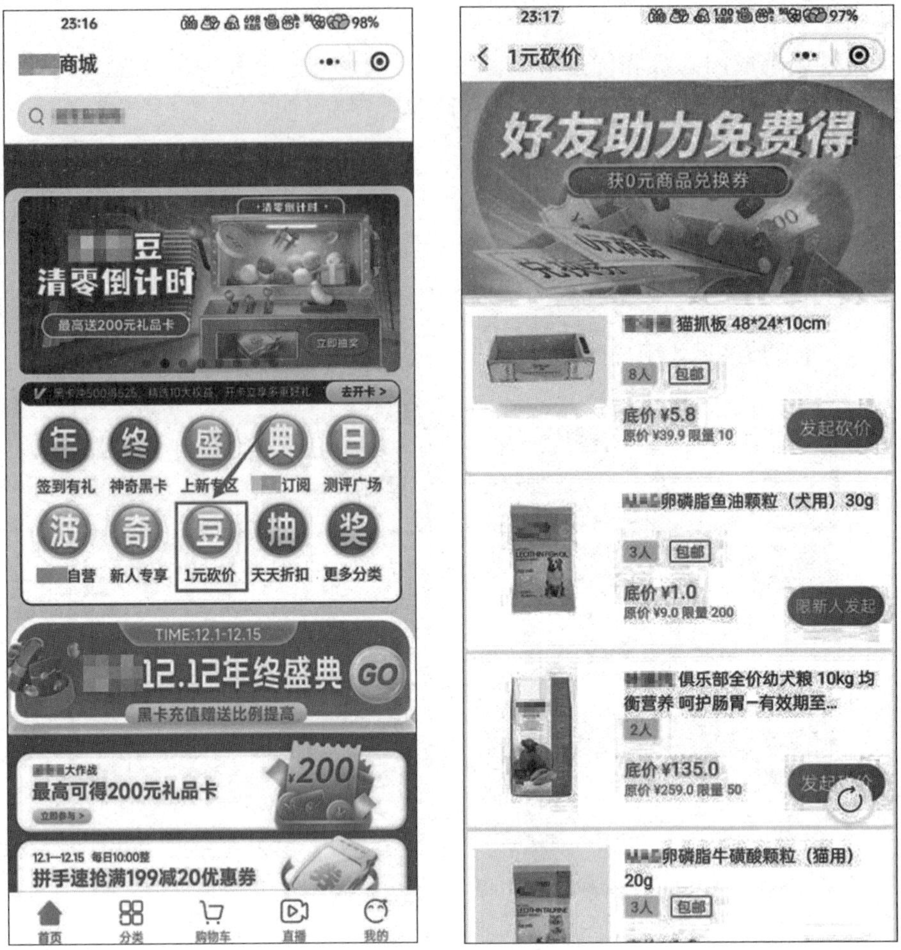

图 5.3　砍价裂变

2. 裂变流程

裂变流程为：用户发起砍价→邀请好友帮忙→好友完成砍价→砍至目标价格。

（三）邀请裂变

1. 方式

私域现有用户邀请好友注册、使用企业或品牌的小程序或 App，可以获得免费体验、现金红包、优惠券等奖励。

品牌通过设置邀请条件和奖励机制吸引用户注意和参与。例如，某超市的“邀请有礼”活动，每邀请一位新用户即可获得一张满 59 元减 30 元的优惠券，被邀请的好友则可以获得 33 元新人礼包；邀请 2 人可再得 20 元的无门槛券，如图 5.4 所示。

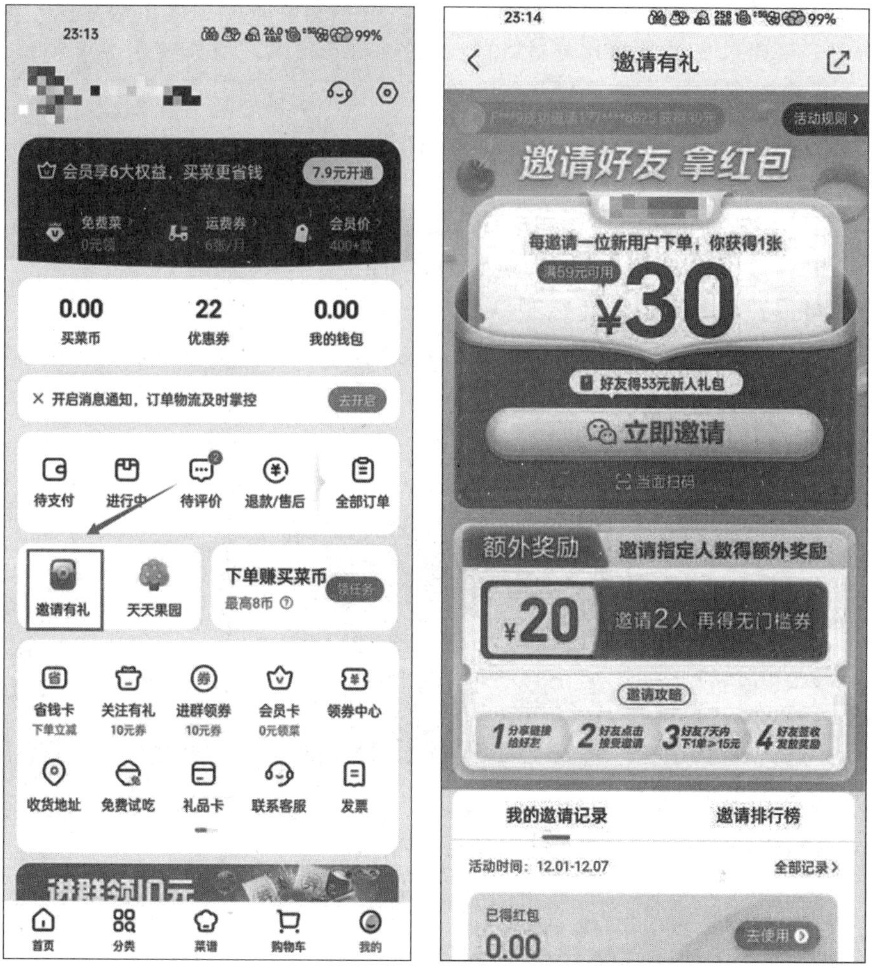

图 5.4 邀请裂变

2. 裂变流程

裂变流程为：用户分享二维码或链接→邀请好友扫码或点击链接→达成任务要求→获得奖励。

职场案例

作为国内乳业龙头企业，蒙牛在规模化布局低温奶市场后，便以更贴近年轻用户的高频消费场景展开营销布局，围绕「蒙牛 NIUBAY」小程序构建品牌私域阵地，以广告引流为触点，“商城拼团裂变+会员日直播”为抓手，企微社群运营为核心，多渠道深耕客单，提升复购转化，最终实现小程序 GMV 半年环比增长超 682.28%、企微累积用户环比增长 1 283.17%的业绩突破！

在商城运营中，裂变玩法是提升品牌获客长效增长的重要秘籍之一。结合「蒙牛 NIUBAY」旗下各产品受众人群及价格差异，微盟团队与品牌在商城拼团活动中发布了特仑苏、冠益乳、碧悠等超 7 款热卖产品福利，同时打造“新人团”“全民团”，借助优惠低价刺激消费者分享裂变，实现商城内用户与业绩良性自驱增长。据统计，在商城的营销活动中，拼团裂变销量占比超过30%，实现高效的用户增长转化。

(四) 分销裂变

1. 方式

私域现有用户分享商品、服务的链接或二维码给好友或社群，当有人通过该链接或二维码购买时，该用户就可以获得一定比例的佣金。

商家通过设置商品推广的佣金激励用户分享和推广。例如，某公众号的“我要赚钱”入口，可以申请成为幸福分销达人，通过分销蛋糕赚取相应的佣金，如图5.5所示。

图5.5 分销裂变

2. 裂变流程

裂变流程为：用户选择适合分销的商品→分享商品链接或海报到社交平台→好友下单购买→分享者获得一定比例的佣金。

翻转一下

小组讨论：通过网络搜索，谈谈除了上述提到的4种裂变玩法，当下裂变活动还有哪些形式？有哪些形式是适合“王大爷茶饮”借鉴学习的？

四、裂变活动注意事项

（一）数据安全和隐私保护

在进行裂变活动时，务必要确保用户数据的安全和隐私保护，遵守相关的法律法规，不得擅自泄露用户隐私信息。

（二）用户体验

裂变活动应当注重用户体验，确保活动流程简单易懂，避免给用户带来困扰，同时要确保奖励机制合理，激励用户参与。

（三）合规性

裂变活动的设计和执行需符合相关法律法规和平台规定，避免出现违规行为，避免引起不必要的法律纠纷。

（四）真实性和透明度

裂变活动的内容和信息需真实可信，不得夸大其词或误导用户，同时要保持透明，让用户清楚了解活动的规则和奖励机制。

（五）社交关系维护

在裂变活动过程中，要注意维护好用户之间的社交关系，避免因为裂变活动而产生负面影响，建立良好的品牌形象和用户口碑。

（六）监控和反作弊

需要建立有效的监控机制，及时发现并应对作弊行为，确保裂变活动的公平和公正。

业务操作

业务名称：裂变活动形式与规则设计

工作要求：

1. “王大爷茶饮”即将推出一款以橙子和蜂蜜为主要原料的新品“浓橙蜜意水果茶”，打算策划一场裂变活动来促进新品的销售。请你为“王大爷茶饮”新品推广策划合适的裂变形式与规则。

2. 裂变形式与规则至少要包括裂变活动的活动机制、裂变路径和活动规则等内容。

操作步骤：

1. 在网络上搜集裂变形式与规则的优秀设计案例，进行整理与学习。

2. 结合品牌的特点，设计一套合适的裂变形式与规则。

任务 2　设计裂变活动的诱饵

任务引例

某地区的连锁火锅店采取任务宝的裂变模式，赠送双人火锅餐品，3 天吸引了超过 3 万的粉丝关注公众号，为门店引流超过 500 位客户，大幅提升了门店的客流量以及营收额。

任务描述

裂变活动在当今的市场竞争中扮演着至关重要的角色。它是一种通过用户分享和传播来扩大品牌影响力和用户群体规模的策略。成功的裂变活动需要有能吸引人的裂变诱饵。然而，“王大爷茶饮”目前在裂变诱饵设置方面还存在困境。可能是由于经验不足或者缺乏创新思维，他们尚未找到一种真正能够引起用户兴趣并激发他们分享欲的裂变诱饵，导致裂变活动的效果不尽如人意，无法达到预期的品牌曝光和用户增长的目标。因此，“王大爷茶饮”对于裂变诱饵设计的学习和应用迫在眉睫。

知识准备

一、裂变诱饵的概念与作用

（一）认识裂变诱饵

1. 裂变诱饵的概念

“天下熙熙，皆为利来；天下攘攘，皆为利往。”从本性上来讲，人都是趋利避害的，裂变诱饵即是基于这种人性设计的。

裂变诱饵是指在裂变活动中用于吸引用户参与和分享的特殊奖励、福利或特权。裂变诱饵需要具有吸引力和独特性，以激发用户的兴趣和参与欲望，并促使他们主动分享给其他人，进而实现裂变效果。

2. 裂变诱饵的类型

裂变诱饵的类型主要有实物奖品、虚拟奖品、虚拟特权和现金折扣等，它们各有优缺点，如表 5.1 所示。

表 5.1　不同类型裂变诱饵的优缺点

类型	优点	缺点	示例
实物奖品	选择多，可定制化；成本可控；直接满足用户实际需求，吸引力较大	可能需要耗费较高的采购、物流和管理成本；实物寄送需收集邮寄信息，比较麻烦	产品小样、产品周边、生活日用品等
虚拟奖品	边际成本低；无发放数量限制；派送分发简单便捷	设计成本较高；吸引力较低	资料包、录播课、工具包等
虚拟特权	提高用户参与度；提高用户留存率；促进用户转化	需要一定的技术支持和维护成本	免费试用、会员积分等
现金折扣	通用性较强；对价格敏感的用户有较大吸引力	用户精准度低，容易吸引“泛粉”“羊毛党”	现金红包、抵扣券、优惠券等

知识视窗

分销佣金

在裂变活动中，分销佣金是面向参与裂变活动的用户提供的奖励或酬劳，以激励他们将产品或品牌推荐给其他人并促进更多的销售。分销佣金通常与参与者的推荐行为直接相关，当参与者成功地介绍其他人购买产品或加入品牌时，他们将根据预先设定的条件获得相应的奖励，这可以基于销售额的比例，如一定百分比的提成、固定金额的奖励等。例如，某品牌的公众号和小程序内可以见到分销赚钱的入口，分享商品链接/海报给好友，好友下单购买就能获得奖励，大大激励了用户的自发传播行为。

（二）裂变诱饵的作用

1. 吸引用户参与

裂变诱饵通过提供有吸引力的内容、特殊的优惠、特权等，吸引用户参与活动。它能够激发用户的好奇心和兴趣，使他们愿意主动参与活动，并将活动分享给自己的朋友。

2. 筛选精准客户

一般来说，裂变诱饵的设置跟产品或服务具有一定的关联性，参与裂变活动的用户也往往会选择具有共同兴趣或需求的好友进行分享。因此，优秀的裂变诱饵设计更容易吸引到具有相似兴趣和需求的潜在客户，从而形成精准的客户群。

翻转一下

收集奶茶行业裂变活动中裂变诱饵设计的具体形式，分析其优缺点，并整理成具体的分析报告。

二、裂变诱饵的设计技巧

（一）裂变诱饵的设计原则

1. 立足用户视角

（1）贴合用户需求与喜好。

围绕用户需求设计的裂变诱饵才具备强吸引力，用户才会愿意参与和分享活动。因此，在设计裂变诱饵时，必须明确目标受众，深度洞察用户人群画像，通过用户调研和分析找到用户的需求和喜好，利用用户对实用性、稀缺性的追求设计裂变诱饵。例如，围绕宝妈群体的育儿需求赠送婴幼儿产品等裂变诱饵。

（2）普适性原则。

对目标用户普遍适用的奖励，才能被称为裂变诱饵，如零售业的裂变诱饵可以围绕“低价爆款”展开；社交电商可利用分销佣金来迅速打开市场；知识付费行业以免费课程为诱饵，增加获得感。

2. 裂变诱饵包装

（1）塑造价值感。

想要突破用户心理防线，并不一定只能靠高成本的裂变诱饵。有些裂变诱饵奖品的实际成本可能不高，但是可以在奖品包装上突出其高价值感，让用户感觉得到的回报远远高于所付出的成本。

在宣传时可以采用对比鲜明、限时限量、信任背书等方式塑造裂变诱饵的价值感，如“市场价 299 元，现在参与活动只要 19.9 元”“限时限量优惠”“权威专家认证”等，让用户产生“这么超值的活动礼品，错过了就可惜了”的感觉。

职场案例

A 活动和 B 活动同为老带新 3 人团裂变活动，其中，A 活动为 3.9 元领 3D 拼图，B 活动为 19.9 元领 100 份线上课程。

一般来说，用户会对实物奖品更感兴趣，但是 B 活动裂变海报宣传突出了“总价值 2 999 元”“大咖联名推荐”等信息，为该课程塑造了高价值感，结果 B 活动新客裂变率是 A 活动的 2 倍。

（2）融入时事热点。

在裂变诱饵设计中融入时事热点，增强可感知性。如必胜客在 2018 年世界杯期间推出了“猜球赢免费比萨”裂变诱饵活动，并将热门赛事、球星和足球文化元素融入了活动中。该活动获得了巨大的成功，在社交媒体上引发了广泛的讨论和分享。

3. 相关性原则

裂变诱饵既是影响现有用户的参与意愿和潜在用户的转化动机的重要因素，也承担着筛选精准目标用户的作用。因此，裂变诱饵要与企业所提供的产品或服务形成强相关关系。例如培训机构可以赠送免费课程、电子书籍等，美妆品牌可以选择赠送产品试用装、化妆工具等。

4. 成本控制原则

裂变活动的主要支出在于裂变活动的奖品设计。因此，在设计裂变诱饵时，需要明确裂变活动的获客成本，争取将活动成本控制在较低范围内，以实现活动效益的最大化。

可以通过大规模采购、置换或定制生产、赠送虚拟奖品等方式来降低该项成本支出。在奖品成本居高不下之时，可以从裂变玩法方面入手，扩大单位用户的人员裂变数量以分摊成本，如在助力活动中设置每位用户需要 15 位助力才能领取实物奖品。但是在控制单位成本时，不能以牺牲用户体验为代价，应当合理把控奖品获取门槛。

5. 利他性原则

利他性原则可以克服裂变中人性的阻力。在裂变活动中，分享者可能会担心给朋友带来困扰或压力。为了克服这些阻力，可以强化被分享者的受益，让分享者感到自己在为朋友带来价值，从而减轻这种压力。

设置合适的奖品分配方式是一种较为有效的策略。举例来说，当我们设置裂变诱饵使得分享者获得50元时，会给分享者带来心理压力，产生利用友情的愧疚感，但如果将奖金设置为五五开或者四六开，让被分享者也能获益，则会让用户更愿意主动分享，因为在获益之外也使得用户产生让好友受益的成就感。

（二）打造裂变诱饵的营销闭环

有了对用户有足够吸引力的高价值裂变诱饵，就更容易激发用户对品牌的持续关注。但是在设计裂变诱饵的时候，切忌裂变诱饵单一化，即一个活动就布置一个诱饵或者诱饵与诱饵之间是孤立的，这会使裂变活动效果大减。

1. 裂变诱饵矩阵

以裂变拉新活动为例，90%以上的平台针对新人用户的活动只有一种，即新人首单免费或新人打折。新用户没有选择的余地，只有感兴趣和不感兴趣之分，这在很大程度上浪费了用户裂变拉新的流量。更合理、更精准的做法是给用户设计多个裂变诱饵，比如在裂变拉新活动中设计三重礼、四重礼。

示例：用户每裂变一个新用户注册可以获得5元红包，拉新前100名的用户可以获得200元至2000元奖励，邀请好友成为会员或下单最多的前10名用户可以获得某旅游胜地的三日游等。这给想参与活动的人提供了动力，给能做出突出贡献的人带来了冲劲，可以激发他们的潜能，充分调动全员参与的积极性。

另外，裂变诱饵矩阵不是一成不变的，要在实践中去调整，了解哪些裂变诱饵产生了效果，无效的裂变诱饵需要及时更新。

2. 阶段性裂变诱饵

阶段性裂变诱饵是指根据裂变的过程将裂变诱饵分为三个阶段：第一阶段的裂变诱饵主要是让客户关注并进入企业的私域流量池，第二阶段的裂变诱饵促使客户完成购买，第三阶段的裂变诱饵让客户主动分享和传播。

（1）引流阶段：在这个阶段，主要目标是通过分享者分享的福利去吸引用户的关注，并引导他们访问本品牌的网站、社交媒体页面或其他私域渠道。引流阶段的裂变诱饵关键是吸引用户的注意并激发他们的兴趣。

（2）成交阶段：一旦用户被引流到私域渠道，需要确保该用户完成购买或执行其他预期的行动。这可能涉及提供独特的优惠、限时折扣、免费试用等裂变诱饵来促进用户的转化行为。

（3）裂变阶段：用户成功完成了转化行为后，通过激励用户分享、邀请朋友参与或传播本品牌进一步扩大影响力。例如，为用户提供奖励、特权或分销佣金，以鼓励他们邀请更多人加入。

请注意，以上仅是一种常见的裂变诱饵阶段划分方式，具体的策略和执行方法可能因不同的行业、产品或品牌而有所不同。

通过以上内容可知，引流、成交、裂变三个阶段的裂变诱饵恰恰是用户在一个私域流量池中成长的闭环。阶段性裂变诱饵即要在用户每个成长的路径上，不断设计各种裂变诱饵，让用户持续参与到私域的活动和发展中来。只有引流诱饵，没有成交诱饵是一种浪费。

在一个裂变活动中，在同一个环节也需要持续向用户提供诱饵。比如，某 App 拆红包，每当用户完成一次分享动作，某 App 就会多给用户一次奖励，并且再设计一个更大诱饵引导用户继续裂变，让用户产生弃之可惜的感觉，以此不断引导用户实现完整而有效的裂变。

三、诱饵设置注意事项

（1）设计的诱饵要与目标用户兴趣相匹配，以免引来“薅羊毛”用户。

（2）无论采用何种套路，都要保持真诚，切勿让客户产生“竹篮打水一场空”的感觉，甚至让他们付出的代价超过获得的收益。诱饵的设计必须超越用户的期望，以提高用户的满意度，强化用户的信任，并激发用户参与下一次活动的热情。

（3）在设置裂变诱饵后，需要及时监控活动数据，并根据数据优化策略。通过分析分享和转化数据，可以不断改进裂变诱饵的设置和内容，以提高裂变效果。

业务操作

业务名称：裂变诱饵设计

工作要求：

1. 请为“王大爷茶饮”即将推出的新品“浓橙蜜意水果茶”设计合适的裂变诱饵。

2. 设计至少 3 种裂变活动诱饵，可以是实物诱饵、虚拟诱饵或现金折扣等，并说明设计意图。

操作步骤：

1. 在网络上搜集奶茶品牌裂变诱饵的优秀设计案例，进行整理与学习。

2. 参考所搜集的优秀设计案例，设计“王大爷茶饮”新品推广的裂变诱饵，形成文档。

任务 3　设计裂变文案与海报

任务引例

某蛋糕品牌借助裂变工具为用户生成专属海报，用户在扫码添加福利官微之后，邀请 4 人扫码助力即可得到发箍，邀请 10 人助力可得公仔+发箍。在工作人员的引导下，当地用户积极转发、分享，邀请了更多本地用户加入品牌私域流量池。最终，实现了单场活动最高裂变近 2 万人的喜人成绩。

任务描述

裂变文案和海报是私域裂变活动的重要传播工具，“王大爷茶饮”想要开展新品推广，获取更多新用户就需要撰写裂变文案和设计裂变海报。本任务将从裂变文案的撰写和裂变海报的设计两大方面入手，为“王大爷茶饮”的私域裂变活动提供必要的理论指导和实践训练。

知识准备

一、裂变文案的概念与目的

(一) 裂变文案的概念

在私域裂变活动中，裂变文案是指传递裂变活动信息，吸引用户参与活动并分享活动信息的文本内容。裂变文案需要向用户清晰地传递品牌信息、活动主题、参与规则、奖励机制等一系列关键信息，以激发用户的参与热情和传播行为。

(二) 裂变文案的目的

1. 告知活动信息

裂变文案简洁明了地传达活动的主题、参与规则、奖励机制等关键信息，能够让用户迅速了解活动的内容和参与方式，激发用户的兴趣。

2. 调动用户情绪

裂变文案能够通过巧妙的文字组合和情感化的表达影响用户的情绪，触发用户愉快、恐惧等一系列的情感反应，进而影响用户的行为决策。例如，通过“限时限量”“数量有限，仅限前 100 名用户领取”等表达可以营造出一种紧迫感，促使用户迅速决策和行动。

3. 引导用户行动

裂变文案具有行动指引的作用，可以明确告知用户需要采取的行动，如点击链接、分享活动、邀请好友等，引导用户按照指示完成相应的操作。

二、编写裂变文案的基本流程

裂变文案通常在微信群、朋友圈或社交媒体账号等私域流量池中进行传播，利用社交网络的力量实现裂变效应，是私域裂变必不可少的设计环节。裂变文案的编写过程并不复杂，主要步骤如表 5.2 所示。

表 5.2 裂变文案的编写步骤

步骤	具体做法
1. 收集优秀案例	收集行业内优秀的裂变文案，拆解文案的结构，学习文案的表达等
2. 模仿创新	根据私域裂变活动的实际内容，挑选一个最合适的裂变文案进行模仿和创新，完成裂变文案的撰写
3. 验证测试	在完成裂变文案之后进行小规模的用户测试，以发现存在的问题和有待优化之处
4. 修改迭代	根据测试结果和反馈意见，不断打磨与修改文案内容，以获得最有效果的裂变文案

三、编写裂变文案的关键点

（一）简洁明了

裂变文案应注重简洁性、清晰性，通过简短的文字叙述传达出关键的活动信息。因为过于冗长繁杂的文字需要花费较高的精力成本，容易引发视觉疲劳，造成用户的流失，从而影响私域裂变的效果。

（二）洞悉人性

想要写出优秀的裂变文案就必须学会深刻洞察和利用用户的心理、情感、动机和行为，促使用户迅速做出点击、扫码、转发等操作，以达到裂变的目标。一些常见用户心理在裂变文案中的应用如表 5.3 所示。

表 5.3 常见用户心理在裂变文案中的应用

类型	心理	示例
恐惧	害怕失去或面临某种风险	“你有多久没读书了？加入我们共抗惰性”“单词总是记不住？教你 1 小时牢记 100 个单词”
懒惰	渴望省时省力省事地达成目标	“不节食不运动，月瘦 10 斤”“一键分享，红包秒到账”
从众	倾向于与他人保持一致	“已有××用户领取奖品”“××用户共同参与”
贪婪	希望能够获得更多好处	“3 人成团打八折，6 人成团打五折，9 人成团免单”
虚荣	追求荣誉、名誉和社会地位	“会员专享”“尊贵会员权益等你来享”
稀缺性	对稀缺资源或机会感兴趣	“限时限量，先到先得”“仅限 100 份”
好奇心	容易对新鲜、有趣的事物产生兴趣	“如何花 1 块赚 10 块?”“零基础小白如何写出爆款软文?”

翻转一下

对图 5.6 中的文案进行分析，说说图片中哪些文案分别刺激了用户的哪些心理。

图 5.6 裂变文案示例

四、裂变海报的概念与作用

（一）裂变海报的概念

裂变海报是指利用简洁的文字、精美的图片、二维码等元素的组合，吸引用户参与活动并进行社交分享裂变的图片内容。在私域裂变活动中，裂变海报是裂变活动传播的重要载体，是吸引用户注意力、完成裂变任务的重要工具。

（二）裂变海报的作用

1. 视觉吸引

裂变海报具备丰富多彩的设计元素和信息，有较强的视觉冲击力，能够通过直观的视觉刺激吸引用户的注意力，迅速传递活动关键信息，激发用户的兴趣与参与欲望。

2. 用户行为引导

裂变海报除了通过精美的图片和简洁的文字吸引用户注意和参与，还会提供行动引导，如“立即扫码领取”“一键转发”等，引导用户产生具体的转化行为。

3. 社交分享

在私域裂变活动中，用户可以通过长按保存图片或转发链接等，将海报分享给其他人，使活动信息能够方便快速地在用户的社交圈内传播，实现裂变效应。

五、设计裂变海报的基本流程

在私域裂变活动中，裂变海报对于整个裂变活动来说至关重要。学习和借鉴已经被市场验证过的优秀设计案例是设计裂变海报的重要方法。设计和制作裂变海报的基本流程如表 5.4 所示。

表 5.4　设计和制作裂变海报的基本流程

步骤	具体做法
1. 收集优秀案例	收集行业内优秀的裂变海报设计案例，学习海报设计的配色、排版、文案等
2. 模仿创新	结合私域裂变活动的实际内容，选择一个最合适的设计案例进行模仿，并在此基础上进行创新
3. 撰写文案	根据裂变活动的内容撰写海报文案，可以学习所收集的优秀裂变海报的写法。需要注意的是，海报图片上不宜展示过多文字，因此海报文案要简洁明了，直击关键要点
4. 设计海报	收集裂变海报需要的素材，设计和制作裂变海报。可以找专业的设计师设计或利用创客贴、稿定设计、图怪兽等制作工具设计
5. 验证测试	在初步完成裂变海报的设计与制作后，需要先在小范围内进行用户调研与测试，以验证海报设计的可行性和效果
6. 修改迭代	根据用户调研和数据测试的结果，不断修改和迭代裂变海报，直至测试出效果最好的版本

小贴士

在日常生活和工作中养成收集优秀案例的习惯，建立案例库是一个十分有益的工作习惯。这个习惯可以为从业者的裂变海报设计工作提供灵感，可以帮助从业者在裂变文案和海报设计方面不断进步，节约时间和成本，提高工作效率。例如，平时在微信群、朋友圈中看到还不错的海报时就可以将其保存下来，统一存放在网盘中，定期整理，久而久之就能够积累大量的案例资源。

翻转一下

请你通过网络渠道收集至少 5 张裂变海报，分析这些裂变海报的亮点与不足。

六、裂变海报的设计要点

（一）主标题

主标题是裂变海报中第一时间能吸引用户注意的元素，因此主标题的设计非常重要。

主标题的设计要点：

（1）能够戳中用户痛点，指出用户面临的问题或困境，或者展示强有力的诱因，道明能获得的好处或解决方案，以引发用户的兴趣，吸引其继续看下去。

（2）选择用户最大的痛点或最强有力的诱因进行单一展示即可，不宜贪多，可以通过强调产品自身价值或活动优惠力度来吸引用户。

（3）简洁明了，紧凑直接，让人一看就懂，能在最短时间内向用户传达活动价值。

（4）字号足够大，能让用户在即使没有放大缩略图的情况下也能一眼就看见该主题的内容。

（二）副标题

副标题是对主标题的补充或说明，能够进一步明确海报的主题和价值。副标题不是必须有的设计元素，视实际情况而定。

副标题的设计要点：

（1）要与主标题相互呼应，简明扼要地对主标题进行细化或延伸，避免冗长或烦琐。

（2）副标题从属于主标题，因此其字号应小于主标题，通过对比来突出主标题。

（三）卖点

卖点指产品或服务的亮点或优势，是能够让用户产生加入私域或下单购买意愿的重要驱动力。

卖点的设计要点：

（1）文案高度精练，逻辑条理清晰，避免文案过长或内容过多，可以尝试使用核心关键词或短语呈现卖点。

（2）版式设计须有序规整，能够让用户快速阅读和理解。

（四）信任背书

信任背书能够展示私域裂变活动的专业性和可靠性，让用户安心和放心地参与活动。

信任背书的设计要点：

（1）利用权威专家、名人为私域裂变活动背书，如"××权威专家研发"等。

（2）展示权威机构或团队的认证、相关证书和资质证明为私域裂变活动背书，如"××权威机构认证""获得××一级证书"等。

（3）使用用户证言或真实数据为私域裂变活动背书，如"获得××好评""已有××人参与"等。

（五）图片展示

海报上展示的图片可以是人物、产品、奖品的图片，如专业讲师、超值礼品、大额红包等。图片能够形成较强的视觉冲击力，以刺激用户加入私域或下单等。

图片的设计要点：

（1）选择高清晰度的图片以提升海报整体质感，如果是抠图，则需要精细化处理，保持图像边缘干净整洁。

（2）图片的空间占比要适中，对于吸引力较强的人物或奖品可以适当放大，以吸引用户的注意力。

（六）活动链接/二维码

活动链接或二维码是链接私域入口或活动页面的重要工具，用户通过点击或扫描即可参与活动，还能通过复制转发，实现社交裂变。

活动链接/二维码的设计要点：

（1）添加引导话术，如"点击链接即可入群""扫描二维码添加福利官"。

（2）放置在合适显眼的位置，方便用户点击或扫描。

（3）提前测试链接或二维码，合理规划页面加载内容，缩短跳转时间，提升用户体验。

（4）二维码需保持清晰和大小适中，设计不宜过于花哨，提高其可识别性。

翻转一下

"王大爷茶饮"打算使用活码开展私域拓客活动，请你通过网络搜索列举使用活码有哪些好处，并搜集 5 个以上的活码生成工具，任意选择一个工具体验制作活码的过程。

七、裂变文案与海报效果测试

在正式发布裂变文案与海报之前，一般需要进行测试，以保证裂变文案和海报的质量和效果。

（一）效果测试的意义

1. 效果验证

通过测试，可以确定裂变文案和海报是否能够吸引用户的注意和兴趣，了解用户对文案和海报的看法、意见和建议，以便在正式发布之前做出调整和优化。

2. 避免风险

通过测试发现问题或潜在的风险，如用户对文案或海报内容反感或不满、文案链接或海报二维码失效、图片加载失败等问题，避免在正式发布后出现麻烦或损失。

3. 优化资源利用

通过多版本测试，可以确定最有效的文案和海报版本，从而优化资源的利用，集中资源优势在最有潜力的版本上以获取更好的回报。

（二）测试方法

1. 小规模测试

针对限定范围的小规模用户开放活动，测试对象可以是少量核心私域用户或者企业内部员工。通过所收集到的测试数据和被测用户的反馈改进文案与海报，优化文案内容和海报视觉效果。

2. A/B 测试

A/B 测试常用于比较两种（或更多）版本的文案和海报，以确定哪个版本在目标用户中能产生更好的效果。例如，将用户随机分成两组，分别给他们展示两种不同版本的裂变文案和海报，然后比较两个版本的点击率、转化率等指标，以确定更优版本。

八、设计裂变文案与海报的注意事项

（一）遵守法律法规

裂变文案和海报设计要遵守法律法规，如不得盗用他人商标、版权和肖像；不得传播虚假或误导性的信息；不要涉及政治、宗教或敏感话题等。

（二）注重设计细节

1. 校对

确保信息的准确性，如活动时间、地点、联系方式等信息是否有误；校对内容，查看是否有错字、漏字、多字、语法错误、标点使用不当等情况；检查链接或二维码是否有效，是否能够顺利点击或扫描。

2. 配色

合理选择海报颜色，不同的颜色传达的情感是不一样的，如红色代表热情和活力，绿色则代表自然和健康。色彩的对比可以增强海报的视觉效果，但是要避免使用过多的颜色，一般选择 2～3 种主色，搭配一些辅助色突出重点即可；注重颜色搭配的协调性、亮度和饱和度，高亮度和高饱和度能够吸引注意力，但过度使用容易造成视觉疲劳。

3. 排版

避免竖形排版，尽量使用贴合用户阅读习惯的排版方式，为用户提供更轻松的阅读体验。选择合适的文字间距和行距，排布过于紧密或过于宽松都会影响用户的视觉感受。

4. 字体

字体尽量选用端正清晰的字体，如宋体、微软雅黑等，避免使用过于花哨或难以辨认的字体，确保文本内容的易读性。如果需要在一张海报上使用多种字体，注意字体之间的搭配与协调，确保良好的视觉效果。

5. 字号

根据海报内容与布局，合理选择字号大小和对比。一般来说，标题和重要信息会使用较大的字号突出显示，而正文部分会使用较小的字号。

业务操作

业务名称：裂变文案与海报设计

工作要求：

结合任务 1 和任务 2 的业务操作中你所设计的裂变玩法和诱饵的内容，为“王大爷茶饮”即将推出的新品“浓橙蜜意水果茶”设计裂变文案与海报。

操作步骤：

1. 搜集奶茶行业裂变海报的优秀案例，选择一个比较合适的海报作为模板。

2. 根据之前你策划的裂变玩法和诱饵，撰写裂变文案。

3. 根据所选模板，设计和制作裂变海报。可以使用创客贴、稿定设计、图怪兽等海报制作工具进行制作。

操作提示：

裂变海报元素可以借助 AI 绘画工具进行制作，如腾讯智影、文心一言等。这里以“腾讯智影”为例。

1. 登录“腾讯智影”平台，单击“AI 绘画”，如图 5.7 所示。

图 5.7　单击“AI 绘画”

2. 在“画面描述”中输入提示词，如图 5.8 所示。

图 5.8　在“画面描述”中输入提示词

3. 为图片选择合适的模型主题、画面比例等（还有其他功能都可以去尝试），如图 5.9 所示。

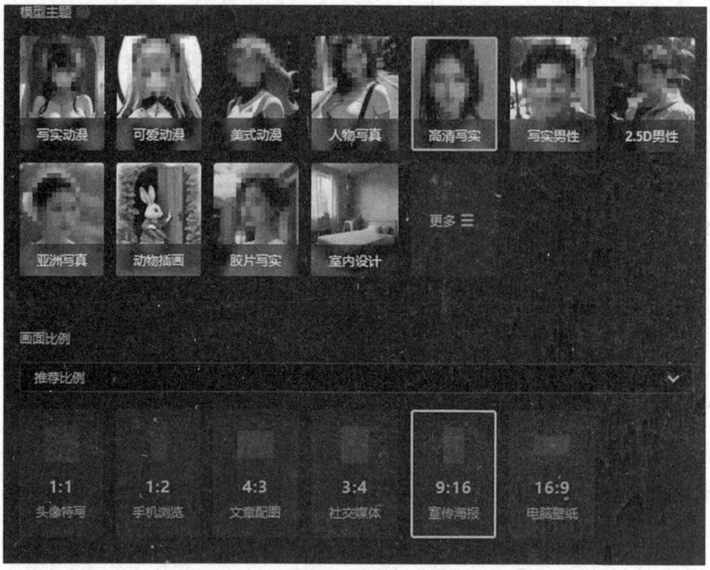

图 5.9　选择合适的模型主题、画面比例

4. 单击下方“生成绘画”按钮，即可生成 AI 图片，如图 5.10 所示。

图 5.10　生成 AI 图片

思考与练习

一、单选题

1. 裂变营销的核心思想是（　　）。

A. 通过广告投放吸引用户
B. 利用用户自发地分享和传播品牌信息
C. 通过价格竞争获得市场份额
D. 依靠传统媒体进行品牌宣传

2. 裂变诱饵的类型不包括（　　）。
A. 实物奖品　　B. 虚拟奖品　　C. 虚拟特权　　D. 非法利益

3. 在裂变海报的设计中，不是主标题设计要点的是（　　）。
A. 简洁明了　　B. 足够大的字号　　C. 单一展示　　D. 使用复杂背景

4. 裂变活动的基本流程中不包括（　　）。
A. 明确活动目标　　B. 设计裂变活动诱饵
C. 制订公司年度财务计划　　D. 设计裂变文案和海报

5. 拼团裂变中，商家如何激发用户的参与意愿和购买欲望？（　　）
A. 提供固定价格　　B. 设置成团人数和优惠价格
C. 限制购买时间　　D. 强制用户分享

二、判断题

1. 裂变营销是一种通过用户自发分享和传播来增加新用户数量的营销策略。（　　）
2. 裂变活动的设计和执行必须完全符合相关法律法规和平台规定。（　　）
3. 裂变活动中的诱饵必须是实物奖品。（　　）
4. 裂变活动中，拼团裂变和砍价裂变是同一种裂变形式。（　　）
5. 在裂变活动中，监测和优化环节是在活动结束后进行的。（　　）

三、思考题

什么是裂变营销？请解释其概念和目的。

项目 5 参考答案

项目 6 私域流量促活与留存

学思浅悟

打造品牌，强化服务

在当今经济全球化背景下，品牌已成为衡量企业乃至国家竞争力的重要指标，是推动经济发展、体现企业文化、指导供给需求结构升级的关键。在这一大背景下，私域流量的促活与留存策略也应当紧密围绕“打造品牌，强化服务”的核心理念进行。

首先，私域流量运营要着眼于品牌建设，通过内容创造、用户交互等手段，传递企业的价值观和品牌理念，塑造独特的品牌形象。在内容生产上，应注重传播正能量，以提升品牌的文化内涵和社会责任感。这不仅有助于增强用户的品牌认同感，还能够提升品牌的社会影响力和竞争力。

其次，强化服务是提升用户活跃度和留存率的重要手段。在私域流量运营中，应通过精准的数据分析，了解用户需求，提供个性化、差异化的服务，满足用户的多样化需求。同时，加强与用户的互动交流，及时响应用户反馈，优化用户体验。在服务过程中弘扬诚信、友善、互助的服务精神，不仅能够增强用户的满意度和忠诚度，也是企业文化建设和品牌形象塑造的重要部分。

教学目标

知识目标

1. 了解私域流量促活和留存的概念与意义，熟悉私域用户常见活跃行为的类型；
2. 掌握评估私域流量促活与留存工作的关键指标，掌握每种指标的计算方法；
3. 掌握私域流量促活与留存的核心原则与方法；
4. 熟悉促活内容的概念，掌握促活内容的规划原则和规划步骤；
5. 理解互动话题的定义与作用，掌握互动话题的规划技巧；
6. 理解促活活动的概念与类型，掌握促活活动设计的步骤与方法；
7. 理解流失用户的概念和特征，掌握流失用户召回的步骤。

技能目标

1. 能够通过持续提供价值，提高私域用户留存率；

2. 能够完成私域促活内容的规划与设计工作，能够完成私域互动话题的规划与设计工作；

3. 锻炼数据分析能力，培养数据思维，能够根据促活与留存指标完成促活与留存工作的优化；

4. 能够针对流失原因制定相应的流失用户召回方案。

素养目标

1. 培养用户思维，关注用户的需求和意见，以用户为中心，策划私域流量促活和留存相关内容或活动；

2. 培养数据思维，提高数字素养，用数据分析与数据优化提高私域流量促活和私域留存效果；

3. 提高创新意识，能够策划有创意、有趣、有效的促活玩法。

任务 1　探索私域流量促活与留存的底层逻辑

任务引例

一家健身俱乐部为了提高会员的活跃度和忠诚度，创建了一个微信群，邀请会员加入。在这个微信群里，俱乐部定期分享一些与健身相关的知识、技巧和案例，让会员能够学习到更多健身知识。同时，俱乐部也鼓励会员之间相互交流，分享自己的健身经验和感受，形成一个温馨和谐的社群氛围。为了提高会员的参与度，俱乐部还定期举办一些有趣的活动，如健身器材抽奖、健身饮食投票、健身挑战赛等，给会员提供一些福利和乐趣。通过这样的方式，俱乐部成功地提高了会员的活跃度与留存率，提高了会员的满意度，从而提升了俱乐部的品牌价值和业绩。

任务描述

尽管“王大爷茶饮”已经在产品创新和传统手艺上取得了显著成就，但在数字营销和客户关系管理方面仍有待加强。尤其在私域流量的开发和管理方面，“王大爷茶饮”需要更加专注于客户留存和活跃度的提升。

下面将深入探讨如何运用私域流量促活与留存的关键指标，以及促活与留存的核心原则和方法，为后续制定有效的私域流量促活与留存策略做好准备。

知识准备

一、私域流量促活的定义和意义

（一）私域流量促活的定义

私域流量促活是指在私域流量运营中，通过一系列策略和手段激发已有用户群体的活跃行为和参与行为，从而提高活跃度相关数据。

促活的目的是将被动的用户转化为积极参与的用户，从而增强他们与品牌的联系。

（二）私域流量促活的意义

（1）增强用户黏性：通过促活，培养用户对产品的使用习惯，促使他们更倾向于持续使用产品或服务，增强用户与品牌的联系。

（2）提高品牌认知：活跃的用户更可能分享和推荐品牌，从而提高品牌的可见度和认知度。

（3）数据洞察：活跃用户产生的数据对于理解用户行为和偏好至关重要，有助于指导未来的产品开发和营销策略优化。

（4）提升转化率：活跃用户更可能进行购买或其他转化行为，增加收入和利润的潜力。

（5）提高用户的忠诚度：通过持续的互动和优质体验，提高用户对品牌的忠诚度。

二、私域流量留存的定义和意义

（一）私域流量留存的定义

私域流量留存是指在用户首次消费或参与之后，通过一系列策略和手段保持用户的持续参与和兴趣。

留存的关键在于构建长期的客户关系，确保用户反复回访和使用产品或服务。这不仅涉及首次消费或参与的用户吸引，更重要的是后续的用户维护和关系深化。

（二）私域流量留存的意义

（1）经济效益：留存用户通常比新用户更经济，因为他们的获取成本更低，同时更有可能进行复购和消费。

（2）稳定收入：持续的用户留存为企业提供稳定的收入来源和可预测的财务表现。

（3）市场竞争优势：在竞争激烈的市场中，高用户留存率可以成为一个重要的竞争优势。

（4）品牌口碑传播：长期留存的用户更有可能成为品牌的积极倡导者，通过口碑营销可以扩大品牌影响力。

三、私域用户活跃行为的概念与类型

（一）私域用户活跃行为的概念

私域用户活跃行为指的是用户在品牌的私域空间（如社群、公众号、小程序、App等平台）内的各种互动和参与行为。这些行为不仅体现了用户对品牌的兴趣和忠诚度，还是衡量私域流量运营效果的关键指标之一。

（二）私域用户活跃行为的类型

私域用户活跃行为可以分为以下几种类型：

（1）咨询行为：用户主动向品牌提出问题，寻求解答或建议，如询问产品的功能、价格、使用方法等。

（2）反馈行为：用户主动向品牌提供自己的使用体验、评价或建议，如表达对产品的满意度、不满意度、改进意见等。

（3）分享行为：用户主动将品牌或产品的信息、内容或体验分享到自己的社交网络，如转发品牌的文章、视频、活动等，或者邀请好友参与品牌的互动游戏、抽奖等。

（4）参与行为：用户主动参与品牌的互动活动，如参加问卷调查、投票、竞猜等，或者领取优惠券、礼品等。

（5）购买行为：用户主动通过私域平台下的购买入口，完成对产品的购买，如通过微信小程序、App 等渠道下单支付。

四、私域流量促活与留存的关键指标

（一）活跃指标

1. 活跃用户数（DAU/MAU）

（1）定义。

日活跃用户数（DAU）：一天内与平台互动的独立用户数量。

月活跃用户数（MAU）：一个月内与平台互动的独立用户数量。

（2）计算/统计方法。

通过用户登录、页面浏览、互动等行为追踪来统计。

在统计 DAU 和 MAU 前，需要先定义“活跃”的标准，如至少有一次发言，然后通过这个标准筛选出活跃用户数。

2. 互动率

（1）定义。

衡量用户在平台上参与互动（如评论、点赞、分享等）的频率。

（2）计算/统计方法。

$$互动率=(日活跃用户数\div总用户数)\times100\%$$

3. 转化率

（1）定义。

从参与到完成特定目标（如购买、注册）的用户比例。

（2）计算/统计方法。

$$转化率=(完成目标行为的用户数\div总用户数)\times100\%$$

收集并统计好活跃指标数据后，需记录到专门的表格中，以方便进行分析和汇报，表格设计参考表 6.1。

表 6.1 私域平台活跃指标数据表

日期	私域平台	运营人员	平台总人数	日活跃用户数（DAU）	互动率	转化率
20××年×月×日	微信群					
	公众号					
	App					

翻转一下

假设“王大爷茶饮”的微信群有 3 000 个用户，日活跃用户数（DAU）有 2 000，月活跃用户数（MAU）有 1 600，有购买行为的用户数有 2 300。请计算出微信群的互动率和转化率。

（二）留存指标

1. 用户留存率

（1）定义。

在某个时间段内用户注册、加入或关注私域平台后，在随后的一段时间内（如一周、一个月等），仍然留在私域平台的用户数所占的比例。

（2）计算/统计方法。

用户留存率＝(周期内留存的用户数÷周期内新增总用户数)×100%

例如，第 1 天新增 100 个用户，第 2 天留存 40 个用户，第 3 天留存 20 个用户……直到第 8 天留存的用户数为 15。那么，一周留存率为：(15÷100)×100%＝15%。

收集并统计好留存数据后，需记录到专门的表格中，以方便进行分析和汇报，表格设计参考表 6.2。

表 6.2 用户留存率数据表

日期	用户留存率					
	新增用户数	次日留存	2 日留存	3 日留存	……	30 日留存
1 月 1 日						
1 月 2 日						
1 月 3 日						
……						

示例：某产品客户留存率如图 6.1 所示。

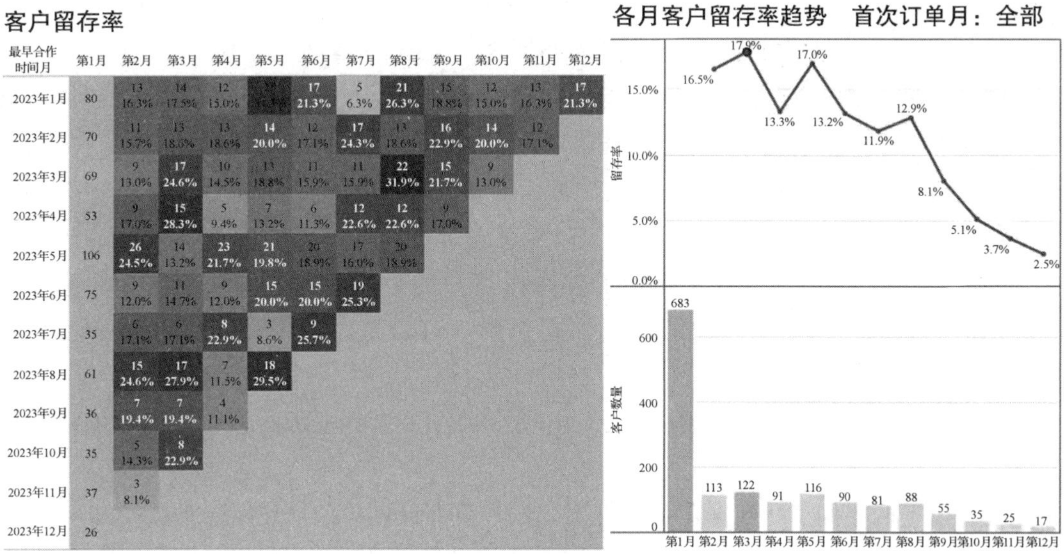

图 6.1　某产品客户留存率

翻转一下

请你参考以上图表设计一个用户留存率数据表，观察任意一个社群，记录社群的总人数（假设这是第一天新增人数），并记录和计算出后面连续 7 天的留存率数据。

2. 复购率

（1）定义。

复购率也叫重复购买率，指用户在一定时间内重复购买产品或服务的频率。

（2）计算/统计方法。

复购率＝(购买次数大于 1 的用户数÷所有购买过的用户数)×100%

3. 生命周期价值

（1）定义。

生命周期价值（Life Time Value，LTV），意为用户终生价值，是企业从用户所有的互动中所得到的全部经济收益的总和。

以用户获取为例，一个用户获取渠道的效果不仅取决于每个新客的成本，还取决于每个新客的 LTV。例如，一个产品有两个获客渠道，A 渠道每个新客花费 100 元，B 渠道每个新客花费 200 元。看起来 A 渠道更划算，但是如果进一步分析 LTV，发现 A 渠道的用户平均 LTV 只有 50 元，B 渠道的用户平均 LTV 有 500 元。那么实际上，A 渠道每个新客亏本 50 元，B 渠道每个新客赚 300 元。所以 B 渠道虽然成本高，但是收益更高。

（2）计算/统计方法。

用户生命周期价值(LTV)＝用户平均生命周期(LT)×单个用户的平均收益(ARPU)

1）用户平均生命周期（LT）＝1＋次日留存率＋2 日留存率＋……＋n 日留存率＝（新增用户数＋次日留存用户数＋2 日留存用户数＋……）÷新增用户数。

例如，第 1 天新增 100 个用户，第 2 天留存 90 个用户，第 3 天留存 80 个用户，第 4 天留存 70 个用户，第 5 天留存 60 个用户，第 6 天留存 50 个用户，第 7 天留存 40 个用户，直到第 8 天留存的用户为 30 人。那么，用户平均生命周期（LT）＝（100＋90＋80＋70＋60＋50＋40＋30）÷100＝5.2。

2）单个用户的平均收益（ARPU）：每个用户的平均收益，一般采取日均值，即某周期的总收入÷该周期内的用户数，这个用户可以是付费用户，也可以是活跃用户等。

例如，8 天内有 20 个用户购买过产品，收入为 1 000 元。那么，单个用户的平均收益（ARPU）＝1 000÷20＝50。

结合以上两个例子的数据，可以得出，用户生命周期价值（LTV）＝5.2×50＝260。

收集并统计好留存指标数据后，需记录到专门的表格中，以方便进行分析和汇报，表格设计参考表 6.3。

表 6.3 私域平台留存指标数据表

日期	私域平台	运营人员	平台总人数	留存率	复购率	用户生命周期价值（LTV）
20××年×月×日	微信群					
	公众号					
	App					

翻转一下

假设“王大爷茶饮”的微信群第 1 天新增 530 个用户，第 2 天留存用户数到第 8 天留存用户数依次是 520、500、485、480、479、475、470，在这 8 天内有 360 个用户购买过茶饮，收入为 5 040 元。请计算出用户生命周期价值（LTV）。

五、私域流量促活与留存的核心原则和方法

（一）核心原则

要实现私域流量的有效促活与留存，需要遵循以下几个核心原则：

1. 以用户为中心

私域流量运营的目的是为用户提供价值，而不是单纯地推销产品或服务。因此，需要深入了解用户的需求、痛点、喜好和行为，以此为依据制定合适的促活与留存策略。

2. 内容为王

内容是私域流量运营的核心要素，是吸引和留住用户的关键。因此，需要提供高质量、有价值、有趣味、有互动性的内容，以此提高用户的黏性和忠诚度。

3. 以数据为支撑

数据是私域流量运营的重要依据，是评估和优化促活与留存效果的重要工具。因此，需要建立完善的数据监测和分析体系，以此指导和调整促活与留存策略。

（二）方法

在遵循以上原则的基础上，可以采用以下几种方法实现私域流量的促活与留存。

1. 提供内容价值

内容价值是指内容能够满足用户的某种需求，比如解决问题、获取信息、娱乐消遣等。具体做法如下：

（1）定位用户画像：根据用户的特征、行为、偏好等信息，绘制出用户画像，明确用户的需求和期望。

（2）策划内容主题：根据用户画像，策划出符合用户兴趣和需求的内容主题，如教育、健康、美食、旅游等。

（3）确定内容形式：根据内容主题，确定适合私域流量平台的内容形式，如图文、音频、视频、直播等。

（4）确定内容发布频率：根据用户的习惯和反馈，确定合理的内容发布频率，如每日、每周、每月等。

例如，某教育机构在微信公众号上发布了一系列关于人工智能学习的内容，包括人工智能的基础概念、算法、应用、前沿等方面。这些内容针对不同层次学习者的需求，提供有价值的知识和技巧。同时，这些内容采用图文和视频的形式，方便用户随时随地学习。此外，这些内容按照每周一次的频率定期更新，保持了用户的关注度和期待感。

小贴士

如何判断内容是否有价值？

要判断内容是否有价值，首先要明白点赞和关注的区别。

你可以想想，什么情况下你会点赞？什么情况下你会关注一个账号？

点赞表示对当前的内容感兴趣，关注表示对未来的内容抱有期待。

无论是做账号还是做运营，只有清楚这个区别，才能对内容设计和活动策划有明确的方向。

2. 话题互动

话题互动是指通过设置有趣或有价值的话题，引发用户之间或用户与品牌之间的交流和讨论。具体做法如下：

（1）确定话题类型：确定适合私域流量平台的话题类型，如问答、投票、评测、分享等。

（2）设计话题内容：根据用户的兴趣和热点事件，确定内容主题，并设计出与品牌相关的、具有吸引力和挑战性的话题内容，设计的内容包括问题、选项、标准、奖励等。

（3）发起话题活动：根据用户的习惯和反馈，确定合适的话题活动时间、时长、规则等，并及时发布和推送给用户。

（4）引导话题讨论：根据话题活动的进展情况，积极参与和引导话题讨论，如回答问题、点赞评论、转发分享等。

（5）总结话题结果：话题活动结束后，及时总结和公布话题结果，如统计数据、评选优秀、颁发奖励等。

例如，某美妆品牌在微信小程序上发起了一个关于护肤品使用效果的话题互动活动。该活动要求用户在使用该品牌的护肤品后，在小程序上上传自己的肌肤照片，并分享自己的使用心得。该活动设置了三个奖项，分别是最佳效果奖、最佳心得奖和最佳互动奖，每个奖项都有相应的奖品。该活动持续了一个月，期间吸引了大量的用户参与，产生了海量的用户内容和评论。

3. 促活活动

促活活动是指通过设置一些有利于用户消费或转化的活动，激发用户的购买欲望和行动力。具体做法如下：

（1）分析用户行为：根据用户的消费或转化历史，分析用户的行为特征，如购买频率、购买金额、购买偏好等。

（2）划分用户层级：根据用户的行为特征，划分出不同层级的用户群体，如高价值用户、中价值用户、低价值用户等。

（3）设计促活方案：根据用户的分层情况，设计出针对不同层级用户的促活方案，如优惠券、满减、赠品、积分等。

（4）执行促活计划：根据用户的消费或转化周期，确定合适的促活计划时间、时长、条件等，并及时发布和推送给用户。

（5）评估促活效果：促活活动结束后，及时评估和总结促活效果，如转化率、收入、成本等。

例如，某店铺在“双十一”期间，针对不同价值的用户，实施了不同的促活计划。对于高价值用户，该店铺提供了一张满 1 000 元减 300 元的优惠券；对于中价值用户，该店铺提供了一张满 500 元减 100 元的优惠券；对于低价值用户，该店铺提供了一张满 200 元减 20 元的优惠券。该店铺在活动前一周开始推送这些优惠券，并在活动当天进行核销。

业务操作

业务名称：促活策略分析

工作要求：

1. 扫码查看案例，分析并总结案例中的品牌用了哪些私域促活策略。

2. 提出案例中可以借鉴的策略，以及可优化的策略，需要结合“王大爷茶饮”企业背景进行说明。

3. 内容分为三部分，分别是案例促活策略总结、可借鉴的策略、可优化的策略。

操作步骤：

1. 扫描二维码查看案例。

2. 新建 Word 文档，撰写第一部分内容“一、案例促活策略总结”，写出案例中的品牌用了哪些私域促活策略。

3. 撰写第二、三部分内容，即“二、可借鉴的策略”“三、可优化的策略”，需要结合“王大爷茶饮”企业背景进行说明。

项目 6 任务 1——私域促活案例分析

任务 2　促活内容规划与设计

任务引例

某家餐厅在私域社群开展了一项名为“美食打卡”的活动。活动规则如下：用户在餐厅就餐时，拍下美食照片并上传到社群中，每上传一张照片即可获得一定积分（每天设置一定的积分上限）。当用户累计积分达到一定数量时，即可兑换相应的奖品。此外，餐厅还会定期在社群中发布美食制作教程、美食文化知识等内容，吸引用户参与互动。

这项活动的优点在于，它不仅可以提高用户的参与度和黏性，还可以通过用户上传的美食照片进行品牌推广。同时，餐厅可以通过社群中的互动，了解用户的需求和反馈，进而优化产品和服务。

任务描述

面对市场竞争加剧和客户维护挑战，“王大爷茶饮”着眼于提升私域业务效果，提高客户忠诚度，提高复购率。通过深入分析业务现状，“王大爷茶饮”将定制化地调整内容策略，创造更具吸引力和价值的促活内容。通过这一转变，“王大爷茶饮”将更好地连接和服务客户，从而在激烈的市场竞争中脱颖而出。

知识准备

一、促活内容的定义

促活内容是指通过私域平台向用户传递的能够激发用户兴趣、提高用户活跃度和忠诚度的内容。促活内容是私域流量促活与留存的重要手段，能够有效地增加用户与品牌的互动频次和时长，提升用户对品牌的认知和信任，促进用户的转化和复购。

二、促活内容的分类

促活内容可以根据不同的维度进行分类，以便更好地设计和编写。以下是促活内容的三个主要分类维度。

（一）内容形式

内容形式是指内容的呈现方式，如文字、图片、音频、视频、直播等。不同的内容形式有不同的优势和局限，需要根据私域平台的功能和用户的偏好进行选择。

（二）内容主题

内容主题是指内容的核心话题，如产品介绍、行业资讯、用户故事、干货分享等。不同的内容主题有不同的关注点和价值点，需要根据私域业务的定位和用户的需求进行确定。

（三）内容效果

内容效果是指内容的目标和结果，如引导性、启发性、娱乐性等。不同的内容效果可以影响用户的情绪和行为，也可以达到不同的私域流量运营目标。

（1）引导性：可以引导用户进行某种行为或决策，如购买产品或服务、参加活动或培训等，如图 6.2 所示。

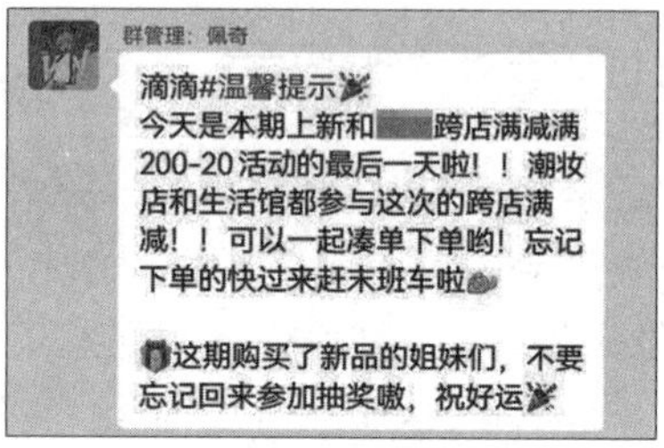

图 6.2　引导性内容示例

（2）启发性：可以启发用户进行思考和创新，如提出问题或建议、分享观点或想法等，如图 6.3 所示。

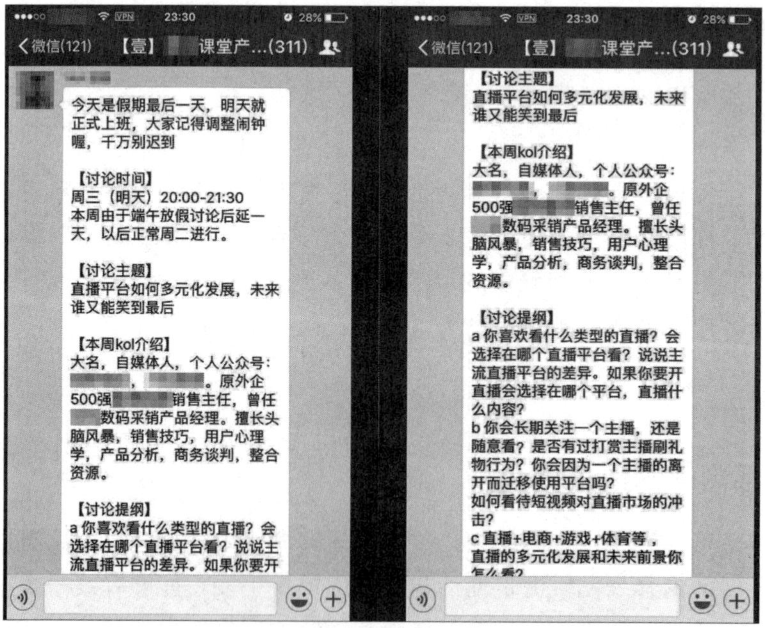

图 6.3　启发性内容示例

（3）娱乐性：可以使用户放松和享受，如讲故事、讲笑话、玩游戏或竞猜等，如图 6.4 所示。

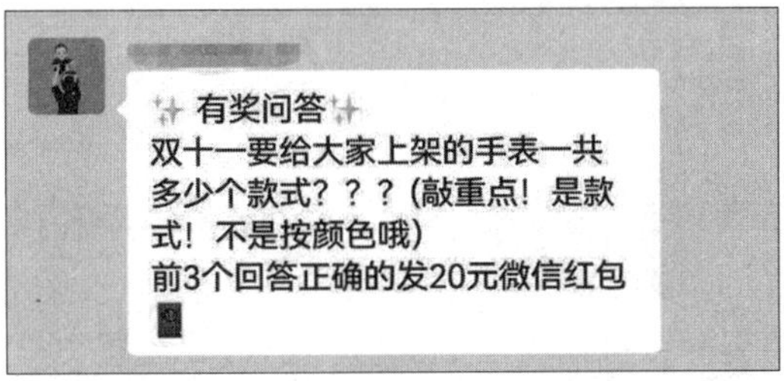

图 6.4　娱乐性内容示例

综上所述，分类是为了更好地设计和编写促活内容。根据不同的分类维度，我们可以选择合适的内容形式、内容主题和内容效果，以提高促活内容质量，优化运营效果。在实际操作中，我们还需要根据具体的私域业务情况、目标人群、运营目标等因素，进行灵活调整和优化。

职场案例

某银行私域促活案例

某银行利用多个平台，实施各种有趣的促活营销，让用户参与互动，提高用户的忠诚度和转化率。以下是社群、公众号、微博三个渠道的案例。

1. 社群

用户加入社群后，会收到自动发送的欢迎语，告知社群福利和专享权益，同时提示查看群公告，了解社群规则和返现活动的参与方法，如图 6.5 所示。

图 6.5　入群欢迎语和群公告

社群每天会在不同时间段发布不同内容，每天至少 5 条。内容涵盖社群专属优惠、特价商品推荐、商家优惠券、抽奖活动等，如图 6.6 所示。

图 6.6　社群日常促活内容

2. 公众号

某银行官方公众号经常推送各种福利活动，如图 6.7 所示。

图 6.7　公众号促活内容

以其中一次活动为例：

参与方式：每日 10:30，达标用户可参与抽奖。

奖品设置：1 000 份 M+会员礼盒/777 元免单锦鲤。

3. 微博

微博上的抽奖活动更加频繁，基本上每周都有 3～4 次，如图 6.8 所示。

图 6.8　微博促活内容

以其中一次活动为例：

参与方式：关注+评论。

中奖规则：随机抽取。

中奖人数：5 名。

活动奖品：10 张电影券。

三、促活内容的规划

促活内容的规划是指根据私域流量运营的目标和策略，制定促活内容的主题、形式、效果、频率、时间等要素，以保证促活内容的系统性、连贯性和有效性。

（一）促活内容的规划原则

促活内容的规划需要遵循以下原则：

1. 以用户为中心

了解用户的画像、需求、痛点、喜好等，制作符合用户期待和兴趣的内容，满足用户在不同阶段的信息需求。

2. 以价值为导向

突出内容的核心价值点，让用户感受到内容对他们有所帮助或有所启发，提高用户对内容的认可度和转发意愿。

3. 以目标为指引

明确内容的目标定位，如知晓度、认知度、互动度、忠诚度等，根据不同目标选择合适的内容形式、主题和效果，实现目标与内容之间的匹配。

4. 以数据为依据

通过数据分析工具，如百度统计、友盟+等，收集和分析私域平台上用户对内容的反馈数据，如阅读量、点赞量、评论量、转发量等，评估内容的效果和问题，并及时进行优化和调整。

（二）促活内容的规划步骤

根据以上原则，促活内容的规划主要包含以下步骤（以下步骤以“王大爷茶饮”品牌为例进行设计）。

1. 分析私域业务现状

分析私域平台的类型、定位、目标用户、运营目标等基本信息，以及用户的活跃度、满意度等关键指标，找出私域业务存在的问题和改进空间，如表 6.4 所示。

表 6.4 “王大爷茶饮”私域业务现状分析

内容	说明
私域平台类型	微信群
私域平台定位	“王大爷茶饮”VIP 客户群；福利活动放送；茶饮爱好者交流平台
目标用户	18～35 岁的茶饮爱好者，注重生活品质的年轻人
运营目标	（1）增加微信群的日活跃用户数（DAU），目标提高 30%； （2）提高老客户的复购率，目标提高 20%； （3）通过有效的促活内容，增加新客户的转化率，目标提高 15%
用户活跃度	工作日的 14 点至 16 点，群内较为活跃，活跃用户比例约为 20%（可通过统计私域平台的日活跃用户数得出）
用户满意度	基于调查，用户满意度评分为 4.2/5（需要进行满意度调查，以了解用户对私域平台的看法、意见和建议）

续表

内容	说明
存在的问题和改进空间	存在的问题： 目前，微信群每天只发一些优惠券、优惠活动的信息，内容单一，用户在群里缺少互动交流，只有在发券、发福利的时候稍微活跃一点 改进空间： （1）增加内容的多样性和深度，如引入茶文化、茶味小吃 DIY 等主题； （2）提高内容的娱乐性，如结合热点打造幽默、有趣的内容； （3）加强对用户反馈的分析和应用，定期调整内容策略

小贴士

如何做好用户满意度调查?

问卷调查是我们经常接触到的用户满意度调查方式，以下是问卷调查的一般流程：

（1）明确目标：在开始调查前，需要明确调查的目的和核心问题，以便有针对性地设计问卷。

（2）问题设计：问卷的基础格式分为标题、引导语和问题列表。问题的设计要尽可能量化、简洁和完备，避免不明确和无效答案。

（3）具体操作：

问卷调查通常需要配合一些奖励机制，如抽奖、红包等，来吸引用户的参与。需要预估参与人数、奖品数和中奖率，进行奖品的介绍和价值规划。

（4）问卷分析：问卷调查的最终目的是获取数据，进行定性和定量的分析，发现问题和规律，为后续的决策提供理论支持。数据分析要全面、细致和有针对性，根据不同的变量进行交叉分析，突出主要问题和结论。

2. 确定内容主题

确定私域平台想要传递的核心信息和价值主张，以及与之相关的子主题，形成一个清晰且有层次的主题体系，为促活内容提供方向和依据，如表 6.5 所示。

表 6.5 促活内容主题确定

主题类别	主题内容	核心信息和价值主张	子主题详情
产品介绍	潮流茶饮系列	展示“王大爷茶饮”的年轻化和时尚感，强调产品的创新性和趣味性	（1）潮流口味：介绍如泡泡茶、彩虹果茶等新潮茶饮； （2）茶饮搭配：展示如何将茶饮与不同的食物搭配，创造新口味
行业资讯	茶饮与生活	将茶饮文化与年轻人的生活方式相结合，强调茶饮在现代生活中的时尚性和实用性	（1）茶饮与健康：探讨茶饮如何适应快节奏生活，如能量茶、放松茶等； （2）茶饮潮流：介绍茶饮界的最新趋势，如网红茶饮、跨界合作等

续表

主题类别	主题内容	核心信息和价值主张	子主题详情
茶饮趣事	轻松日常	通过幽默有趣的原创故事，轻松植入“王大爷茶饮”产品，吸引用户的注意	(1) 城市轶事：讲述都市年轻人的日常故事，巧妙融合茶饮场景； (2) 热点串联：结合流行文化和社会热点，创作引人入胜的小故事
干货分享	茶饮小技巧	提供实用而有趣的茶饮制作技巧，增强年轻用户对品牌的信任和依赖	(1) DIY 茶饮教程：教授制作特色茶饮，如自制泡泡茶、水果茶等； (2) 茶饮生活小窍门：分享茶饮在日常生活中的各种小窍门，如茶叶的其他用途等

3. 选择内容形式

选择适合传递主题信息和价值主张的内容形式，如文字、图片、视频、音频、直播等，考虑内容形式的优势、局限、适用场景等因素，为促活内容提供表现形式和载体，如表 6.6 所示。

表 6.6 促活内容形式选择

内容形式	优势	局限	适用场景
文字	(1) 适合详细介绍茶饮知识和品牌故事； (2) 易于在社交媒体上分享； (3) 适合 SEO 优化，提升网络搜索可见度	(1) 可能会显得枯燥乏味； (2) 需要读者有一定的阅读能力	(1) 介绍新品和特色茶饮； (2) 发布行业资讯和健康小贴士
图片	(1) 快速吸引用户注意，提升品牌形象； (2) 适合展示产品和场景； (3) 方便快速浏览	(1) 信息量有限，难以传达复杂内容； (2) 图片质量可能会影响信息的传达效果	产品展示和促销活动
视频	(1) 更生动地展示产品和使用方法； (2) 引发用户情感共鸣，增加互动； (3) 适合讲述品牌故事和文化	(1) 制作成本较高； (2) 需要专业的编辑和制作技能	(1) 制作茶饮教程和 DIY 视频； (2) 展示品牌背后的故事； (3) 茶饮趣事短剧
音频	(1) 方便用户在出行或休闲时收听； (2) 制作成本相对较低	(1) 不如视频和图片直观； (2) 音频质量会影响信息的传达效果	在门店播放音频
直播	(1) 实时互动，增强用户参与感； (2) 展示产品的实时效果和应用； (3) 提供即时反馈，及时解答问题	(1) 要有设备和场地，直播前需要有充足的准备时间，要投入大量精力； (2) 对技术和设备有一定要求	(1) 新品发布会和茶饮品鉴； (2) 特别活动，如茶艺展示； (3) 用户互动和 Q&A 环节

4. 设计内容效果

设计想要达到的内容效果，如引导性、启发性、娱乐性等，考虑内容效果对用户情绪和行为的影响，以及对私域流量运营目标的贡献，为促活内容提供预期效果和评估标准，如表6.7所示。

表6.7 促活内容效果设计

内容效果	内容主题	内容示例	内容效果说明
引导性	新品推广	新品上市！王大爷茶饮带来全新潮流系列——醇香奶茶融合清新柠檬，限时买一送一，快来尝鲜体验	介绍新产品，通过促销活动直接刺激购买意愿
启发性	茶饮知识普及	你知道吗？不同的茶叶冲泡方式大有学问！来看看我们的专家是如何将普通的绿茶变成一杯茶艺之作的。#茶饮小课堂	提供茶饮相关知识，增加用户对茶文化的兴趣和探索欲望
娱乐性	轻松日常小剧场	当小明的泡泡茶遇上小红的绿茶，一段爆笑故事就此展开……跟着王大爷一起享受轻松时刻！#茶趣分享	通过幽默的小剧场增强品牌的趣味性和亲和力

5. 制订内容计划

设计促活内容日常发布规划表，包括时间、内容、内容形式、内容目的等要素，形成一个详细且可执行的内容规划表，为促活内容提供操作指南和执行保障，如表6.8所示。

表6.8 促活内容日常发布规划表

时间		内容	内容形式	内容目的
星期一	8:00	【周一茶语】每周一句正能量，搭配清新治愈的茶饮图片	文字、图片	建立口碑
	12:00	【限时优惠】本周茶饮新品促销，抓住折扣	文字、图片	销售转化
	18:00	【晒图赢好礼】分享你的茶饮时刻，有奖征集	文字、图片	促进拉新
星期二	8:00	【茶饮小知识】茶的分类与挑选，提升鉴赏能力	视频	建立口碑
	12:00	【午间特惠】中午茶饮快闪优惠，不容错过	文字、图片	销售转化
	18:00	【邀友品茶】邀请好友一起享受茶饮时光，分享优惠	文字、图片	促进拉新
星期三	8:00	【茶饮干货】如何泡一壶好茶，茶饮小技巧分享	视频	建立口碑
	12:00	【抢购时刻】茶饮中午限时折扣，快来抢	文字、图片	销售转化
	18:00	【分享赢好茶】晒出你的茶饮照片，赢取专属礼包	文字、图片	促进拉新
星期四	8:00	【茶文化探秘】探索茶的故事，了解茶饮背后的文化	视频	建立口碑
	12:00	【中午茶点】今日推荐的完美茶饮搭配	文字、图片	销售转化
	18:00	【开启茶饮之旅】邀请好友参与茶饮探险，获得团购优惠	小程序、小游戏	促进拉新
星期五	8:00	【一周茶饮回顾】本周茶饮亮点，加深印象	文字、图片	建立口碑
	12:00	【周末优惠】周末来临，享受茶饮特别优惠	文字、图片	销售转化
	19:30	【茶艺分享会】与茶艺师互动，学习茶艺文化	直播	促进拉新、建立口碑

续表

时间		内容	内容形式	内容目的
星期六	12:00	【周末茶趣】爆笑剧场，伴随你的周末时光	视频	建立口碑
	19:30	【周末特惠直播】进入直播间，领取独家茶饮优惠	直播	销售转化、促进拉新
星期日	12:00	【周末茶趣】爆笑剧场，伴随你的周末时光	视频	建立口碑
	18:00	【晚茶时光】日落时分的茶饮，邀请分享，共度时光	文字、图片	促进拉新

每天的内容设计考虑了不同时间点的用户行为，早晨发布的内容旨在唤醒用户、启动他们新的一天；中午的内容轻松有趣，为休息时间提供娱乐内容；傍晚的内容则更注重互动和日常放松，吸引新用户加入。这样的内容规划有助于平衡销售、品牌建设和新用户拉新等多方面需求。

业务操作

“私域业务分析与促活内容规划设计”工具表

业务名称：私域业务分析与促活内容规划设计

工作要求：

下载“私域业务分析与促活内容规划设计”工具表，根据提供的“业务背景”，填写“私域业务现状分析”子表和“促活内容规划设计”子表。

操作步骤：

1. 扫描二维码下载工具表。

2. 分析“业务背景”，填写“私域业务现状分析”子表，如图 6.9 所示。

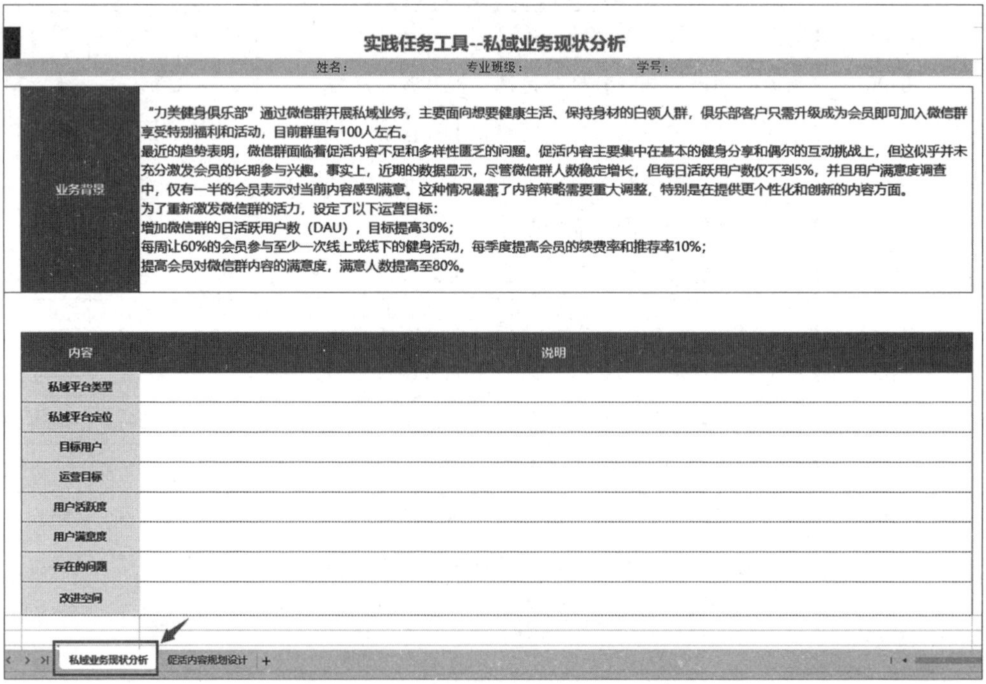

实践任务工具--私域业务现状分析

姓名： 专业班级： 学号：

业务背景	“力美健身俱乐部”通过微信群开展私域业务，主要面向想要健康生活、保持身材的白领人群，俱乐部客户只需升级成为会员即可加入微信群享受特别福利和活动，目前群里有100人左右。 最近的趋势表明，微信群面临着促活内容不足和多样性匮乏的问题。促活内容主要集中在基本的健身分享和偶尔的互动挑战上，但这似乎并未充分激发会员的长期参与兴趣。事实上，近期的数据显示，尽管微信群人数稳定增长，但每日活跃用户数仅不到5%，并且用户满意度调查中，仅有一半的会员表示对当前内容感到满意。这种情况暴露了内容策略需要重大调整，特别是在提供更个性化和创新的内容方面。 为了重新激发微信群的活力，设定了以下运营目标: 增加微信群的日活跃用户数（DAU），目标提高30%; 每周让60%的会员参与至少一次线上或线下的健身活动，每季度提高会员的续费率和推荐率10%; 提高会员对微信群内容的满意度，满意人数提高至80%。

内容	说明
私域平台类型	
私域平台定位	
目标用户	
运营目标	
用户活跃度	
用户满意度	
存在的问题	
改进空间	

图 6.9 “私域业务现状分析”子表

3. 根据分析结果，填写“促活内容规划设计”子表，设计一周的促活内容规划，如图 6.10 所示。

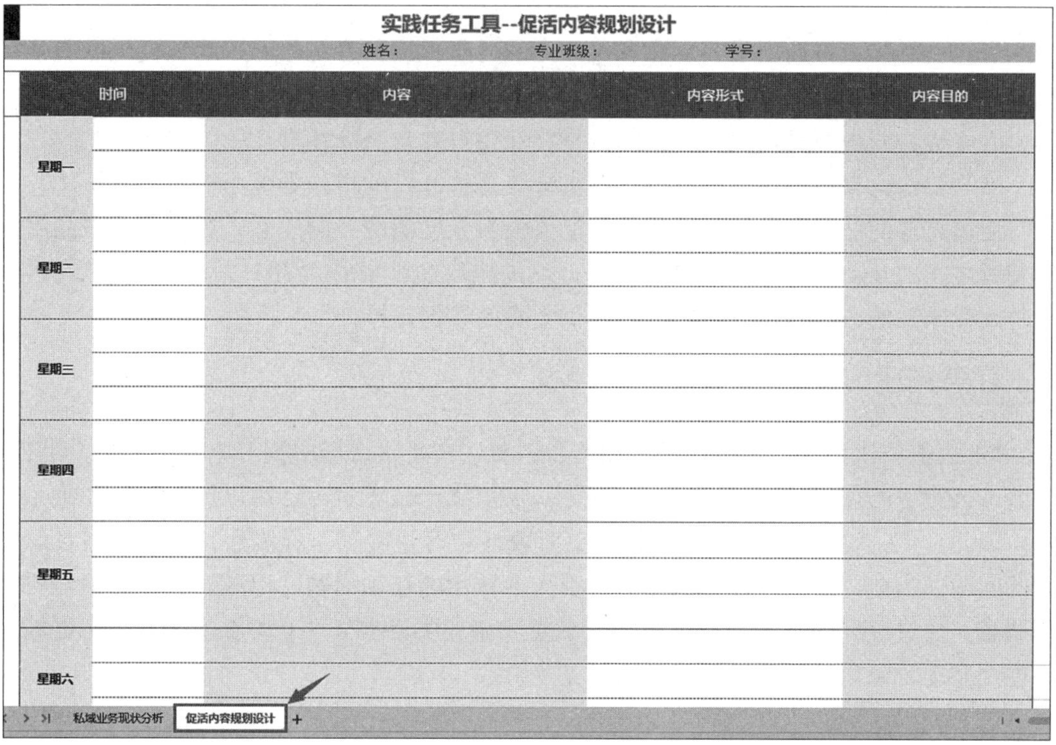
实践任务工具--促活内容规划设计

姓名：　　专业班级：　　学号：

	时间	内容	内容形式	内容目的
星期一				
星期二				
星期三				
星期四				
星期五				
星期六				

图 6.10　“促活内容规划设计”子表

任务 3　互动话题设计

任务引例

竹叶青品牌以其高品质的绿茶而闻名。为了吸引更多年轻消费者，品牌决定推出一个结合茶文化和日常生活的话题互动，让人们在享受茶香的同时，也能分享他们在日常生活中的茶味瞬间。

话题内容：

竹叶青在其微信社群中发布了名为“分享你的茶香生活”的互动话题。这个话题旨在让用户分享他们与竹叶青茶相关的日常生活瞬间，如悠闲的下午茶时光、与朋友的茶话会，或是在工作中享受一杯清新绿茶的片刻。

参与方式：

（1）用户需要拍摄与竹叶青茶相关的生活照片或短视频。

（2）在朋友圈发布这些照片或视频，并使用专属话题标签“#分享你的茶香生活”。

（3）用户邀请朋友点赞和评论。

激励机制：

最佳创意奖：评选出最具创意和感染力的分享，获奖者将得到竹叶青提供的限量版茶具套装。

人气奖：获得最多点赞和评论的分享将获得竹叶青茶叶礼盒。

参与奖：所有参与活动的用户都有机会获得竹叶青的折扣券或小礼品。

通过这样的话题互动，竹叶青不仅能够吸引年轻消费者的注意，还能够增强品牌与消费者之间的互动和联系。同时，这些分享的内容也能够作为用户对产品的真实反馈，为竹叶青未来的产品开发和营销策略提供宝贵的数据支持。

任务描述

“王大爷茶饮”凭借其传统手艺和产品创新，在茶饮市场中拥有坚实的地位。然而，随着市场竞争的加剧和消费者行为的变化，仅依靠产品竞争力已难以持续吸引和维系客户。因此，“王大爷茶饮”面临着如何更有效地与客户互动，提高用户黏性与市场影响力的问题。为此，我们将在私域促活中引入多样化的互动话题，以激发客户的参与感和归属感。通过设计问答类、投票类、分享类和游戏类话题，“王大爷茶饮”将能更好地与客户互动，深化品牌体验，提升市场竞争力。

知识准备

一、互动话题的定义与作用

互动话题，通常指的是在社群、社交媒体等社交平台上，为了促进人们之间的交流和互动而设计的话题。这些话题的特点是能够激发参与者的兴趣，促使他们分享观点、经验或感受。

在私域流量运营中，互动话题有以下作用：

（1）提高用户参与度：互动话题能够激发用户的兴趣和参与感，鼓励他们在社交平台或社群中积极发言，增强与品牌的互动。

（2）理解用户需求：互动话题可以作为收集用户反馈和需求的工具，帮助企业更好地理解目标市场，从而制定更有效的产品或营销策略。

（3）促进内容传播：引人入胜的互动话题能够促使用户自发地分享内容，扩大品牌的影响力和曝光度。

（4）建立长期关系：在私域流量运营中，长期的用户关系建设尤为关键。互动话题可以帮助品牌与用户保持持续的沟通，加深用户的品牌印象，促进长期关系的建立。

二、互动话题的类型

常用的互动话题类型分为以下几种：

（一）问答类

问答类话题通常是提出一个问题，邀请用户回答。这类话题可以激发用户的思考和分享，同时也有助于收集用户的观点和信息。

例如，一个品牌可能会在其社交媒体上提出这样的问题："你认为我们的下一个产品应该具备哪些功能？分享你的想法吧！"这种问题不仅能激发用户参与，还可以作为市场调研的工具。

> **翻转一下**
>
> 请你为"王大爷茶饮"设计一个问答类互动话题。

（二）投票类

投票类话题通常包括一个选择题，让用户在几个选项中选择一个。这种互动形式简单直接，能快速激发用户参与。

例如，一个服装品牌可能会在社交平台上发起投票："你更喜欢哪种风格的夏季新品？A. 波希米亚风 B. 极简风格 C. 街头风"。这样的投票不仅促进了用户参与，还可以帮助品牌了解消费者偏好。

> **翻转一下**
>
> 请你为"王大爷茶饮"设计一个投票类互动话题。

（三）分享类

分享类话题鼓励用户分享他们的个人经历、故事或观点。这类话题通常能够引发更深层次的交流和共鸣。

例如，一家旅游公司可能会在其社交平台上发起这样的话题："分享你最难忘的旅行经历，并告诉我们为什么它对你如此特别。"这样的分享能够激发用户之间的情感共鸣，同时提升对品牌的忠诚度。

> **翻转一下**
>
> 请你为"王大爷茶饮"设计一个分享类互动话题。

（四）游戏类

游戏类话题通过游戏的形式来吸引用户参与。这类话题通常富有趣味性，能够在轻松愉快的氛围中促进用户互动。

例如，一个电子产品品牌可以在社交平台上举办一场"寻宝游戏"，邀请用户找出隐藏在多张图片中的新产品。这样的游戏不仅能够吸引用户参与，还能提高产品的曝光度。

翻转一下

请你为“王大爷茶饮”设计一个游戏类互动话题。

三、互动话题的规划

（一）互动话题的规划原则

为了增强互动话题的效果，我们需要遵循以下几个原则：

1. 以用户为中心

互动话题的设计，应该从用户的需求、兴趣、痛点出发，找到能够引起用户共鸣和关注的话题，而不是单纯地为了推广产品或服务。

2. 参与门槛低

设计话题的目的是引导更多的用户参与和讨论，而不是为了为难用户。因此，话题的内容一定是大家都能回答和说上两句的，应尽量降低难度和门槛。

3. 保持多样性

互动话题的设计，应该避免重复和单调，尝试使用不同的类型、形式和风格，以增加用户的新鲜感和好奇心。同时，要注意适当地结合品牌特色和文化，展现品牌的个性和价值；也要考虑话题的时效性和热度，选择合适的时机发布。

4. 注重互动性

互动话题的设计，应该鼓励用户之间的交流和互动，而不是仅仅让用户回答问题或选择选项。可以通过设置奖励机制、引入竞争元素、邀请专家或意见领袖等方式，提高用户的参与感和归属感。

知识视窗

话题标签的作用

许多平台的话题标签可以让用户在创作内容时使用“#”符号来生成超链接，跳转至相关话题的聚合页。话题标签的作用是让用户可以更方便地查看与自己感兴趣的话题相关的内容，同时也为内容创作者提供一个新的内容展示渠道，增加曝光。

未来，话题标签的方向可能会更加多样化，如增加视频号的权重，为其引流，或者将话题标签提升为全局标签，让用户在发布内容时可以选择热门话题。

（二）互动话题的规划步骤

根据以上原则，互动话题的规划主要包含以下步骤（以下步骤以“王大爷茶饮”品牌为例进行设计）。

1. 话题调研与分析

在规划互动话题之前，首先要对目标用户、竞争对手和市场环境进行调研分析，以找出合适的话题方向和内容，如表 6.9 所示。

表 6.9　“王大爷茶饮”互动话题调研与分析

内容	说明
目标用户	主要是 18～35 岁的年轻人，他们喜欢新鲜、健康、有趣的茶饮，也喜欢在社交平台上分享自己的生活和感受。他们对茶文化有一定的研究，但不是很深入
竞争对手	竞争对手主要有两类： （1）传统的茶饮品牌，有较高的品牌知名度和忠诚度，但面临着同质化和创新乏力的问题； （2）新兴的茶饮品牌，有较强的创新能力和营销手段，但缺乏稳定的品质和口碑
市场环境	茶饮市场是一个竞争激烈和快速变化的市场，消费者的需求和喜好不断变化，品牌需要不断地推出新品和活动来吸引和留住用户。同时，茶饮市场也受到季节、地域、文化等因素的影响，需要根据不同的情况实施差异化的策略

基于以上调研和分析，“王大爷茶饮”可以确定以下几个话题方向：

（1）与茶文化相关的话题，如茶叶知识、茶道体验、茶艺表演等，可以提升品牌的文化内涵和专业性，同时满足用户对茶文化的兴趣和好奇心。

（2）与产品特色相关的话题，如新品推荐、产品故事、产品口感等，可以展示品牌的创新能力和产品优势，同时增加用户对产品的认知和喜爱。

（3）与用户生活相关的话题，如日常心情、兴趣爱好、生活方式等，可以拉近品牌与用户之间的距离，同时促进用户之间的交流和共鸣。

小贴士

竞争对手和市场环境的调研与分析方法

竞争对手的调研与分析方法主要有以下几种：

（1）通过网络搜索、社交媒体、行业报告等渠道，收集竞争对手的基本信息，如品牌定位、产品特色、价格策略、营销活动等。

（2）通过实地考察、秘密顾客、问卷调查等方式，了解竞争对手的店面形象、服务质量、用户满意度等。

（3）通过 SWOT 分析法，分析竞争对手的优势、劣势、机会和威胁，找出自己的竞争优势和改进空间。

市场环境的调研与分析方法主要有以下几种：

（1）宏观分析：通过分析政策法规、经济形势、社会文化等宏观因素，了解市场的发展趋势和机遇挑战。可使用 PEST 分析法。

（2）行业分析：通过分析行业的规模、结构、增长率、利润率等指标，了解市场的竞争程度和盈利空间。可使用波特五力模型。

（3）细分市场分析：通过分析不同的消费者群体、地域特征、季节变化等细分因素，了解市场的需求差异和潜在需求。可使用 STP 分析法。

以上提到的分析方法，可以自行到网上搜索相关资料进行学习、运用。

2. 话题内容的创意规划

在确定了话题方向后，就要根据不同的话题类型来规划具体的话题内容。在这个过程中，要注意结合品牌特色和运营目标，并保持多样性和互动性。

“王大爷茶饮”根据不同话题方向规划出一些具体话题内容，如表 6.10 所示。

表 6.10 话题内容的创意规划

话题方向	话题类型	话题内容
茶文化	游戏类	猜猜这些茶叶的名字，每猜对一个，就送你一杯王大爷茶饮
产品特色	投票类	你更喜欢王大爷茶饮的哪一款新品？ A. 芒果奶盖 B. 抹茶拿铁 C. 柠檬蜂蜜水 D. 草莓奶昔 投票后，随机抽取一位幸运用户，送出一张王大爷茶饮免费券
产品特色	分享类	你是怎么发现王大爷茶饮的？分享你第一次喝王大爷茶饮的感受，或者你最难忘的一次喝王大爷茶饮的经历
产品特色	游戏类	王大爷茶饮有一个小秘密，就是每一款茶饮都有一个代号，如“W1”“W2”等。你能猜出这些代号分别对应哪一款茶饮吗？每猜对一个，就送你一杯王大爷茶饮
用户生活	问答类	你喝王大爷茶饮的时候，最喜欢搭配什么食物？是甜甜的蛋糕，还是咸咸的薯片？或者是其他什么呢？告诉我们你的最佳搭配吧
用户生活	分享类	王大爷茶饮不仅是一种饮品，更是一种生活方式。分享你喝王大爷茶饮时的场景，是在家里，还是在办公室，或者是在路上？是一个人，还是和朋友，或者是和心爱的人？用一张图片和一句话来描述你的王大爷茶饮时光吧

3. 话题的实施与管理

在规划好互动话题的内容后，就要进行话题的实施与管理，以保证话题的顺利进行。话题的实施与管理主要包括以下几个方面：

（1）话题发布。

话题发布是指将话题内容通过合适的平台和渠道发布出去，让目标用户看到并参与。在发布话题时，要注意以下几点：

1）选择合适的平台。不同的平台有不同的用户群体、功能特点和传播效果，要根据话题的类型、形式和目标来选择合适的平台。

例如：游戏类和投票类的话题可以选择微信小程序、微信群等互动性强的平台；分享类和问答类的话题可以选择微信公众号、微博等内容丰富的平台。

2）选择合适的时间。不同的时间段有不同的用户活跃度、参与度和转化率，要根据话题的内容、目标和用户习惯来选择合适的时间。

例如：与茶文化相关的话题可以选择周末或节假日发布，与产品特色相关的话题可以选择新品上市前后发布，与用户生活相关的话题可以选择工作日下午或晚上发布。

3）选择合适的形式。不同的形式有不同的视觉效果、信息量和吸引力，要根据话题的类型、内容和平台来选择合适的形式。

例如：游戏类和投票类的话题可以选择图文或 H5 等形式；分享类和问答类的话题可以选择图文、音频、视频或直播等形式。

（2）话题推广。

话题推广是指通过各种手段和方式来提高话题的曝光度和参与度，让更多的用户知道并参与。在推广话题时，要注意以下几点：

1）利用社交媒体。社交媒体是一个强大的传播工具，可以利用社交媒体上的热点、趋势、话题等引起用户的关注和讨论，并引导用户转发、评论、点赞等来扩大话题的影响力。

例如："王大爷茶饮"可以利用微博上的"＃王大爷茶饮＃"标签来聚集私域用户，并邀请一些意见领袖或网红来参与话题，提高话题的热度和权威性。

2）利用线下活动。线下活动是一个有效的互动方式，可以利用线下活动来提高用户对品牌和产品的体验感和认同感，并引导用户将线下活动中产生的内容转移到线上平台来参与话题。

例如："王大爷茶饮"可以在门店举办一些茶道体验、茶艺表演等活动，并鼓励用户拍摄视频或照片，上传到抖音或微信上，并加入相应的话题标签。

3）利用奖励机制。奖励机制是一个激励手段，可以利用奖励机制来提高用户参与话题的积极性和主动性，并提升用户对品牌和产品的忠诚度和喜爱度。

例如："王大爷茶饮"可以设置一些奖品或优惠券，并根据用户参与话题的次数、质量、影响力等来进行抽奖或发放优惠券。

（3）话题跟进与互动。

话题跟进与互动是指在话题进行过程中，要及时与用户进行沟通和反馈，以维持话题的活力和氛围，并提升用户的满意度和黏性。在跟进和互动时，要注意以下几点：

1）及时回复用户。用户参与话题后，会期待得到品牌方的回复和认可，及时回复是最基本的礼貌和尊重。品牌方要及时回复用户的评论、留言、私信等，表达感谢、赞美、鼓励等情感，或者提供一些有用的信息、建议、指引等，以增加用户的信任和好感。

例如："王大爷茶饮"可以在用户分享自己喝茶饮的场景时，回复"谢谢您的分享，您的茶饮时光真是美好啊！"或者"您喝茶的地方真有特色，下次我也要去看看！"等。

2）及时解决问题。用户参与话题时，可能会遇到一些问题或困难，比如不清楚话题的规则、不知道如何参与、不满意奖励的发放等。品牌方要及时解决用户的问题或困难，提供一些有效的解决方案或补偿措施，以减少用户的不满和流失。

例如："王大爷茶饮"可以在用户反映无法打开H5页面时，回复"抱歉，给您带来了不便，请尝试刷新页面或更换浏览器再试试"或者"很抱歉，让您失望了，请私信我们您的联系方式，我们会尽快给您寄出奖品"等。

3）及时更新内容。用户参与话题时，会期待得到一些新鲜和有趣的内容，以保持话题的吸引力和趣味性。品牌方要及时更新话题的内容，比如，发布一些新的问题、游戏、投票等，或者展示一些优秀的参与者、作品、数据等，以激发用户的好奇心和参与欲。

例如："王大爷茶饮"可以在用户猜茶叶名字的游戏中，每隔一段时间发布一些新的茶叶图片，并公布上一轮的答案和中奖名单。

业务操作

业务名称：互动话题内容规划

“互动话题内容规划”工具表

工作要求：

下载“互动话题内容规划”工具表，查看并分析“话题调研与分析”子表的内容后，填写“互动话题内容规划”子表。

操作步骤：

1. 扫描二维码下载工具表。

2. 查看并分析“话题调研与分析”子表的内容，如图 6.11 所示。

实践任务工具--话题调研与分析

姓名：　　专业班级：　　学号：

业务背景	“力美健身俱乐部”是一家专业的健身服务机构，致力于为不同年龄段和健身需求的用户提供个性化的健身方案和指导。俱乐部通过微信群开展私域业务，并计划通过互动话题促活社群。 在规划互动话题之前，首先要对目标用户、竞争对手和市场环境进行调研分析，并找出合适的话题方向。调研和分析结果请看下表。

内容	说明
目标用户	主要是25-45岁的白领人群，他们对健身有一定的认知和需求，但缺乏时间和专业指导，希望通过健身改善身体状况和提升生活质量。
竞争对手	竞争对手主要有两类： 1.大型连锁健身品牌，如W尔士、H宝石等，它们的优势是规模大、设施齐全、价格低廉，但也存在服务质量不高、人员拥挤、氛围不佳等问题； 2.小型精品健身工作室，如Y动力、R动等，它们的优势是服务个性化、教练专业、氛围好，但也存在价格高昂、设施有限、地理位置不便等问题。
市场环境	在健身行业逐渐成熟的背景下，消费者对健身服务的需求越来越多元化和个性化，不仅关注健身效果，也关注健身体验和社交互动。
话题方向	基于以上调研和分析，“力美健身俱乐部”可以确定以下几个话题方向： 1.与健身知识相关的话题，如健身误区、运动损伤、饮食搭配等，可以提高用户对健身的认识和兴趣。 2.与健身动力相关的话题，如健身目标、健身计划、健身激励等，可以激发用户的健身热情和动力。 3.与健身成果相关的话题，如体重变化、体型改善、心理状态等，可以激励用户坚持健身和分享自己的进步。

话题调研与分析　互动话题内容规划　+

图 6.11　“话题调研与分析”子表

3. 根据调研分析结果、已确定的话题方向，以及不同的话题类型（如问答类、投票类、分享类、游戏类），填写“互动话题内容规划”子表，如图 6.12 所示。

实践任务工具--互动话题内容规划

姓名：　　专业班级：　　学号：

话题方向	话题类型	话题内容

话题调研与分析　互动话题内容规划　+

图 6.12　“互动话题内容规划”子表

任务 4 促活活动设计

任务引例

某火锅店通过游戏化私域流量促活活动，增加用户的互动和参与感，从而提升用户的满意度和消费意愿。具体的做法如下：

该火锅店每晚会在微信群中发放红包，让用户参与红包尾数游戏。用户抽到的红包金额尾数如果是 3，就可以免费获得一份冰粉；如果是 4，就可以免费获得一份酿酒；如果是最佳手气，就可以获得一张 7 折优惠券。这样的游戏设计既简单又有趣，既能吸引用户关注社群，也能激发用户到店消费的欲望。

该火锅店还会在每晚 9 点开启夜场模式，服务员拿着骰子与新到店的用户玩猜大小游戏，参与活动需要添加微信，若用户赢了便送一份小吃。如果输了，也不用灰心，还有红包抽奖的机会。半个小时后，服务员会把所有参与游戏的用户拉入一个微信群，进行在线扔骰子的活动。用户只要最先扔出群主指定的数字，就可以获得一张“一打酒水”兑换券，可以在下次到店时使用。

这样的活动设计不仅可以增强娱乐性和互动性，也可以培养用户的归属感和认同感，让他们更愿意成为该火锅店的忠实粉丝。

任务描述

随着市场的变化和消费者的需求升级，“王大爷茶饮”面临着激烈的竞争和营销困境。为了提升品牌知名度和吸引更多的客户，“王大爷茶饮”决定开展一系列的促活活动，增加与消费者的互动和沟通，提高消费者的忠诚度和满意度，从而促进销售和赢得口碑。

知识准备

一、促活活动的定义

促活活动是指通过各种方式提高私域用户的参与度和互动，增强用户的活跃度和黏性的活动。这些活动包括但不限于线上或线下的聚会、游戏、培训、公益活动等，以及设置有奖励、有挑战、有竞争的互动环节等。

二、促活活动的类型

促活活动根据活动的形式和场景，可以分为线上活动和线下活动两大类。

（一）线上活动

线上活动是指通过互联网平台或工具进行的活动，如微信群、微信小程序、直播、短视频等。

优点：可以覆盖更多用户，节省成本和时间，方便用户参与和互动。

缺点：缺乏面对面的沟通和感受，用户的注意力和忠诚度可能较低，活动的效果难以评估。

线上活动的常见形式有以下几种：

（1）问答类：常用的问答类线上活动有有奖问答、知识竞赛、答题闯关等，以此提高私域平台的知识性和互动性。

（2）游戏类：常用的游戏类线上活动有 H5 游戏、互动小程序、趣味挑战等，以此增加私域平台的娱乐性和趣味性。

（3）培训类：常用的培训类线上活动有在线课程、直播讲座、专家咨询等，以此提高私域平台的教育性和专业性。

（4）公益类：常用的公益类线上活动有捐款募集、志愿服务、公益宣传等，以此提高私域平台的社会责任感和品牌形象。

（二）线下活动

线下活动是指通过实地聚会进行的活动，如茶话会、沙龙、研讨会、体验营等。

优点：可以增强用户之间面对面的交流和感受，提高用户的注意力和忠诚度，增加活动的影响力和口碑。

缺点：需要更多的成本和时间投入，覆盖范围较小，用户参与难度较高。

线下活动的常见形式有以下几种：

（1）聚会类：通过组织聚会、沙龙、研讨会等，加强私域用户面对面的沟通交流，提高用户的信任度。

（2）出行类：通过组织出行、旅游、探索等，丰富私域用户的共同体验和回忆，提高用户的归属感和认同感。

（3）展览类：通过组织展览、展示、演出等，增强私域用户的文化欣赏和创造力，提高用户的艺术性和创新性。

（4）活动类：通过组织活动、比赛、竞技等，强化私域用户的团队合作和竞争力，提高用户的协作能力和影响力。

三、促活活动的组织

下面针对线上促活活动的组织做详细说明，线上促活活动的组织步骤分为筹备期、活动期和复盘期三个阶段。

（一）筹备期

1. 明确活动目标

活动的目标是什么？是为了吸引新用户，激活老用户，提高留存率，还是促进转化？只有清楚活动的目标，才能有针对性地进行策划，否则就可能陷入无目的地做活动的状态，即使看起来很热闹，实际也没有效果。

2. 确定活动主题

在明确活动目标的基础上，开始进行活动主题的头脑风暴。娱乐性活动可以结合最近的热点或即将到来的节日来开展，如端午节晒晒自己包的粽子、猜猜各地的美食等，以轻松有趣的小游戏为主。干货分享类、营销类的活动，需要从用户的特征和需求出发，了解用户目前想要什么、被什么困扰，思考能通过什么活动为其提供所需的价值。

3. 设计活动策划方案

活动策划方案要尽可能详细，最好不管是谁拿到方案，有没有参与过前期的策划工作，都能按照它有序地执行。

明确活动重要的时间节点，并列出时间清单。例如，活动宣发、预热以及正式开始的时间，活动结束时间，奖品发放时间等。

明确工作权责与任务分配。在确定重要的时间节点后，梳理出每一环节的工作内容是什么，负责人是谁，所需要的物料分别由谁来准备、由谁来执行，出现意外时的备选项是什么。具体可参照表 6.11。

表 6.11　某竞赛游戏活动策划方案示例

时期	时间	环节	工作内容	负责人	预计耗时
活动开始前	12 月 1 日—12 月 10 日	前期筹划	(1) 确定活动目标、主题、形式、规则、奖品等； (2) 编写活动策划方案； (3) 测试活动游戏小程序	活动负责人（小王） 技术员（小陈）	10 天
	12 月 11 日—12 月 15 日	物料准备	(1) 撰写宣传文案、主持稿、气氛组相关话术及奖品发放稿； (2) 设计宣传海报； (3) 采购或定制活动奖品	文案（小张） 设计师（小李） 采购员（小赵）	5 天
	12 月 16 日—12 月 18 日	活动宣发	(1) 在微信群、朋友圈发布宣传海报和宣传文案，引导用户关注活动，并转发邀请好友参与； (2) 设置转发抽奖机制，增加用户参与度	运营（小刘） 推广（小方）	3 天
	12 月 19 日 19:30—20:00	活动预热	(1) 活动开始前 30 分钟将宣传海报和宣传文案发布到微信群、朋友圈，发布活动规则，引导用户报名参加； (2) 气氛组在微信群烘托气氛	运营（小刘） 推广（小方）	30 分钟

续表

时期	时间	环节	工作内容	负责人	预计耗时
活动进行中	12月19日 20:00—20:05	活动开始	主持人开场，气氛组烘托气氛	活动负责人（小王） 运营（小刘）	5分钟
	12月19日 20:05—21:05	竞赛游戏	（1）用户开始进入小程序畅玩竞赛游戏，获得积分，最后按积分排名领取奖品； （2）技术人员监控小程序后台，如发现异常或技术性问题，立即处理	运营（小刘） 技术员（小陈）	60分钟
活动结束后	12月19日 21:05—21:20	总结收尾	（1）主持人总结陈词； （2）气氛组烘托气氛并维持秩序	活动负责人（小王） 运营（小刘）	15分钟
	12月20日	奖品发放	根据排名确定获奖名单，通知获奖用户填写收货信息，安排奖品发货。对未领取的奖品进行催领或作废处理	运营（小刘）	1天

小贴士

如何写出吸引人的宣传文案?

要撰写吸引更多人参加活动的文案，必须先找出活动卖点和用户痛点。考虑活动能解决用户目前面临的哪些典型问题，或者能从活动中获得哪些价值等。

我们可以运用“SQCA”的写作方法：

S（Situation）：情境，问题发生的背景。

Q（Question）：问题，需要解决的问题。

C（Conflict）：冲突，现实中存在的矛盾。

A（Answer）：答案，给出的解决方案。

“SQCA”就是描述用户所处的环境、面临的问题，给用户一种代入感，再为他们提供解决方案。

“SQCA”的写作顺序并不是固定的，可以根据想要强调的内容，把它调整成“SCQA”或者“QSCA”。

例如，我们把“SQCA”改成“SCQA”的顺序示例：

S：头皮瘙痒、头发干枯?

C：长期忽视可能导致头发损伤。

Q：如何恢复秀发的健康光泽?

A：试试我们的滋润洗发水，唤醒头发的自然活力!

（二）活动期

1. 宣传和预热

对于不同价值和不同重要程度的活动，需要采用不同的宣传和预热方式。

对于娱乐性活动，宣传可以简单些，只需要在活动开始前 3 天在社交平台上分享海报和文案，并在活动开始前 30 分钟再次提醒用户即可。

对于干货分享类、营销类活动，就必须预留足够的宣传时间。“酒香也怕巷子深”，一个活动即使设计得再漂亮，人们不知晓它的存在，那最终效果也会大打折扣。所以对于这类活动，在活动前 1 周就要加大宣传力度，让更多用户看见，吸引他们参加。

2. 执行

活动前 1 天，要再次检查活动方案是否清晰完善，有没有需要修改补充的内容，物料是否准备好，如果有线上资源类物品，则要测试链接或二维码等是否有效。

活动进行时，每个环节的负责人要注意跟踪活动流程，如果进展得不顺利，要及时联系并询问当事人是否需要帮助。另外，在活动过程中如果有用户打扰或提出无关的话题，主持人要及时控场，维持正常的活动秩序。

活动结束后，首先，要感谢所有参与活动的用户，并邀请他们继续关注后续的活动。其次，要统计好获奖人数，并公布获奖名单，安排奖品发放。最后，要做好活动资料的归档整理，以便后续复盘。

（三）复盘期

活动结束后，要进行复盘分析，包括总结哪里做得好、哪里出了问题以及什么原因导致的、下次应如何避免、还有哪些地方需要进一步优化。根据总结修正原有方案，将复盘结果整理成报告并存档。

同时，要收集本次活动中引起热议的话题或内容。例如，某张富有创意的海报，某个受到欢迎的礼物，某个让用户兴奋的开场游戏等。这样，在筹备下一期活动时，就可以直接使用或借鉴这些已被验证过的内容，提升运营效率。

翻转一下

运用 SQCA、SCQA、QSCA 中的任意一种写作方法，从“想要创业但缺乏经验”这个角度，编写一段活动预热文案。

业务操作

业务名称：促活活动策划方案设计

工作要求：

下载“促活活动策划方案设计”工具表，为“王大爷茶饮”设计一份促活活动策划方案，结合业务背景，确定活动目标、活动主题，并设计具体的方案。

“促活活动策划方案设计”工具表

操作步骤：

1. 扫描二维码下载工具表。

2. 分析“业务背景”，填写“确定活动目标、活动主题”子表，如图 6.13 所示。

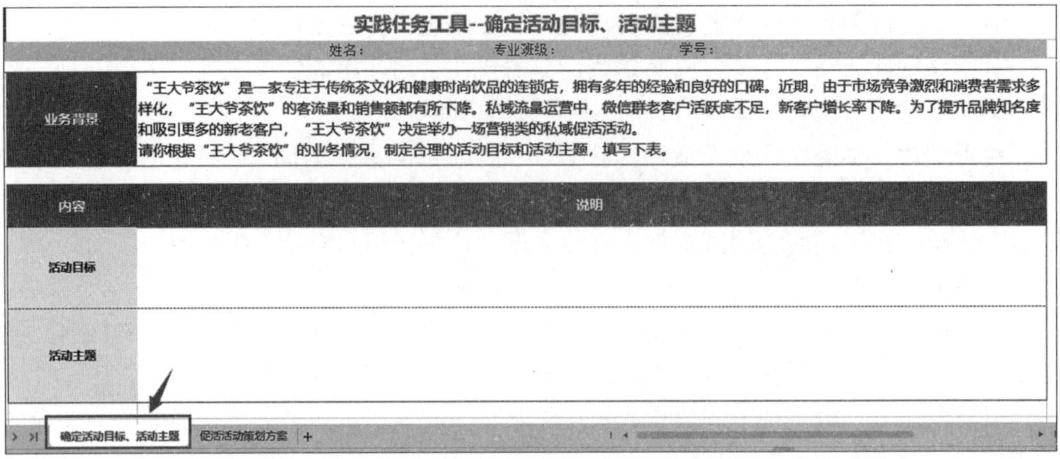

实践任务工具--确定活动目标、活动主题

姓名： 专业班级： 学号：

业务背景	“王大爷茶饮”是一家专注于传统茶文化和健康时尚饮品的连锁店，拥有多年的经验和良好的口碑。近期，由于市场竞争激烈和消费者需求多样化，“王大爷茶饮”的客流量和销售额都有所下降。私域流量运营中，微信群老客户活跃度不足，新客户增长率下降。为了提升品牌知名度和吸引更多的新老客户，“王大爷茶饮”决定举办一场营销类的私域促活活动。 请你根据“王大爷茶饮”的业务情况，制定合理的活动目标和活动主题，填写下表。

内容	说明
活动目标	
活动主题	

图 6.13 填写“确定活动目标、活动主题”子表

3. 根据制定好的活动目标和活动主题，设计促活活动策划方案，填写“促活活动策划方案”子表，如图 6.14 所示。

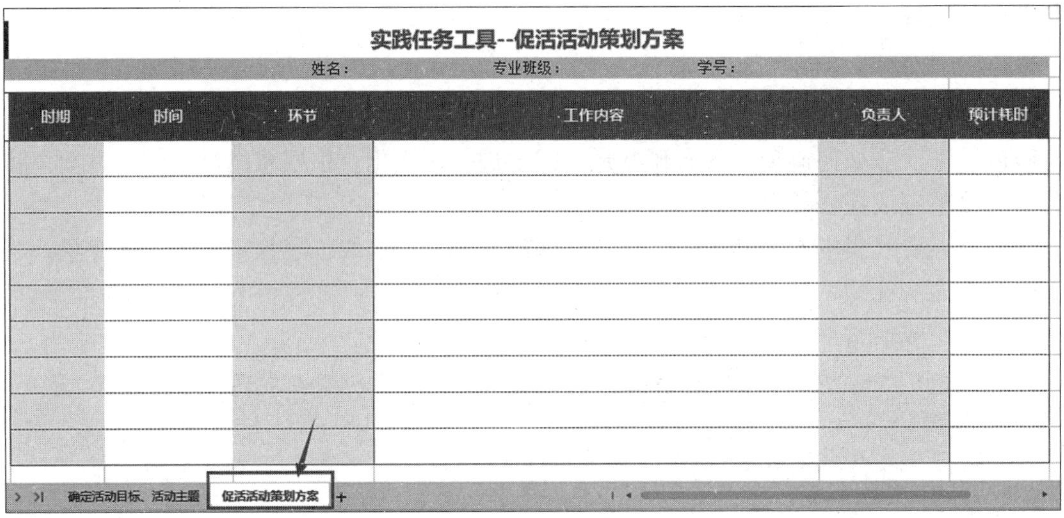

实践任务工具--促活活动策划方案

姓名： 专业班级： 学号：

时期	时间	环节	工作内容	负责人	预计耗时

图 6.14 填写“促活活动策划方案”子表

任务 5 流失用户召回

任务引例

某款社交直播产品在 12 月中旬出现了付费用户大量流失的情况。团队通过数据分析、用户反馈等方式建立因果假设模型，认为用户可能因参与全球购物狂欢而无暇在平台消费。

为了召回用户，团队采取了“三步走”策略。首先，根据用户在平台的历史充值总额划分了低端、中端、高端的用户，然后分别为这三类等级的用户准备了品类活动、赠送月度 VIP 和满减券的回归礼包。

在方案执行阶段，团队通过内、外部渠道与用户沟通。外部渠道包括邮件、客服一对一沟通和短信通知。其中，客服一对一沟通主要针对重点 VIP 用户；内部渠道利用 App push、App 弹窗和 App 小助手，全面推送回归礼包和福利信息。由于担心用户可能已卸载 App，团队首先选择外部渠道通知用户，再通过站内推送确保信息传达。

成功召回用户后，团队通过设置 7 日打卡、消费返点等活动引导用户重新活跃和消费。

最后，进行结果复盘和后续引导。团队分析召回方案、召回质量和召回成本，评估活动效果。

通过这次召回活动，付费用户的回归率和留存率都得到了显著提升。团队成功降低了用户流失率，提高了用户的活跃度和消费意愿。

任务描述

用户流失是私域流量运营中不可避免的一个环节。如何有效地召回流失用户，重塑用户关系，是私域流量运营中需要深刻把握的一个重要课题。深入了解用户流失的原因，制定有针对性的召回策略，是重新挽回流失用户，提升用户的忠诚度和满意度的必经过程。

知识准备

一、认识流失用户

（一）流失用户的概念

一般来说，流失用户指的是那些曾经使用过某个产品或服务，但由于各种原因，在一段时间后不再使用或购买该产品或服务的用户。

根据其流失的阶段和特征，流失用户又可以进一步细分为预流失用户和已流失用户。预流失用户是指那些尚未完全停止使用产品或服务，但已经表现出流失迹象的用户；已流失用户是指那些停止使用产品或服务，且没有回归迹象的用户。

不同的产品和业务对于流失用户可能有不同的界定标准，大致可以从时间和行为等维度来界定流失用户。

时间维度：根据用户最后一次使用产品或服务的时间来判断用户是否流失。例如，可以将 180 天内没有使用过某购物 App 的用户视为流失用户。

行为维度：根据用户的行为模式，如登录、购物、续费等，来判断用户是否流失。一般情况下，用户出现使用频率明显降低、停止购买或续费、注销账户等行为时，可以将其视为流失用户。

（二）流失用户的特征

在激烈的市场竞争中，将用户持续沉淀在私域流量池中是企业需要直面的重要挑战。然而，私域用户流失在所难免。因此，了解流失用户的特征是识别用户流失、及时采取挽留措施的关键。

流失用户的特征通常可以归纳为几个方面，如表 6.12 所示。

表 6.12 流失用户的特征

流失用户的特征	具体表现
长时间静默	用户长时间未进行任何操作，没有使用产品或服务，如长时间未登录、未浏览、未购买等
活跃度下降	参与和互动明显减弱，具体可以表现为不再参与社区讨论，不再点赞或评论，不再分享或发布内容，不再参与调查、反馈、活动报名等
使用频率降低	产品或服务的使用频率明显减少，如登录次数减少、访问时长缩短、购买频次降低等
负面评价或反馈	对产品或服务有负面的评价或反馈，表达出了对产品或服务的不满，如控诉产品质量不过关或明确表示不再使用产品或服务等
取消订阅/关注或停止续费	选择取消订阅/关注或停止续费、取消推送通知或其他服务等
行为模式转变	如从主动搜索转为被动接收、从频繁浏览转为偶尔查看或从购买高价商品转为只浏览低价商品等

翻转一下

请思考一下，App、小程序、网站、粉丝群、社交媒体账号等不同私域流量载体的用户流失时所具备的特征分别有哪些。

二、流失用户召回的步骤

流失用户召回是指通过各种措施和手段，吸引以前使用过产品或服务的流失用户再次使用产品或服务。流失用户召回需要先对用户流失的原因进行分析，然后才能有针对性地设计召回策略和触达方式，在召回动作实施后还需要对召回效果进行监测和统计，以衡量策略实施的有效性，进而优化召回行为。

（一）分析流失原因

分析流失原因是实施用户召回的首要步骤。深入了解用户流失的原因有利于识别问题所在，改进运营方法、产品或服务，制定精准有效的召回策略。

1. 流失原因分析

（1）用户流失洞察。

收集与流失用户行为、产品使用、交易记录等相关数据，如流失用户画像、流失时间、登录频率、使用时长、购买记录、投诉或建议等。通过数据分析，了解用户流失的整体情况和可能的流失原因。比如，分析流失用户的特征分布、所处的生命周期、用户流失关键环节和流失前的行为等，从而定位造成用户流失的可能原因。

（2）用户调研与反馈。

通过问卷调查、电话访谈等方式，了解流失用户对产品的看法、使用体验以及遇到的问题；或通过客户服务和社交媒体等渠道，收集用户对企业产品和服务的反馈和投诉，从中发现用户流失的原因。

小贴士

新手常犯的错误

错误 1：缺乏预见性

用户流失率具有滞后性，当用户流失率显著上升时才采取措施，已经错过了最佳挽留时机。因此，运营人员需要时刻关注用户数据，例如，将用户流失率和用户活跃率结合起来观测，在用户活跃率出现异常时就予以关注，做到及时干预，最大程度地减少用户流失。

错误 2：原因分析误区

在寻找流失原因时，仅停留在表面现象上，未深入分析用户流失的底层原因导致召回策略可能无法切中要害，无法真正解决导致用户流失的根本问题。或者是，试图穷尽每个用户流失的原因，导致资源浪费，错过最佳挽留时机。

错误 3：试图挽留所有用户

并不是所有的流失用户都值得挽留，避免投入大量资源去挽留不值得挽留的用户，如“羊毛党”。运营人员应优先关注具备高价值、高潜力的核心用户，将有限的资源投入更有可能成功的挽留行动上。因为，用户流失是不可避免的，将用户流失率控制在合理范围内即可。

2. 流失原因分类

在实际运营情况下，不同行业、不同产品或服务、不同的用户群体所面临的用户流失原因是各种各样的。因此，用户流失的原因可以归结为以下几个方面：

（1）产品或服务问题。

产品或服务未能满足用户的需求和期望，如质量不佳、功能缺失、价格不合理或出现负面新闻等。

（2）运营策略问题。

缺乏吸引人的内容、有吸引力的优惠活动、有效的互动沟通或会员成长机制等，用户价值感、归属感弱，黏性差。营销动作过于频繁，如广告推送、促销活动等过于频繁，让用户感到厌烦。

（3）用户体验问题。

用户体验不佳导致用户流失，包括客服体验不佳，如客户服务态度差、回复不及时、客诉处理欠妥等；缺乏个性化体验，如没有个性化推荐、缺少定制化服务或产品等；使用体验差，如界面设计不友好、操作步骤复杂、响应速度慢等。

以私域获客场景为例，新用户注册或试用 App、小程序或网页时，缺少新手引导机制，用户不能很好地体验平台功能和服务，因此选择放弃并离开。

（4）外部竞争问题。

市场竞争加剧，产品和服务同质化严重，可替代性强；竞争对手的产品或服务更具吸引力，导致用户转而选择其他品牌等。

（5）用户自身问题。

用户的需求偏好、生活方式、经济情况等发生变化或短期需求已得到满足等。例如，用户喜好的变化，原来爱喝咖啡转变为爱喝茶，因此放弃了购买咖啡类产品转而消费茶饮产品；又如，有考研、考公等短期需求的用户在成功“上岸”之后就不再需要报班报课了。

翻转一下

请思考一下，在面临私域用户流失时，值得挽回的原因有哪些？不值得挽回的原因有哪些？理由分别是什么？

（二）召回策略制定

有效的召回策略是让企业与流失用户重新建立联系的桥梁，能够提升用户的回流率和活跃度，从而对私域流量运营业务的发展产生积极的影响。但在实际运营场景中，用户流失的原因和相应的细分策略数不胜数。因此，掌握用户召回策略的基本原则和常用策略十分必要。

1. 召回策略制定原则

（1）用户为本原则。

以用户的需求和体验为核心，深入了解用户流失的原因，针对性地制定召回策略，确保这些召回策略能够切实解决用户流失问题，提升用户的满意度。例如，对因为使用体验不佳而流失的用户开展用户调研，改进界面设计、优化操作流程。

（2）用户分层原则。

不同的用户有不同的流失原因和召回需求，按照用户分层的方式为不同类型的流失用户制定有针对性的召回策略，使召回策略具备个性化和精准性，提升用户召回的成功率。例如，针对低价值用户以提供小额优惠券或赠送小样的方式召回；针对高价值用户以提供大额优惠券或会员权益等方式召回。

（3）多端触达原则。

端内、端外协同工作，形成合力，利用 push、短信、电话、社交媒体等多种渠道进行用户召回。例如，通过 push、短信等端内、端外方式的组合全面触达用户，通过私信、电话等方式重点跟进中高价值用户。通过这种多渠道触达用户的方式，能够提高召回信息的覆盖率和用户关注度。

（4）成本效益原则。

在制定召回策略时，需要考虑投入产出比，如实施召回策略需要的人力、时间、资金等，预估流失用户召回所能带来的收益和风险。在合理的成本范畴尽量提升召回的效果，避免浪费资源。

（5）尊重用户原则。

保护用户的隐私和权益，在多轮召回无果时，尊重用户的决定，不要过度骚扰用户；对产品或服务给用户所造成的不愉快体验表示歉意，对他们的关注和反馈表示感谢。

2. 常见召回策略

（1）提供物质激励。

提供物质激励是用户召回的常见手段。通过有吸引力的优惠活动或激励计划，刺激用户的购买欲望，并重新使用产品或服务。比如，设计优惠券、限时折扣、积分兑换、免费试用、礼品赠送、加量不加价等利益点，吸引流失用户回归。

（2）改进产品或服务。

如果是产品或服务本身出现问题，则根据用户的意见和反馈，优化产品和服务的质量、功能或价格等；如果是因为竞品更具吸引力，则分析竞品的优劣势，有针对性地改进产品或服务，提升自身产品或服务的竞争力。比如，告知流失用户产品或服务升级、新功能上线、降价促销等，邀请用户体验或购买。

（3）优化用户体验。

针对使用体验问题，根据用户反馈、A/B 测试优化，有针对性地优化界面设计、操作流程等。比如，告知流失用户全新界面设计已上线、发送新版本体验邀请、发布性能升级通知、推出新手指南、发布维护升级公告、推出广告屏蔽功能，让流失用户知晓问题的解决和优化情况。

针对客服服务问题，加强客服培训，优化回应速度和态度，提升用户在咨询、售后等环节的体验。比如，推出专属客服一对一服务、提供客服评分机制、开展客服满意度调研等。

针对个性化体验问题，根据用户的偏好和习惯提供个性化的体验。比如，个性化推荐产品或服务、设置专家顾问、推出自定义功能等。

（4）增加用户黏性。

通过丰富私域场景中的内容输出，增加新功能、新玩法，或提供社交互动等方式，增加用户对产品或服务的黏性，降低流失率。比如，推出会员成长机制、提供签到或打卡福利、开展线上线下活动等，以丰富用户互动体验；发送生日祝福、节日问候、温馨提醒等人文关怀信息，凸显对用户的关注和重视。

职场案例

在平台流量越来越贵的情况下，私域流量运营成为企业经营的流行趋势。

针对流失用户，“三节课”采用了私信的方式召回。“三节课”通过客服向曾经的学员发送私信和群活码的方式，邀请曾经的付费学员进入交流群，后续再对交流群开展群早报、群直播、群积分等社群运营动作，最终实现用户的私域沉淀和召回。

召回话术如图 6.15 所示。

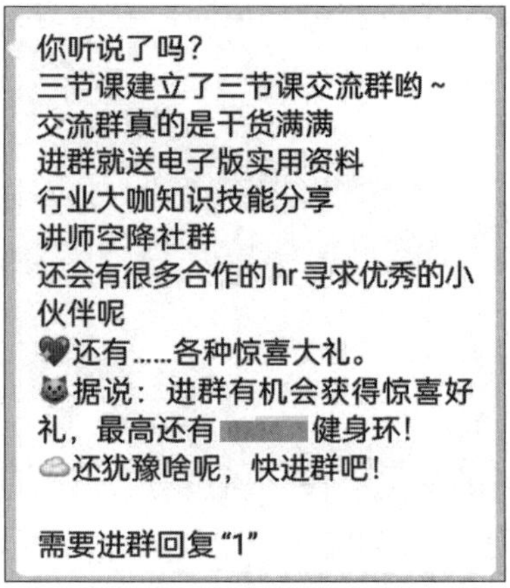

图 6.15　召回话术

3. 流失用户触达方式

要想有效地召回流失用户，选择合适的触达方式也很重要。流失用户召回的触达方式包括 push、社群、私信、短信、电话（人工电话和智能外呼）、邮件、快递、定向广告、搜索引擎等。

要想综合评估哪些渠道组合适合用于流失用户召回，除了要结合具体私域业务实际情况之外，还需要对每种方式的使用前提、优点、局限和适用人群等有一个基本认知，如表 6.13 所示。

表 6.13　触达方式

触达方式	使用前提	优点	局限	适用人群
push	未卸载 App 和关闭通知权限	触达率高，成本低	频繁接收易引起反感	全量用户 近期流失用户
社群	未退出群聊或屏蔽群消息	成本低	易受群内其他信息干扰或被忽视	全量用户 近期流失用户
私信	未屏蔽或删除好友/账号	触达效果好，个性化沟通，成本较低	频繁发送或内容不当易引起反感	中高价值用户 近期流失用户
短信	手机号码无误且有效	覆盖面广，可批量化推送	有一定成本	全量用户 长期流失用户
人工电话	愿意接听	沟通直接	成本高，效率低，触达范围有限	高价值用户 长期流失用户
智能外呼		批量外呼效率高	有一定成本	全量用户 长期流失用户
邮件	有邮件使用习惯	内容详细丰富	打开率低，触达效果差	全量用户 长期流失用户
快递	有效寄件信息	实物触达印象深，效果较好	成本高，操作复杂，不宜大规模召回	高价值用户 长期流失用户

续表

触达方式	使用前提	优点	局限	适用人群
定向广告	受用户活跃度影响	精准度高，可定制	成本较高	高价值用户 长期流失用户
搜索引擎	需主动搜索相关内容	长期效益，有利于提升知名度和曝光率	触达效果难评估，需长期投入和优化	全量用户 长期流失用户

在选择召回触达渠道时，每个渠道各有其适用条件和人群，需要综合考虑目标用户群体、成本预算、预期效果等因素。同时，避免触达渠道单一化，结合多个渠道进行综合召回可以提高覆盖面，召回效果可能会更好。

翻转一下

请结合网络资料、企业案例和自身经历等，梳理私信、短信、电话所对应的召回文案或话术的编写特点。

（三）召回结果评估

在召回策略实施后，还需要对召回结果进行评估，以了解召回策略的有效性，并为召回策略优化提供数据支持。召回结果评估主要需要完成以下内容：

1. 统计召回数据

监控并统计召回数据。数据统计的内容主要包括流失召回的整体效果、目标完成度、召回成本、各策略效果、各环节转化率、转化用户明细等。需要监控和统计的数据指标包括召回率、触达用户数、推送打开率、召回页面曝光量、页面点击量、跳转量、下单量等。

2. 评估召回效果

对比分析召回效果。对收集的召回数据进行分析，如召回目标与实际效果的对比、召回用户的表现与其他用户的对比、各个渠道效果之间的对比等，以此确定召回策略是否有效。

3. 优化召回策略

根据效果评估，优化用户召回策略，指导后续的召回行动。如果召回效果良好，则可以考虑继续采用类似的策略；若效果不理想，则应找出问题所在，有针对性地优化该措施，如迭代触达效果较差的召回内容、放弃召回效果较差的触达渠道或调整时间规划等。

业务操作

业务名称：用户召回方案设计

A 公司是一家在线教育平台，平台涵盖了学术课程、职业技能培训、兴趣培养等多个领域的课程。平台用户以学生和上班族为主，他们对于课程质量和学习效果较为关注。

近期，A公司发现部分用户的活跃度呈现明显下降趋势，并伴有用户流失现象。为了找出问题所在，公司对此进行了深入的调查和分析。在调查过程中，A公司发现以下现象：

- 平台的课程完成率较低，很多用户在购买课程后并没有完成学习。
- 平台上的互动环节较少，用户之间的交流和互动不频繁，缺乏学习氛围。
- 部分用户反映课程内容质量不高，未能达到他们的预期。
- 竞争对手B公司上个月推出了特色功能和优惠活动。

工作要求：

1. 阅读任务情境资料，找出导致用户流失的可能原因。
2. 根据发现的原因，设计有针对性的召回方案。
3. 鼓励调动主观能动性，不局限于材料所给内容，大胆发挥，可适当参考企业案例。

操作步骤：

1. 分析流失原因。

仔细研究提供的任务情境资料，归纳和总结可能导致用户流失的原因。

2. 设计召回方案。

根据用户画像和流失原因，制定个性化的召回策略。

设计多渠道的召回触达方式，如App push、微信消息、短信、电话等，不能少于3种。

3. 撰写召回方案策划书。

根据设计构想，编写流失用户召回方案，包括项目背景、原因分析、目标设定、召回策略等。

思考与练习

一、单选题

1. 私域流量促活与留存的核心原则是（　　）。

A. 以产品为中心　B. 以用户为中心　C. 以数据为中心　D. 以营销为中心

2. 私域流量促活的目的是（　　）。

A. 增强用户黏性　B. 提高品牌认知　C. 数据洞察　D. 以上所有选项

3. 私域流量留存的关键是（　　）。

A. 第一次的用户吸引　B. 后续的用户维护和关系深化

C. 增加新用户的数量　D. 提高产品的售价

4. 以下不是私域流量促活与留存意义的是（　　）。

A. 增强用户黏性　B. 提高品牌认知　C. 提升转化率　D. 降低产品成本

5. 在私域流量促活与留存的策略中，以下不是促活内容规划步骤的是（　　）。

A. 分析私域业务现状　B. 确定内容主题

C. 选择内容形式　D. 优化产品包装

二、判断题

1. 私域流量促活的核心原则之一是以数据为支撑。　　　　（　　）
2. 私域用户活跃行为不包括购买行为。　　　　（　　）
3. 促活内容的规划需要遵循以用户为中心的原则。　　　　（　　）
4. 促活内容的规划步骤中不包括确定内容发布频率。　　　　（　　）
5. 促活活动设计中，提供内容价值是提高用户活跃度和忠诚度的唯一方法。　　　　（　　）

三、思考题

什么是私域促活？有哪些策略？

项目 6 参考答案

项目7 私域流量变现

学思浅悟

我国私域流量运营模式引领全球数字营销创新

私域流量运营作为我国创新的数字营销模式，在全球范围内引起了广泛关注和研究。以下是我国在私域流量运营方面取得的一些成就：

（1）创新引领：我国企业通过私域流量运营模式，成功构建了与消费者的直接联系，实现了更高效的客户管理和更精准的营销策略。

（2）技术发展：在这一模式中，我国企业广泛应用了人工智能、大数据分析等先进技术，提升了营销活动的智能化水平。

（3）模式输出：私域流量运营推动了新的商业模式发展，如社群营销、品牌社区等，这些模式已经成为全球数字营销领域的研究重点。

（4）市场影响：我国的私域流量运营模式不仅在国内市场取得了显著成效，也为全球市场提供了新的营销思路和解决方案。

这些成就不仅展示了我国在数字营销领域的领先地位，也为全球数字经济的发展提供了新的思路和解决方案。我国的私域流量运营模式因其高效、精准的用户管理和营销策略，成为世界其他国家重点研究的对象。这一模式的成功实践，证明了我国在数字创新方面的强大实力和全球影响力。

教学目标

知识目标

1. 掌握私域流量变现的概念，了解私域流量变现的基本模式；

2. 熟悉私域流量广告变现的概念及类型，清楚广告变现在私域业务中的优缺点，清楚广告变现的关键点，掌握广告变现的技巧；

3. 熟悉私域流量电商变现的概念，掌握社群电商变现和电商带货的技巧；

4. 了解私域打赏变现、付费会员变现和咨询服务变现等模式。

技能目标

1. 能够为企业设计基于广告变现的私域业务模式，并能够从该模式中获益；

2. 能够为企业设计基于电商变现的私域业务模式，并能够从该模式中获益；

3. 能够为企业设计基于打赏变现、付费会员变现的私域业务模式，并能够从该模式中获益。

素养目标

1. 培育财经素养，能够从财务角度搭建私域流量变现模式，尊重市场客观规律和价值规律；

2. 遵守职业道德和法律法规，在私域流量变现过程中，保护用户隐私，重视用户合法权益。

任务 1　私域流量变现基本认知

任务引例

某品牌通过“企业微信＋人设打造＋小程序＋直播”的模式，达到人均产出 15 元/月，转化率达 15%的成效。该品牌通过包裹卡活码的方式将电商平台客户引流到私域流量池中；通过打造外表文静、内心直爽的运营“七七”和专业负责的“客户服务经理”两个品牌 IP 进行社群管理，对客户进行深度维护；利用直播方式增强“七七”的真实性，以此提高用户信任，提升转化率和复购率；此外，该品牌还通过自建小程序的方式，构建私域单独的渠道和会员体系。由此形成了私域流量变现的完整闭环。

任务描述

变现是私域流量运营的最终目的。私域流量运营的一系列动作是围绕着这一终极目标而展开的。本任务主要就私域流量变现的关键要点、影响因素、注意事项等通识性内容展开阐述。

知识准备

一、私域流量变现基本概念

私域流量变现是指通过建立和运营私域流量池，如微信公众号、新媒体账号、自建 App 等，利用所积累的粉丝基础、用户资源等实现商业价值转化的过程。

二、私域流量变现关键点

(一) 精准定位目标用户

精准定位目标用户有助于提高私域流量变现活动的效果。

精准定位目标用户能够避免资源浪费，提高营销推广活动的效益；精准定位的目标用户对产品或服务更容易产生兴趣和需求，提高转化率；精准定位更易于实现用户需求洞察和个性化服务，提升用户满意度。

（二）提供优质内容

优质内容是私域流量变现成功的基础。

提供优质内容的作用是：（1）能够吸引用户的注意，使其愿意花时间了解企业的产品、服务或品牌；（2）能够展现专业性和价值性，有助于建立与用户的信任关系；（3）能够打动用户，促进购买决策和分享传播，最终实现价值转化。

（三）建立用户信任

私域流量变现的核心在于建立用户信任。

在私域流量变现的过程中，用户信任能够促进购买决策，让用户更容易相信运营者的建议和推荐；有利于长期留住用户，提升用户对产品、服务或品牌的忠诚度。

（四）选择合适的变现方式

变现方式的选择直接影响私域变现的成功与否。

不同的变现方式适用于不同的目标受众和业务模型。运营者需要根据具体的产品或服务、用户需求和业务模式等选择合适的变现方式，保证私域业务盈利能力和可持续发展。

职场案例

山东广电乐享银龄直播间

山东广播电视台旗下的视频号“山东广电乐享银龄”，围绕中老年人的教育、文化、康养、美妆、服饰搭配等需求打造“银发经济”直播间，成为传统广电成功转型的案例。该账号的受众多为 50 岁左右喜爱精致生活的女性群体，消费力表现很强。该账号在 2023 年视频号某次大促活动官方带货榜上取得了单日带货榜前 10 的好成绩。在直播期间，主播会就“哪个颜色好?”“小个子适不适合穿?”“某种体型的人能不能穿?”等疑问，通过评论区与观众交流来判断其身形、穿衣风格、体态等，根据不同的情况给出建议，告诉观众是否该下单以及下单哪种产品。这不仅仅是直播间卖服装，更是穿搭知识科普课堂。即使没有合适的衣服需要购买，许多用户还是会接连几天，从头到尾地观看直播，学习穿搭知识。

三、私域流量变现基本模式

（一）常见的变现模式

私域流量变现的基本模式有广告变现、电商变现、会员付费、内容订阅、打赏变现、资讯服务等。

不同的变现模式各自有其特点，具体内容此处不做赘述。

知识视窗

首单转化策略和持续复购策略

首单转化是私域流量变现的第一步，持续复购是私域流量变现的重要组成部分，由此实现私域流量变现的最大化。

首单转化策略旨在促进新用户完成首次购买，即从潜在客户转化为实际购买客户，主要通过提供优惠或促销活动、优化购物体验、进行营销推广等方式来刺激用户首次购买。

持续复购策略旨在促进客户在购买产品或服务后继续进行重复购买。主要通过提供优质的产品或服务、建立客户关系、提供优惠或奖励、个性化推荐、定期推出新产品或服务、提高品牌知名度等方式实现。

（二）变现模式的影响因素

确定私域流量变现模式需要综合考量多个方面的因素：

1. 目标客户群体

目标客户群体的基本特征、用户心理和行为习惯各有不同，可能会影响私域流量变现模式的选择。

例如，年轻消费群体更愿意接受新鲜事物，可以采用直播、短视频等方式进行变现，老年消费群体则更习惯在线下场景中购物；国内消费者倾向于使用手机 App 进行交易，而西方国家的消费者则习惯使用网站进行购物。

2. 产品或服务特点

不同的产品或服务所提供的价值、适用场景、生命周期、交付方式、受众特征等方面可能存在较大差异，因此不同产品或服务所适合的变现方式可能有所不同。在选择变现方式时，需要结合产品或服务本身的特点进行综合考量。变现模式的类型及对应的产品或服务如表 7.1 所示。

表 7.1 变现模式的类型及对应的产品或服务

基本模式	类型	产品或服务
电商变现模式	社区电商	生鲜、零食、医药、生活日用品等
	社群电商	教育培训、母婴等
	直播/短视频带货	美妆、服饰、食品饮料、日化产品等
其他变现模式	会员付费	音乐、影视、俱乐部、健身
	内容订阅	新闻、杂志等出版物
	咨询服务	医疗、理财、法律
	打赏	游戏、才艺

3. 资源投入

私域流量运营重视的是用户关系的长期维护与价值挖掘，周期较长，需要投入相应的资金、人力、技术、渠道等资源。因此，在确定私域流量变现模式的时候需要衡量自身资源情况。

四、私域流量变现注意事项

（一）合法合规

合法合规是任何企业或个人进行私域流量变现活动必须遵守的基本要求。如果在私域流量变现过程中出现违规操作或违法行为，可能会导致严重的法律后果，包括罚款、诉讼和业务中断甚至终止。因此，遵守平台的相关规定和法律法规至关重要。

（二）保护用户隐私

保护用户隐私是构建用户信任和合法合规经营的重要组成部分。在私域流量变现过程中，要尊重用户的隐私和个人信息，不泄露、不滥用用户的隐私和信息。

保护用户隐私需要做到：

（1）明确告知用户数据收集的目的或用途，并获得明确同意；

（2）采取安全措施，以防止数据泄露和滥用；

（3）给予用户权利，包括访问、更正和删除其个人信息；

（4）定期审查并更新隐私保护政策，确保其符合当下的法律法规。

（三）数据分析和优化

定期对私域流量池的运营数据进行分析和优化，评估私域流量变现的效果，不断改进和优化自身的运营策略和变现方式。

（四）长期视角

无论是品牌建设，还是建立用户忠诚度，都需要较为长期的时间投入，切不可急于求成。

（五）变现方式多元化

变现方式应该尽量多元化，以分散业务风险，使得在某一变现方式受冲击时可以降低损失；增加变现渠道，有利于实现收入最大化，增加潜在盈利机会。

任务2　私域流量广告变现

任务引例

某美妆达人与某美妆新品牌展开了一系列合作，帮助该品牌成功出圈。

该美妆达人先以反差色化妆的经典教学创意，自然带出新品牌感官双效光彩遮瑕膏，并在此后的好物推荐、新手化妆等多个美妆话题中，多次使用与推荐这款产品。该美妆达人专业、创意性的教学式种草，高频强化着新品功能认知，牢牢锚定“解决干皮瑕疵问题”的标签，并真实展示强力遮瑕、肤感滋润以及色彩自然贴脸等核心卖点，最终成功吸引了消费者的注意，带动消费。

任务描述

“两只猫”早期是从事泛娱乐直播和游戏直播的 MCN 机构，随着政策变化和抖音平台的崛起，开拓了新媒体达人孵化业务。已知“两只猫”旗下有不同粉丝量级的博主，可以通过承接广告来获取收益。请扫描二维码查看该企业的背景资料。

本任务将结合“两只猫”MCN 机构旗下的新媒体达人的广告变现方式展开讲述。

“两只猫”企业背景资料

知识准备

一、广告变现基本认知

（一）广告变现的概念

私域流量广告变现是指在自己的私域流量池中通过为商家或品牌投放广告获取收益的一种变现方式。

广告变现更适合于从事自媒体活动的个人或团队，主要通过账号内容或影响力来获取品牌推广的机会。

（二）广告变现的类型

1. 软广变现

软广是指在非广告性质的内容中，以情感、故事、体验、测试等方式融入品牌或产品信息，以达到宣传和推广的目的。

在私域流量运营中，软广变现是最常见的广告变现形式。从事自媒体活动的个人或团队依托于社交账号，输出优质内容、树立账号人设，以一定的粉丝数量和影响力为基础，承接广告主（PR）的推广任务，从而获取相应的报酬。

知识视窗

软广和硬广

软广以间接、隐性的表达方式来进行产品或品牌的宣传推广，通常以社交分享、剧情植入等方式传播产品或品牌的信息。

硬广则是以直接、明显的表达方式宣传产品或品牌，常见的有电视广告、搜索引擎广告、广告横幅等。

2. 广告分成变现

广告分成是平台为创作者提供的变现途径，平台在创作内容页面的特定位置设置广告位来展示广告主的广告，用户在浏览内容时自然而然就会看到该广告。通过这种形式，创作者可以获取一定的广告分成收益。例如，公众号推出的流量主广告、视频号推出的创作者分成计划等。

（1）公众号推出的流量主广告。

公众号中的广告位包括文章底部、文章中部、互选广告、文章视频贴片。文中最多可以插入 2 条广告，文末 1 条，收益按照广告主投放价格、广告有效曝光和点击量综合结算。

广告有效曝光是指读者实际看到广告的曝光次数。例如，公众号文章底部的广告只有在读者阅读至文末时才能看到，才可以记作一次有效曝光。

公众号的开通门槛如图 7.1 所示。

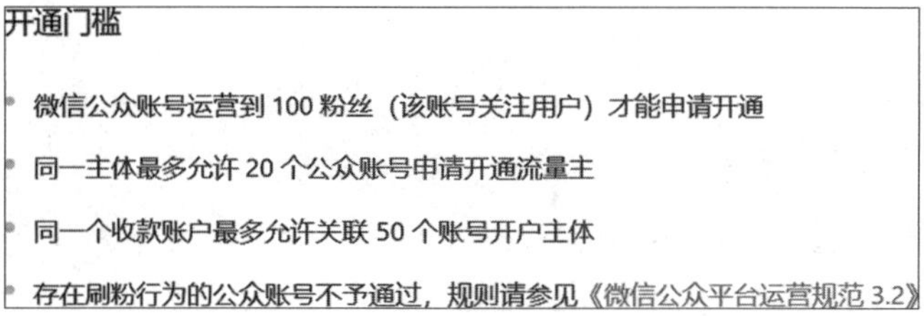

图 7.1　公众号的开通门槛

（2）视频号推出的创作者分成计划。

创作者申请加入创作者分成计划后，系统会在视频评论区展示广告，通过用户浏览内容赚取广告分成收益。广告分成收益与创作者的视频数量与质量、视频播放量、广告主行业等多方因素相关，官方鼓励创作者持续发布优质内容获取更多的广告分成收益。

视频号的申请条件如图 7.2 所示。

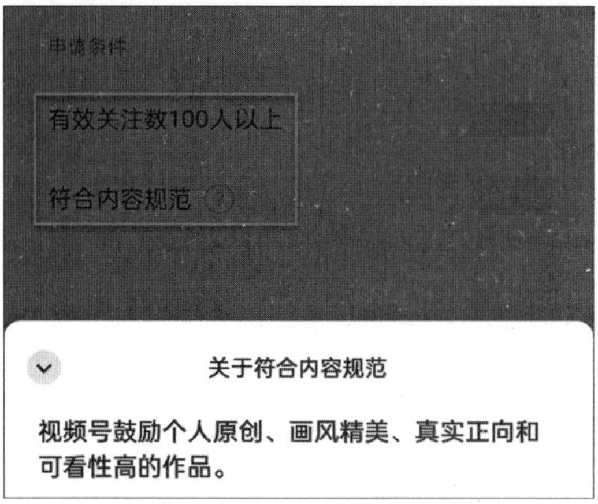

图 7.2　视频号的申请条件

➡ 翻转一下

请登录抖音，尝试了解抖音平台推出的广告分成计划的内容和申请条件或门槛。

（三）广告变现的优缺点

1. 广告变现的优点

（1）获取收益。

增加收入是广告变现最为直观的特点，粉丝基数越大、数据表现越好，账号所获得的收益就越高。

（2）运营成本低。

相较于传统广告的制作，私域广告创作者承接广告需要付出的人力、设备、场景等成本较低。

2. 广告变现的缺点

（1）存在一定的门槛。

对于账号的粉丝数量、内容数据表现有一定要求。本质上，接软广或参与平台广告分成都是对创作者内容创作能力的一种考验。

（2）存在掉粉风险。

推荐劣质产品、频繁地接广告会对粉丝信任造成冲击，导致粉丝取关、博主声誉受损等问题。因此，在承接广告时，博主需要严格把控产品质量，控制接广告频率，坚持用优质内容回馈粉丝。

二、实现广告变现的关键点

（一）了解广告主筛选依据

1. 投放逻辑

按照金字塔形投放策略，越靠近金字塔顶端的博主粉丝量级越大、垂直度越高、报价越高，因此品牌需要付出的成本就越高，从而导致投放数量也越少。

品牌方与大量级博主合作主要以扩大品牌声量为目的，与小量级博主合作主要是为了扩大品牌曝光。博主量级一般以粉丝数量作为量级划分标准，不同属性的平台划分标准有所不同，没有绝对的优劣之分。

2. 筛选标准

对于私域流量广告可能会从以下角度进行筛选：

（1）基础数据。

①数据的稳定性。

考察账号是否能够拥有持续比较好的数据表现，主要考察的数据指标可能有粉丝总数、曝光数（曝光量）、播放数（阅读量）、互动数、完播率（完阅率）、爆款率（创作力）等。以上数据指标在一定程度上反映了账号的内容质量的高低和潜在商业价值的大小。

②数据的真实性。

数据的真实性也是广告主在筛选博主时需要考虑的。例如，经常隐藏或删除数据表现比较差的视频，利用投放等方式非自然起号，粉丝数远大于互动数，粉丝活跃度低，互动性差，可能存在买粉情况等。

（2）性价比。

在博主投放领域，CPM（Cost Per Mille）和CPE（Cost Per Engagement）是衡量ROI投放的两个重要核算标准。CPM和CPE的数值越低，意味着广告展示和互动的成本越低，则广告投放的性价比越高。

CPM是每千次曝光成本，指广告展示一千次所需要支付的费用。

CPE是每次互动成本，指广告主为每次用户与广告内容进行互动（如点赞、评论、分享等）需要支付的费用。

知识视窗

广告计费方式

除了CPM和CPE，还有以下几种较为常见的广告计费方式：

（1）CPA（Cost Per Action），即每次行动成本，指广告主为每次用户完成特定行动（如注册、下载、购买等）需要支付的费用。

（2）CPC（Cost Per Click），即每次点击成本，指广告主为每次广告被点击需要支付的费用，通常用于搜索引擎广告和广告网络。

（3）CPS（Cost Per Sale），即每次销售成本，指广告主为每次用户完成购买行为所支付的费用。

（3）匹配度。

品牌调性与博主是否匹配，这是广告主在筛选博主时非常看重的一点。博主背后的粉丝群体直接关系到品牌目标受众，品牌调性与博主匹配度越高，则人群投放越精准，投放效果越好。

（二）适合接广告的博主条件

1. 博主类型

（1）垂直度高。

垂直度高的博主往往会专注于某一领域内容的创作和生产，其粉丝群体的精准度会比较高，带来的转化效果比较显著，属于品牌合作优先考虑的范围。

（2）生活综合类。

以展示生活、娱乐等泛内容为主的博主具有粉丝人群宽泛的特点。虽然这类博主粉丝精准度不够高，但因其人群覆盖面比较广，能够影响到更多的消费者，对提升品牌的曝光度也有较好的效果。

2. 粉丝结构以女性为主

伴随着女性经济地位的不断提升，女性的消费力和消费意愿越来越高。此外，我国女性一般是家庭消费的主要管理者，在消费市场中占据主导地位。因此，品牌高度重视“她经济”，更青睐于针对女性群体进行营销推广。

3. 有一定调性

调性即形象和风格，也可以理解为整体感觉和氛围。在一定程度上，博主的调性代表了品牌的形象，而品牌往往更喜欢有格调、内容精致度高、有一定特色的博主，以传播正面的品牌形象。

4. 广告位较多

广告位是指在日常拍摄场景中产品植入的位置，场景越丰富，广告位就越多。例如，美妆博主的彩妆护肤产品、美妆工具、饰品等，美食博主的烹饪工具、家电、餐具等，都属于广告位。

小贴士

一般来说，市场预算多且广告可以带来直接收益的品牌更喜欢采取与博主合作的方式进行品牌的宣传推广，如美妆护肤、3C数码、汽车、母婴、家居、快消、互联网、快时尚等行业。其中，美妆护肤是业界公认最有前景的领域，也正由于这个原因，美妆护肤赛道竞争激烈，内卷较为严重。

三、广告变现操作技巧

（一）接广渠道

1. 官方接单平台

截至2023年11月7日，各大主流新媒体平台的官方接单平台及其入驻条件如表7.2所示。

表7.2 各大主流新媒体平台的官方接单平台及其入驻条件

新媒体平台	官方接单平台	入驻条件
抖音	巨量星图	零粉丝开通
小红书	蒲公英	完成实名认证； 年龄≥18； 粉丝量≥1 000
bilibili	花火	年龄≥18并完成实名认证； 粉丝量≥10 000； 信用分≥60分
快手	磁力聚星	粉丝量≥10 000的达人入驻； 机构达人零门槛入驻
视频号	互选平台	有效关注数10 000人以上； 符合内容规范（视频号鼓励个人原创、画风精美、真实正向和可看性高的作品）； 视频号实名认证
知乎	芝士平台（品牌特邀）	创作者等级达到Lv6后根据权益要求申请

下面以抖音为例，展示开通官方接单平台巨量星图的步骤：

（1）打开抖音，在搜索栏搜索“巨量星图”，出现巨量星图小程序，点击“进入”，如图7.3所示。

（2）在身份选择中，选择“我是达人”，如图 7.4 所示。

图 7.3 搜索“巨量星图”，并点击“进入”

图 7.4 选择“我是达人”

（3）勾选“同意《服务协议》和《隐私政策》”，点击“一键授权入驻巨量星图”，即可成为星图达人，如图 7.5 所示。

图 7.5 点击“一键授权入驻巨量星图”成为星图达人

2. 其他渠道

除了通过官方接单平台进行品牌合作之外，品牌方可能还会通过私信、评论、邮箱、微信号等方式私下联系博主，俗称非报备广。

知识视窗

报备广和非报备广

报备广是指通过官方接单平台接单、下单、发布作品的方式。报备广受平台监管，有保障，能够避免博主跑单或品牌拖欠结算，并且平台会给予一定优待，如给予流量曝光、添加品牌词不限流的特权等。

非报备广是指品牌/媒介/PR绕过官方接单平台私下联系博主进行商单合作的方式。非报备广无额外收费，因此收益可能比报备广要高，且门槛低，适合小量级博主；但是非报备广缺乏官方监管和保障，可能存在博主跑单或品牌拖欠结算、内容审核限流甚至封号的风险。

（二）接广指南

1. 接广流程

接广流量一般包含以下步骤：

（1）提报环节。

大品牌一般不会直接对接博主，而是通过广告公司或媒介公司与博主建立联系。媒介/PR与博主进行初步沟通，确认档期后进行信息提报，由品牌方筛选博主。

小贴士

一般来说，当PR询单时可能会发送一份Brief，询问博主的报价、档期；博主也可以选择主动出击，发送主页链接、报价、档期等。

（2）确认合作。

品牌方选定博主之后，媒介/PR与选定的博主再次联系。博主一般会询问是否接受产品试用，试用期结束后，双方均有合作意向时，即可进一步明确具体合作细节，如档期、报价、内容细节、费用结算等。

（3）寄品与创作。

确认合作之后，品牌方寄送产品，博主进行创作。图文笔记需要修图、撰写文案等，短视频拍摄需要撰写脚本、拍摄、后期剪辑等，图片、脚本、初稿、终稿等均需交由品牌方审核。

（4）发布和结款。

品牌方审核作品通过后，博主按照约定时间发布作品，品牌方进行数据回收，博主等待结款。

2. 如何报价

（1）付费方式。

付费方式主要分为置换和佣金两种形式。置换是指品牌给博主送产品，博主发布笔记，但没有佣金。通常情况下，品牌会找小量级（如粉丝量在1 000以下）的博主进行置换合作，以达到宣传铺量的效果。佣金就是支付相应的合作费用，最简单的方式就是一口价模式。

(2) 报价依据。

一般是以粉丝量级进行报价，如按粉丝量的5%～10%进行报价。同一粉丝量级在不同领域、不同平台、不同品牌的报价是不一样的。例如，同样都是30万粉丝的博主，现实情况可能是美妆博主比穿搭博主的报价高，某平台报价比其他平台的报价高，大品牌比小品牌的报价高。

博主可以通过官方接单平台提供的数据，参考同行的价格，如果近期数据良好可以适当提升报价。另外，如果品牌方有附加需求，如“挂车”、多平台发布等，可以进行额外收费。

翻转一下

请你针对美妆博主比穿搭博主的报价高，某平台报价比其他平台的报价高，大品牌比小品牌的报价高这三种现象做出合理的解释，即阐述可能的原因分别是什么。

3. 行业术语

新手博主在与媒介沟通时，需要了解一些行业术语，在凸显自身专业性的同时能够更好地保障自身权益。一些常用术语及对应解释如表7.3所示。

表7.3 一些常用术语及对应解释

术语	解释
Brief	指记录了产品介绍和推广需求的文档，里面没有写清楚的问题要问仔细
送拍	品牌方或广告主免费提供产品给博主进行试用和展示；常见于客单价较低或开封之后不能二次使用的产品，如口红、零食等
寄拍	品牌方或广告主邮寄产品给博主进行试用或展示，常见于价值高的产品，如钻戒
单推	单个视频或笔记只推广一个产品
合集	单个视频或笔记推广多个产品，如5个平价又好用的时尚单品
坑位	可以植入的广告位，一般出现在合集中，品牌方可能会要求产品出现在第几个坑位，坑位越靠前，坑位费越高
排竞	在一定时间段内不允许接同类产品的广告
返点	第三方代理合作机构（如媒介公司）所收取的佣金比例
直发	按照品牌方所给内容直接发布
非直发	品牌方不提供内容，需要博主自行创作内容并发布

翻转一下

请利用抖音、小红书等平台，搜集更多的行业术语，汇总成行业术语表格。

四、广告变现注意事项

（一）接广原则

1. 真实性原则

广告内容必须真实、客观，不能为了博眼球、赚收益而夸大产品功效或虚假宣传。

2. 合法性原则

广告内容必须符合国家法律法规和相关政策，不能涉及违法违规行为，如色情、暴力、赌博等。

3. 诚信原则

博主应该对广告产品进行试用，在充分了解和评估产品之后再考虑是否承接该广告，不能为了眼前的利益而推荐劣质的产品。

4. 透明性原则

博主应该在广告中标明广告性质，尊重用户的知情权和选择权，避免误导消费者。

（二）合作细节

在正式确认合作之前需要明确的细节如下：

1. 产品试用与寄送

确认产品是否接受试用、试用周期，产品试用合适后就可以确认合作，若觉得不合适则终止合作。一般情况下，不接受试用的产品所需承担的风险较大，不建议合作。

确认好产品的寄送方式是送拍还是寄拍、产品寄送时间、拍摄天数、寄回时间等。收到产品之后可以拍摄开箱视频，检查产品是否跟约定的一致。

2. 内容创作

确认内容主题：产品测评还是好物分享或者其他形式；确定内容形式：图文还是视频，单推还是合集，是否需要真人出镜；确认提交初稿的时间、终稿确定时间、内容修改次数等；拍摄短视频时，脚本和拍摄完成后交由品牌确认后再进行发布，以免造成不必要的重拍。

3. 内容发布

明确作品发布时间（段），在条件允许的情况下，可以跟品牌方争取1～2天发布时间段，以免受到不确定性因素的干扰；确认是否免费授权、授权的时长是多久、是否需要置顶、置顶时间是多久、作品需要保留多长时间、结算的时间等。

4. 结款

明确结款时间，一般不超过一个月；保留商讨合作细节时的聊天记录截图，以免后期出现争议。

业务操作

业务名称：软广制作

工作要求：

1. 假设你是“两只猫”旗下的一名生活好物分享博主，请你选择一个你在日常生活中使用过的生活好物，策划一个单品软广，图文笔记或短视频形式皆可。

2. 内容具备一定创意性和趣味性。

3. 可以借鉴同类优秀作品。

操作步骤：

1. 确定一个你想要推广的生活好物。

2. 图文笔记需设计图片和撰写文案，短视频需撰写拍摄脚本，并进行制作。

3. 在抖音、小红书等任意平台发布该好物分享作品。

任务3 私域流量电商变现

任务引例

某短视频平台账号“衬衫老罗”起初是从事服装代加工的，但代工厂的天花板太低了。在2020年底，老罗抓住了短视频和直播的风口，开始由线下代工转为线上创建品牌，到短视频平台直播间做起了自主品牌。老罗针对中年男性偶尔抬个手，衬衫下摆会从裤腰里跑出来等痛点，专门设计了面向中年男性的衬衫系列，老罗更是亲自试穿，在直播间里蹲下、起立、做拉伸，向消费者展示衣服的服帖程度。这些举措为其取得了品牌销量曾占据该短视频平台电商衬衫类目排行榜第一的成绩。

任务描述

本任务将围绕一家名为“炫彩时尚女装”的服装公司，为其规划社群、短视频、直播等新电商相关业务，帮助其通过私域流量运营实现业务目标。

随着移动互联网时代的到来，传统电商模式受到了冲击，“炫彩时尚女装”网店的流量也逐渐流失。而抖音、小红书等新媒体平台崛起，成为又一电商阵地。这些新媒体平台以其独特的短视频和社交功能吸引了大量用户，为女装时尚品牌提供了新的营销渠道和销售机会。炫彩女装想要持续发展就必须紧跟时代发展潮流，把握新的营销机遇，勇于面对市场挑战。因此，创始人提出新媒体时代再出发战略，希望重新建立品牌，再次赢得客户。请扫描二维码查看该企业的背景资料。

“炫彩时尚女装”企业背景资料

知识准备

一、社群电商变现

（一）社群电商变现的概念

作为私域的一种形态，社群早已成为私域流量运营的一个重要工具，而社群电商则是私域流量变现的重要渠道之一。

社群电商变现是指通过创建和运营社群实现商业价值或盈利的过程。社群变现的关键在于为用户提供有价值的内容和服务，提高用户的黏性和忠诚度，从而实现商业价值的最大化。

（二）创建社群的关键点

1. 明确社群定位

（1）产品或服务。

按照产品或服务的特性明确社群定位。一般来说，生鲜、纸巾等日常消耗品适合创建优惠福利型社群，以刺激用户不断复购；而在线课程、技能培训等知识付费类产品或服务适合创建学习成长型社群，以提供相互交流的平台。

（2）社群目的。

结合创建社群的目的明确社群定位。很显然，服务于品牌形象建设与推广的品牌社群和致力于产品推广与销售的促销社群的社群定位自然是不一样的。

（3）目标群体。

根据目标群体的用户画像明确社群定位。目标用户群体是社群运营的核心，社群定位自然也需要匹配目标用户群体的实际需求和兴趣爱好，如满足新时代女性群体追求时尚、提升气质需求的穿搭群或满足肥胖人士健康瘦身、科学减脂需求的减肥群。

为了更好地明确社群定位，我们可以借助“5W1H”分析法，通过回答以下 6 个问题进一步明晰社群定位的过程和结果，如表 7.4 所示。

表 7.4 “5W1H”分析法

项目	内涵	分析
Why	为什么要建群	
What	社群的核心价值是什么	
Who	社群的目标对象是谁	
When	社群的生命周期是什么	
Where	在哪里建立社群	
How	社群如何变现	

翻转一下

假如你是炫彩时尚女装的社群业务负责人，请你运用“5W1H”分析法为炫彩时尚女装制定一个合适的社群定位。

2. 社群的基本设置

社群的基本设置一般包括群名称、群介绍、群规则、欢迎语等。

群名称尽量做到简单好记、突出社群特色和价值、融入品牌信息或元素，以便让社群成员迅速形成认知和留下印象。

群介绍是对社群的简要描述，帮助新成员了解社群的主题、宗旨、定位等内容。

群规则可以包括行为准则、内容规定、权限设置、惩罚措施等内容，其设定需要符合社群定位、语言表达明确且具体，并平等适用于全体成员。

欢迎语的设计要简洁易懂、温暖友善，主要内容为“社群名称+社群定位”，要突出社群的价值和特点，引导新加入的成员快速融入社群。

除此之外，社群的基本设置可能还会涉及群头像、群昵称、进群门槛等内容，围绕社群定位进行合理设计即可。

翻转一下

请结合之前为炫彩时尚女装制定的社群定位，设计群名称、群介绍、群规则、欢迎语。

3. 社群电商变现的方式

（1）销售产品/服务。

社群成为一个销售产品或服务的工具，运营者通过社群的运营和维护刺激群成员购买产品或者服务。常见的品牌福利群便是通过优惠券、产品折扣、赠品等形式，吸引用户消费购买产品或服务。

（2）会员收费。

会员收费，即通过向社群成员收取会员费获取收益的变现方式，如俱乐部、私董会等付费社群。用户只有支付一定的费用才能进入社群，做好会员服务、内容交付是付费社群的重点工作。

（3）知识付费。

知识付费是通过在社群中提供有价值的知识、技能或经验，引导成员进行付费学习的变现方式。一般以课程、书籍、资料的形式实现交付。

（4）其他方式。

①广告变现。

广告变现是指通过在社群中展示、推广广告主的广告获得广告收入的变现方式。该变现方式存在一定风险，需要谨慎选用。

②众筹变现。

众筹变现是指通过在社群中发起众筹项目（如基金众筹、创业项目众筹），吸引社群成员投资，从而实现商业化变现的方式。该变现方式门槛较高，发起人需要有过硬的技术或强大的号召力，通过独特的产品设计或概念设计来吸引社群成员投资。

4. 获取种子用户

种子用户是指首批进入社群的用户，他们对社群的创建和发展至关重要。优质的种子用户应该是对社群主题和内容感兴趣、能够积极参与社群活动和互动、助力社群发展壮大的高价值的人。

种子用户可以通过以下方式获取：

（1）从已有资源中筛选对品牌、产品或服务有高满意度和忠诚度的客户。

（2）培养社群中的普通用户，激发他们对品牌的产品或服务的兴趣和热情，给予他们更多的关注和支持，以提升其满意度和忠诚度。

（3）从外部资源中获取，如与其他品牌或机构合作，互相推荐彼此的社群。

翻转一下

请你想一想，炫彩时尚女装的种子用户可以从哪些渠道获得？

职场案例

某功效型护肤品的私域流量运营团队，其产品定位是解决婴幼儿和孕妇等群体的皮肤瘙痒问题，在私域业务实践中取得了月度 GMV 高峰值达 30 万元，复购率高达 80% 的佳绩。

该团队的种子用户是通过外部渠道获取的。第一个渠道是与一些线下机构合作，包括私立医院等，通过提供免费的产品体验或服务，吸引了一批用户加到企业微信中；第二个渠道是与线上自媒体进行流量置换，提供免费的产品并承诺对体验产品的客户提供一对一服务，吸引了一批用户。

二、电商带货变现

（一）电商带货的概念

在私域变现中，电商带货是指私域流量运营方通过电商的模式和平台来进行产品或服务的销售，从而实现私域变现的一种模式。电商带货模式，博主或主播可以通过自身影响力和粉丝基础，以短视频或直播的方式向观众推荐商品，观众可在短视频或直播间完成商品的购买。

私域电商变现是企业进行私域变现的重要渠道。其中，私域流量是电商直播间的重要组成部分，并且私域流量是免费的、可直接重复触达的流量。

（二）开通电商带货权限

1. 电商带货权限的含义

电商带货权限是指达人在抖音、快手、视频号等平台开通商品橱窗、发布短视频、图文笔记或进行直播时添加商品的权限。获得该权限的达人可以在对应平台上推广销售绑定店铺的商品以获取收益，或者带货推广其他店铺的商品以赚取佣金。

2. 电商带货权限的门槛

截至 2023 年 11 月，各平台短视频带货和直播带货权限的开通条件如表 7.5 所示。

表 7.5 各平台短视频带货和直播带货权限的开通条件

平台	短视频带货	直播带货
抖音	粉丝数达到 1 000 后次日可开通直播间和短视频带货权限	
快手	开通快手小店	
视频号	开通视频号小店或有效关注在 1 000 人以上； 符合《微信视频号运营规范》等内容规范； 完成微信支付实名认证	开通视频号小店或有效关注在 1 000 人以上； 完成微信支付实名认证； 足额缴纳视频号橱窗保证金
小红书	1 000 粉丝数及以上； 账号合规的个人号作者	使用中华人民共和国身份证完成实名认证且满 18 岁； 完成个人专业号认证； 1 000 粉丝数及以上
bilibili	粉丝数≥1 000； 实名认证	年龄≥18 岁并完成实名认证； 当前粉丝数≥1 000

注：平台政策随时都有可能调整变化，请以实际情况为准。

3. 电商带货权限开通步骤

下面以抖音 App 为例，进行电商带货权限开通关键步骤的演示：

（1）登录抖音 App，点击“我”进入个人主页，点击右上角“”，在弹出的侧边栏选项卡中选择“抖音创作者中心”，如图 7.6 所示。

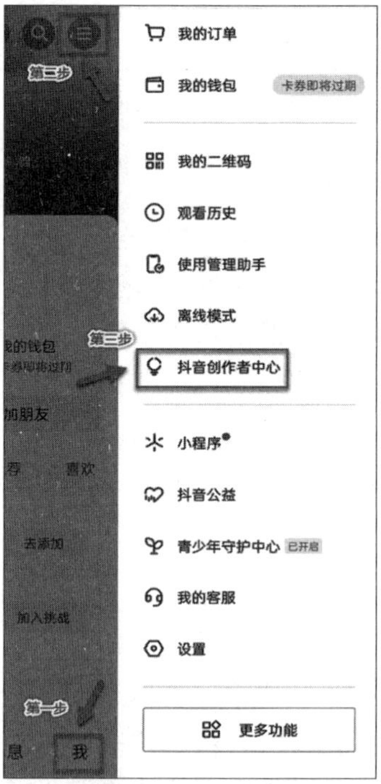

图 7.6 选择“抖音创作者中心”

（2）进入“抖音创作者中心”，点击“全部”，在“工具服务”中选择“电商带货”，进入权限申请页面后点击“立即加入抖音电商”，如图 7.7 所示。

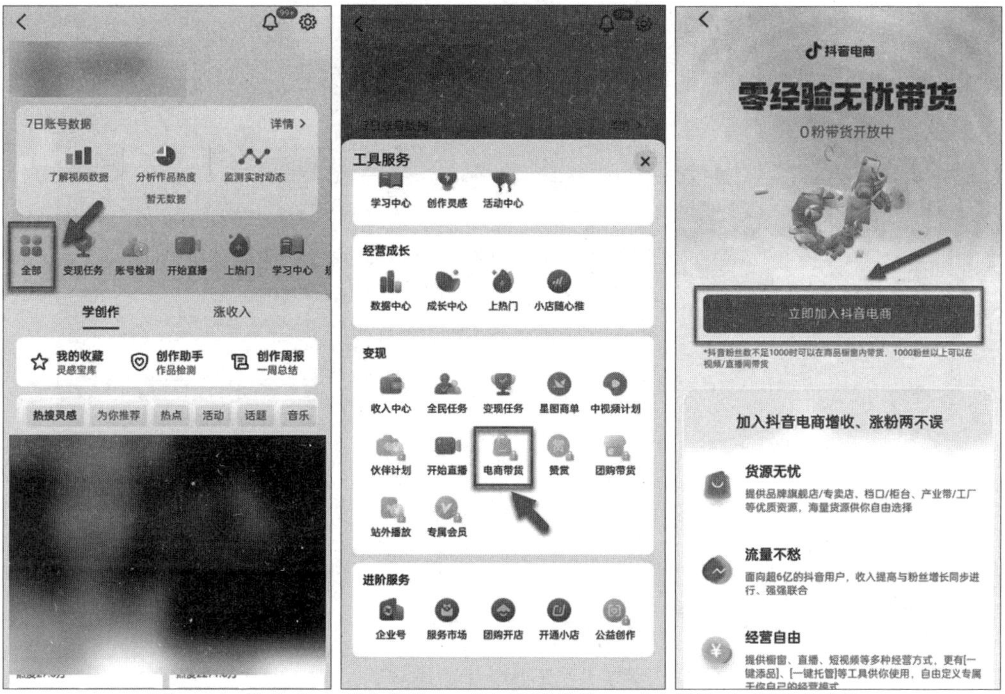

图 7.7 依次点击“全部”→“电商带货”→“立即加入抖音电商”

（3）开通权限前需要先实名认证，若未实名认证，点击“立即加入抖音电商”即跳转实名认证界面。点击“去认证”，实名认证成功后点击“关闭”即可，如图 7.8 所示。

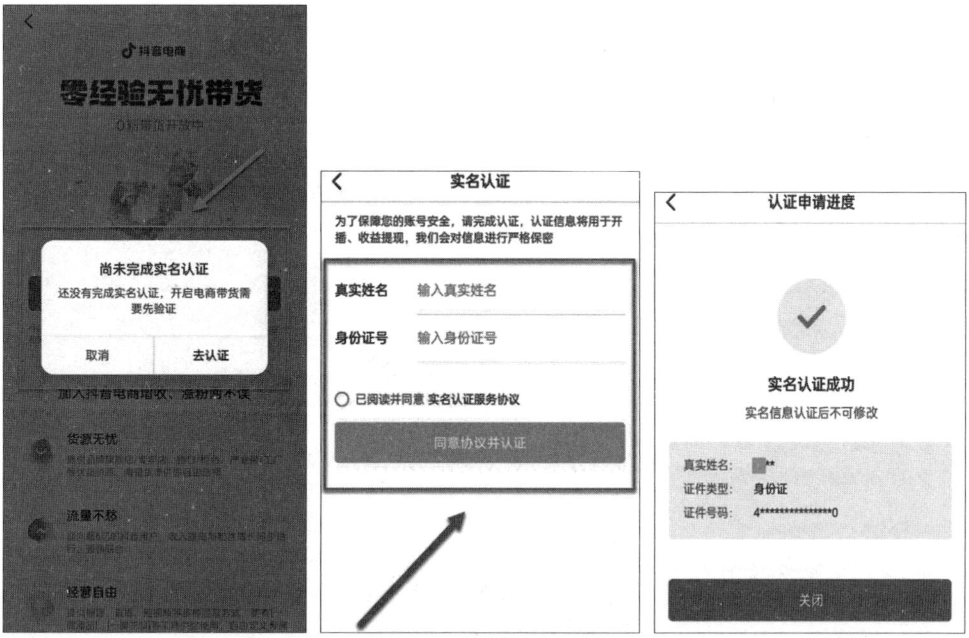

图 7.8 进行实名认证

（4）返回权限申请页面后点击“立即加入抖音电商”，进入填写带货资质开通入口页面。按照符合自身条件的资质进行选择，若有不清楚之处，可以点击“资质类型怎么选”进行了解。以个人资质进行演示，上传身份证正反面照片，输入姓名、身份证号，注意该身份信息应与抖音实名的身份认证一致，点击“提交审核”和“确认”，如图 7.9 所示。

图 7.9　开通带货资质演示

(5) 进入开通收款账户环节后填写账户信息，包括银行卡号、开户银行、银行地址、开户支行、手机号、邮箱等，填写完毕点击“提交”，等待审核，如图 7.10 所示。

图 7.10　填写账户信息

(6) 审核通过后，在个人主页，点击“商品橱窗”，进入后可以在上方看见“请您继续完成微信支付账户的注册……”的提醒，点击“查看详情”，点击“保存图片”，如图 7.11 所示。然后，在微信使用“扫一扫”完成微信账户签约。

图 7.11　继续完成微信支付账户的注册

开通个体工商户/企业收款账户所需填写和提交的资料更为繁杂，详情参照图 7.12。随着实际情况的变化，平台对于电商带货权限的开通可能会有所调整，具体要求和步骤还需要参考平台最新发布的内容。

资质类型	是否支持对公结算	准备资料	资质认证要求	注意事项
个人资质	不支持	清晰的身份证正反图片、个人银行卡号	必须要和抖音实名认证保持一致	注意!资质认证环节上传的图片必须2M以下!!否则后续微信开户将失败
个体工商户	支持	公司名称、统一社会信用代码、营业期限、经营地址、清晰的营业执照照片、经营者姓名、经营者身份证号码、证件有效期、身份证正反图片、个人或企业银行卡号、开户行、开户支行	必须要和抖音实名认证保持一致，如进行过企业号/千川认证，则会复用企业号/千川资质，如资质不一致需要去注销对应资质	
企业	支持	公司名称、统一社会信用代码、营业期限、经营地址、清晰的营业执照照片、法人姓名、法人身份证号码、证件有效期、法人身份证正反图片、企业银行卡号、开户行、开户支行	无限制，可以与抖音实名认证不一致。其中独资企业需要与抖音实名认证保持一致	

图 7.12　开通个体工商户/企业收款账户所需填写和提交的资料

4. 缴纳保证金

需要注意的是，电商带货权限开通后需要缴纳一定金额的保证金，否则部分带货功能会受到影响。

保证金是指达人/商家向平台缴纳的用以担保其商品分享行为，以及保证平台规则和平台协议履行的资金。保证金种类可能包括基础保证金、浮动保证金、类目保证金、活动保证金、自定义交易组件管理保证金等。不同平台保证金的种类有所不同，不同情况下保证金的应缴总额也有所不同。

例如，抖音达人在开通电商权限时，可以先不缴纳保证金，零成本体验抖音电商带货。但未缴纳保证金会受到以下限制：达人仅能推广平台指定的精选联盟商品且佣金无法提现；当订单数>100 时，达人将无法继续添加商品到橱窗/直播间/短视频，已发布的推广商品的内容也将被暂时隐藏。

小贴士

关注官方平台的电商账号，可以及时获取新手入门攻略、平台政策相关的资讯、新推出功能的使用指南等信息。各大主流平台官方电商助手的账号名称如表 7.6 所示。

表 7.6　各大主流平台官方电商助手的账号名称

平台	官方电商助手的账号
抖音	抖音电商学习中心
快手	快手卖货助手
视频号	视频号卖货助手
小红书	商家课堂薯
bilibili	悬赏小管家、电商带货小助手

（三）选品操作步骤和策略

1. 选品操作步骤

选品的操作并不困难，类似于我们在日常购物中将商品添加至购物车。下面以抖音为例，简单演示选品的操作步骤。

（1）登录抖音 App，点击“我”进入个人主页，点击进入“商品橱窗”，点击“选品广场”即可进入选品广场，如图 7.13 所示。

图 7.13　依次点击“我”→“商品橱窗”→“选品广场”

（2）在选品广场中选择想要带货的商品，可以直接点击商品右边的“加选品车”，也可以点击商品进入详情页进一步了解推广数据、用户评价等信息，再决定是否加入选品车，如图 7.14 所示。

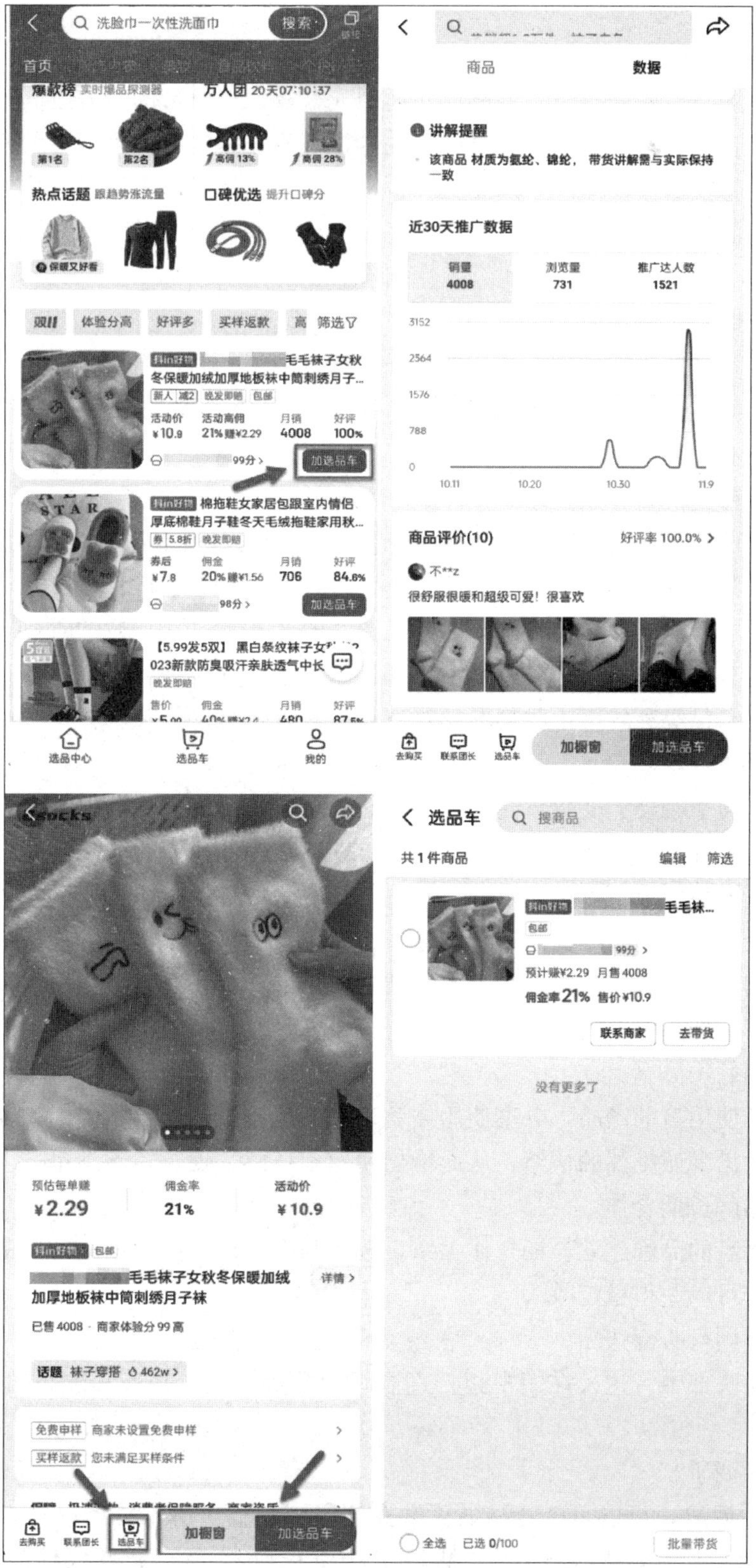

图 7.14　可直接点击商品右边的“加选品车”或进入商品详情页进一步了解信息

2. 选品策略

（1）根据产品特点选品。

了解产品本身具备的特色、差异性、适用人群等，能够帮助达人或商家更好地选择合适的商品。在进行选品决策时，可以优先选择好看、有趣、价格划算的产品，这类产品更容易吸引粉丝购买；注意平衡品类和价格，可以选择不同类型和价位的产品。多类型多价位的商品能够为粉丝提供多样化选择，满足不同消费群体需求，提升产品销售量。

（2）根据账号定位选品。

选择符合自身账号定位的商品，能够强化账号属性、体现人设专业性、加深粉丝信任，使他们更愿意购买达人所推荐的商品。例如，美食类型的账号推荐的食品、调味料、烹饪用品和工具等。

（3）根据粉丝群体特点选品。

了解粉丝群体的兴趣、需求、年龄分布等，根据粉丝特点选择合适的产品。例如，根据粉丝的购买力和收入水平，选择客单价合适的产品进行带货；分析粉丝的消费习惯，了解粉丝经常购买的产品类别、购物渠道、购买频率，在合适的时机选择合适的产品进行推荐；分析粉丝购买决策过程，了解其购买前关注哪些因素，可通过直播间、评论区、群聊、私信等私域渠道收集粉丝对产品的需求信息。

（4）选择流行爆款商品。

紧密关注当下社会、文化、时尚的流行趋势，牢牢把握最新消费动向，选择当下网络流行的爆款商品。这类产品自带热度，能够获得更多的曝光机会。同时，由于从众效应的影响，更容易促成下单成交。

（5）选择数据反馈好的商品。

销售数据好、口碑评价高的产品本身就有一定的保障，可以根据用户下单和回购较多的商品类目，选择符合粉丝需求的产品进行带货。

（6）自用好物分享。

选择自身使用过的产品，分享使用体验良好的产品，通过真实的个人体验分享，能够给粉丝传达出真诚推荐的情绪，从而增加粉丝信任感，促进粉丝下单。

（7）与品牌长期合作。

与信誉度高的品牌建立长期合作关系，选择与个人形象契合度高的产品，提升可信度，长期合作可以获得稳定收入。

（8）参考同行头部选品。

学习同行头部带货达人在短视频、直播间的带货模式，参考其选品的类型、价格、质量等。

（9）竞品调研。

通过竞品调研，可以了解竞品的优缺点情况，从而了解带货产品的差异化竞争卖点；另外，竞品调研可以帮助达人捕捉市场空白和机会，更高效地选择有潜力的产品。

（四）短视频带货

1. 短视频带货的概念

短视频是私域业务中的一大优质触点。作为当下热门的应用，短视频的用户多且使用时长较长，这使得短视频成为运营者一个重要的内容领域。当拥有一定量的粉丝后，很多运营方会考虑采取短视频带货的方式实现私域变现。

在私域变现中，短视频带货是指在发布的短视频中添加商品链接，引导粉丝点击商品链接，下单购买，从而获取收益的行为。

2. 短视频带货的关键点

（1）广告内容化。

重视短视频的内容价值输出，将带货产品与短视频内容进行深度融合，在为用户提供情绪价值的同时输出产品的实用价值。常见的方式有剧情植入，通过剧情的推进顺其自然地引出带货产品，降低粉丝的反感程度。

职场案例

某剧情类短视频账号从 2020 年 1 月开始发布男女情感短视频内容。短视频内容以女性为第一视角展开拍摄，主要讲述的是男女朋友之间的感情问题，粉丝以女性为主，通过剧情演绎的方式吸引用户关注，获取粉丝的点赞、评论等。

前期账号视频点赞数稳定在 5 万左右。账号爆火之后，商家、品牌等合作随之而来，主要通过在短视频中穿插商品进行软植入带货。2021 年 7 月，该账号涨粉 100 万，单条视频带货超 100 万元。

（2）开头：直戳消费需求/痛点。

在选定产品后，确定产品的主要消费人群并挖掘消费者的需求或者痛点，以此引起消费者的共鸣，吸引用户停留。

例如，针对垃圾袋这一产品，承重能力差和容易破裂成为消费者的一大痛点。带货短视频可以就普通垃圾袋在打包带走时垃圾散落一地作为场景痛点来切入。

（3）中间：介绍产品卖点。

围绕消费者的需求/痛点来介绍产品卖点，可以就功能特点、使用场景、附加价值、成分举例、使用效果呈现、对比突出等方式展示产品卖点。

例如，在拍摄垃圾袋带货短视频时可以通过大力拉扯、放置重量大的物品在垃圾袋内随意上下晃动等方式，来展示垃圾袋坚韧、承重力强的产品卖点。

（4）结尾：刺激下单转化。

短视频带货的最终目的是销售产品，因此引导用户下单购买是一个非常关键的动作。一定要在视频结尾处，通过强化卖点、优惠力度等方式引导用户点击商品链接进行下单购买。

例如，在视频结尾时引导用户点击购买：“这么坚固耐用的垃圾袋，现在只需要 6.9 元就可以轻松拿下 5 卷，快点击下方链接进行购买吧！”

3. 短视频带货的技巧

（1）提升内容创意与趣味性。

通过音乐、特效、剪辑等方式将商品与趣味场景相结合，淡化带货的营销属性，提升内容的创意与趣味性，使视频更加生动有趣。

（2）蹭热点。

学会蹭热点，如选择最近热门的爆款商品进行带货、将商品与热点话题关联、选择近期的热门音乐作为背景音乐等，提升短视频的曝光度和推广机会。

（3）引导评论和互动。

在视频中引导和鼓励观众进行点赞、评论、分享等，提高视频的互动率；积极回复粉丝评论，加强与粉丝的互动，提升视频的曝光度。

（4）产品卖点展示。

①适当取舍。

一个产品的卖点可能是比较多的，但短视频的内容和时长是有限的，因此要学会适当取舍，不宜贪多，重点选取1～2个产品卖点呈现即可。

②可视化。

将产品卖点进行可视化呈现，能够更加直观地展示产品卖点。例如，想要说明产品的小巧便携，可以通过与便携手帕纸、手机等日常生活常见物品的对比突出这个产品特点。

小贴士

如果不太清楚某产品的卖点和场景，可以前往电商平台查看相同商品的详情页内容，这里面可能就包括详细的产品卖点、使用场景等关键信息。例如，在某购物平台搜索“木浆棉洗碗擦”，任意点击一个商品进入商品详情页，就可以得到多个卖点信息，如图7.15所示。

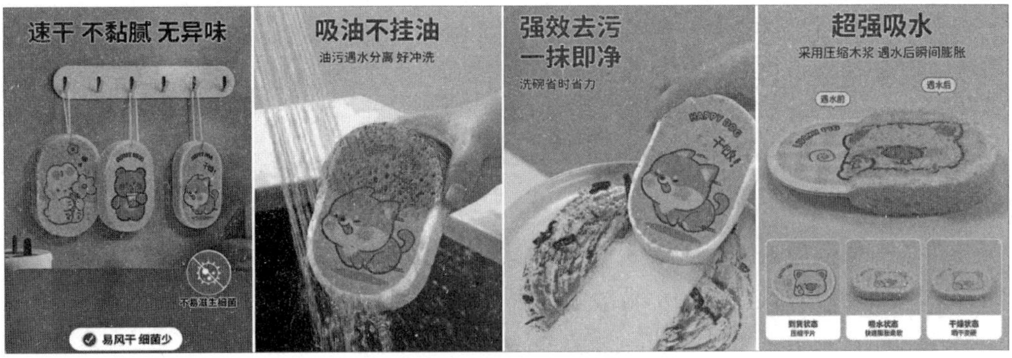

图7.15 进入商品详情页，得到多个卖点信息

（5）善用对比。

善于采用对比的方式，突出产品特点，刺激消费者的购买欲望。

基于产品本身的对比，从产品使用前后的效果、历史价格与当下价格、升级前后等方面进行对比；基于同类产品的对比，如将带货产品和其他同类产品的价格、数量、质量等方面进行横向对比；还可以借助场景背景色、镜头的远近、道具等方式衬托出产品的色泽、大小、重量等属性。

小贴士

参照优秀的短视频是快速学习如何进行短视频带货的有效办法之一。模仿同领域内优秀的带货短视频，找到爆单短视频，反复观看，拆解短视频是如何在开头吸引注意、如何呈现产品卖点、如何引导下单的，以便于学习和借鉴。

在进行短视频分镜脚本拆解时，关注的参数可以参照表 7.7。

表 7.7 拆解短视频分镜脚本的参数

镜号	景别	角度	运镜	画面	字幕	时长	音效	音乐
1								
2								
3								

（五）直播带货

1. 直播带货的概念

在私域变现中，直播带货是指主播在直播间进行直播，通过展示商品、引导私域用户购买，实现商品的销售和交易的过程。其中，私域直播带货的流量有很大一部分来自私域流量池，这部分的流量是免费获取的，可以从其他私域流量池中引入。

2. 直播带货的关键点

在私域直播带货变现中，打造主播人设、直播脚本等是不可忽视的关键点。

（1）打造主播人设。

主播是直播带货的灵魂人物，主播能力和魅力的高低将对直播间的人气和 GMV 产生较大的影响。

在打造主播人设时，可以参考以下几点：

①塑造记忆点。

主播人设需要具备鲜明的记忆点，才能够让粉丝留下深刻的印象。其鲜明的人设记忆点可以来源于职业、身份、货品优势、专业度、标志性口号或动作等。

②体现专业性。

树立专业的主播人设，能够让用户更加信任主播。例如，服装带货主播在带货时输出服装材质、工艺、穿搭、所适合的体形特征等方面的知识，能够很好地展现主播的专业性，从而让用户产生信任，更加愿意为主播推荐的商品买单。

③适当展现真实的自己。

适当展现真实的自己，透露一点点私人生活中的点滴能够拉近主播与直播间观众的距离，使得主播人设更加鲜活丰满。

(2) 直播脚本。

直播脚本是对正常直播活动的规划和设计，可以帮助直播团队把控整场直播活动的节奏，掌握直播主动权，减少突发状况，规范直播流程，实现直播效益的最大化。

直播脚本需要明确直播目标、直播主题，避免直播内容空洞无物，失去可观性；明确参与直播活动成员的名单和职责，做到各司其职，配合无间；明确直播流程，将直播细节具体化、量化，详细说明在什么时间应该做什么事；明确直播间主播话术、团队配合话术、中控话术、助播话术等。

直播脚本参考模板如表 7.8 所示。

表 7.8　直播脚本参考模板

<table>
<tr><td>直播主题</td><td colspan="2">冬季上新
尝鲜价</td><td>直播目标</td><td colspan="2">涨粉：900
订单：300</td><td>直播人员</td><td colspan="2">主播：小丽
中控：小东
运营：小明
助播：小雅</td></tr>
<tr><td>直播时间</td><td colspan="2">19:00—21:00</td><td>注意事项</td><td colspan="2">注意商品讲解时长；
注意营销组件发布；
注意用户行为数据反馈；
注意商品数据</td><td>直播时长</td><td colspan="2">2 小时</td></tr>
<tr><td>时间周期</td><td>5 分钟</td><td>5 分钟</td><td>5 分钟</td><td>5 分钟</td><td>5 分钟</td><td>5 分钟</td><td>5 分钟</td><td>……</td></tr>
<tr><td>时间节点</td><td>19:00—19:05</td><td>19:05—19:10</td><td>19:10—19:15</td><td>19:15—19:20</td><td>19:20—19:25</td><td>19:25—19:30</td><td>19:30—19:35</td><td>……</td></tr>
<tr><td>核心目标</td><td>人气</td><td>人气</td><td>转粉</td><td>销量</td><td>销量</td><td>转粉</td><td>人气</td><td>……</td></tr>
<tr><td>直播排品</td><td>引流款
(1 号链接)</td><td>福利款
(2 号链接)</td><td>利润款
(3 号链接)</td><td>利润款
(4 号链接)</td><td>福利款
(2 号链接)</td><td>福利款
(2 号链接)</td><td>引流款
(1 号链接)</td><td>……</td></tr>
<tr><td>主播</td><td>预热话术</td><td>讲品话术</td><td>讲品话术</td><td>催单话术</td><td>互动话术</td><td>催单话术</td><td>互动话术</td><td>……</td></tr>
<tr><td>中控</td><td>19:01 发布福袋，福袋数量××个，福袋口令×××，福袋参与方式×××</td><td>福袋倒计时，讲解商品链接，完成话术配合</td><td>……</td><td></td><td></td><td></td><td></td><td>……</td></tr>
<tr><td>助播</td><td>完成福袋发布；配合主播讲解商品</td><td>展示直播提示板（注意入镜画面）</td><td>……</td><td></td><td></td><td></td><td></td><td>……</td></tr>
<tr><td>运营</td><td>实时监控数据</td><td>实时监控数据</td><td>……</td><td></td><td></td><td></td><td></td><td>……</td></tr>
</table>

(3) 私域引流直播间。

在直播预热阶段，将私域用户引流至直播间是非常关键的，即在社群、朋友圈、公众号发布直播预告，将私域用户引流至直播间。

通过引入私域流量，可以迅速优化直播间数据、营造直播间的氛围、获取平台的流量补贴，从而为直播间撬动更多的自然流量，再将自然流量引入私域流量池，形成私域、公域流量良性循环。

（4）直播预告文案。

直播预告文案是能否吸引私域用户进入直播间的关键。掌握不同类型的直播预告文案是开启私域直播的基础能力。直播预告文案的常见类型，如表 7.9 所示。

表 7.9　直播预告文案的常见类型

常见类型	解读	示例
借势型文案	邀请演艺人员或名人做客直播间，参与直播间带货活动，适用于达人和品牌直播间	今晚 8 点，我和某某（名人）在直播间等你
抽奖型文案	预告在直播中有抽奖活动，适用于全类型直播间	关注＋转发、评论、点赞，抽 10 人随机送超值礼品
价值型文案	从文案中能够清晰地了解到进入直播间从中获得什么价值	想要变美的女生，今晚 8 点一定要来直播间跟我学穿搭
福利型文案	文案内常含有送礼品、抽奖、打折、清仓、秒杀等词汇，适用于商家直播间	限时秒杀，先到先得，手慢无
直接型文案	通过直接分享直播产品清单和预告部分产品优惠的方式吸引精准用户，适用于有一定粉丝基础的主播	今晚 8 点，某某大牌护肤品五折起，等你来抢！具体产品详见海报

翻转一下

“炫彩时尚女装”服装公司将在明晚 8 点进行直播，请你根据以上 5 种直播预告文案类型，为“炫彩时尚女装”明晚的直播各设计一条预告文案。

（5）多渠道多时段分发。

在直播开始前多个时间段，通过私聊、群聊、朋友圈、社交媒体账号等多种渠道发布直播预告，提高曝光率。要注意发布频率，不宜过于频繁，以免给私域用户造成困扰。

3. 直播带货的技巧

（1）需求引导。

直戳客户的痛点和需求，给出购买理由。

①解决问题法。

直接告知该产品能帮助用户解决什么问题，给出购买理由。例如，“遇到厨房油渍总是费力费时还擦不干净的，一定要试试这款抽油烟机清洁剂产品，只要喷上它，再拿抹布轻轻一擦就干净了。”

②假设成交法。

通过构建买到该产品后所带来改变的画面，刺激用户为预期价值下单购买。例如，“家人们，你把这款智能扫地机器人买回去后，只要给它设置隔 24 小时清扫一次地板，你都不用管它，它自己就把地板扫好了。你想想，每天下班回去，看见的都是干净整洁的地面，再也不用为满地的头发苦恼，还能省出大把的时间去看看剧，心情该多好啊！”

（2）打消顾虑。

通过举证、保证、对比等方式打消客户下单顾虑。

①成本法。

成本法常用于中、高客单价的产品，通过对产品的各个部分的用料成本进行拆解，拉高用户对产品价格的心理预期，再进行产品报价，让用户明白不是产品的价格贵，而是产品本身就值这个价。

②价格对比法。

通过与产品原价/专柜价/其他电商平台价/竞品价格进行对比，让用户快速感知到产品的价格优势。例如，可以当场打开其他电商平台或提前准备好价格截图进行现场展示，强化对比效果的真实性。

③发货时效法。

在一些特殊的节日或突发情况时，用户可能会存在“春节是否正常发货?”“下单后什么时候发货?”“急需产品，三天能保证送达吗?”等一系列的发货时效顾虑。主播可以通过告知节假日保证发货；告知对应时间节点下单的对应发货时间；引导用户咨询客服并留下加急备注等措施打消用户下单顾虑。

④保证法。

主播直接向用户保证产品质量、功效、价格优惠等，从而打消用户顾虑，促使用户下单。该方法适用于达人带货和大流量品牌自播主播，有一定主播信誉背书或品牌背书效应。

（3）营造氛围。

通过营造紧张的热销氛围，促使用户购买。

①限时限量法。

制造时间和数量上的紧迫感，可以和运营配合，询问库存数量和订单数量等；多使用倒计时，并告诉用户准备踢人，刺激未付款和观望犹豫的用户付款。

在使用倒计时催促用户下单的同时，可以就某个用户的产品疑问进行解答、借机介绍产品卖点等，从而拖延限时限量的时间，让更多的用户下单。

②库存促单法。

库存促单法是指告知用户有关该产品热销，购买的用户太多而导致产品库存告急的情况，从而营造出产品热销的氛围。

③热销氛围法。

放单后通过营造直播间热销的氛围，带动其他用户下单。常见的方式有：和运营配合，告诉观众已经卖出多少单；通过引导评论，让用户发“抢到了”“买到了”等互动内容；展示商品打包场景、通过快递单打印的“滴滴”声来营造热销氛围。

（4）福利赠送。

①赠品/优惠券/福袋/福利款。

通过赠品/优惠券/福袋/福利款等方式，强调只有在本场直播中下单的用户才有以上福利，刺激用户下单。

②组合让利法。

将单件商品的价格与商品组合套装的单件商品的价格进行对比，突显组合商品的优惠力度，常见于美妆、生活用品、袋装零食等。让用户直观感受到购买组合装能获得多少优惠；可以用拍一发多的方式来强调优惠力度；展示商品时，一件一件叠加并将商品堆在一起，给用户直观的数量感受和视觉冲击。

业务操作

业务名称：带货短视频案例拆解

工作要求：

1. 小颖打算先在抖音平台创建一个时尚女装穿搭博主 IP，以便后续进行电商带货业务，请说明选择抖音平台的好处有哪些。

2. 选择 10 个女装赛道的优秀带货短视频进行拆解。

3. 请使用带货短视频脚本拆解表格进行拆解。

操作步骤：

1. 查找爆款短视频。

登录巨量百应后，先点击“创意中心”，再点击“最新爆款作品”，选择“爆款视频”，根据实际情况选择“行业类目”（如服饰内衣—女装）和“作者等级”，就可以获得近 1 小时、近 24 小时、近 1 周、近 1 个月的爆款短视频，如图 7.16 所示。可以选择近 24 小时或近 1 周的爆款短视频进行拆解。

图 7.16　查找爆款短视频

2. 选择 10 个爆款短视频，反复观看，进行带货短视频拆解，并把拆解过程填入表 7.10 中。

表 7.10 带货短视频拆解过程

镜号	景别	角度	运镜	画面	字幕	时长	音效	音乐
1								
2								
3								

任务 4 私域流量其他变现模式

任务引例

B 果园成为中国水果零售连锁第一股，其私域会员的贡献不可小觑。B 果园有两套会员体系，一套是免费会员体系，另一套是付费会员体系。

在免费会员体系中，B 果园以用户历史贡献来分类，分为高忠诚度用户、高信任度用户等不同类型。针对不同类型的用户给予不同的折扣力度和回馈，如为高忠诚度用户提供尝鲜试吃活动，确保用户与品牌能形成长期的正向反馈，以指导品类调整等。

而付费会员体系中，用户先付费开通会员年卡或月卡等，再通过折扣、券的形式，将卡费的收益返还给用户。如果付费会员用户一年的消费中享受到的折扣利益未超过卡费金额，还可以给用户退差额。

该免费会员体系和付费会员体系机制的设计，使用户消费频次和订单数量有所增加，一年产生了几个亿的订单数量。

任务描述

“两只猫”作为一家专业的 MCN 机构，在“达人孵化”业务上取得了不错的成绩，旗下有不同类型不同粉丝量级的达人主播，如颜值与才艺同时在线的美女主播，三个月“孵化”了百万粉丝达人账号的“达人孵化”专家等。

私域流量变现的方式是多种多样的，除了常见的广告变现、社群变现、短视频变现和直播变现之外，还存在其他变现渠道。接下来，本任务将简要介绍在私域流量变现中的另外三种变现方式：打赏变现、付费会员变现和咨询服务变现。请结合“两只猫”的业务探索适合它的变现模式。

知识准备

一、打赏变现

（一）打赏变现的概念

打赏变现是指在互联网平台上，主播或创作者利用直播、短视频、文章等形式向用户提供情绪价值、内容价值或其他价值时，用户自愿进行付费打赏行为，主播或创作者从而获取收益的一种变现方式。

打赏变现的方式在直播、短视频、文学等领域均有广泛的应用。

知识视窗

通常情况下，用户进行打赏时需要使用平台专属的虚拟货币。抖币、快币等都是平台向用户提供的可在本平台上进行消费的虚拟货币，主要用于兑换平台内的虚拟产品和服务，如购买直播间虚拟礼物、解锁付费内容等。

主流平台的虚拟货币和兑换比例如表 7.11 所示。

表 7.11 主流平台的虚拟货币和兑换比例

平台	虚拟货币	兑换比例
抖音	抖币	Android 用户兑换比例为 1∶10； iOS 用户兑换比例为 1∶7； 例如，Android 用户可以用 1 元人民币兑换 10 个虚拟货币；iOS 用户可以用 1 元人民币兑换 7 个虚拟货币
快手	快币	
微信	微信豆	
小红书	薯币	
bilibili	B 币	

（二）打赏变现的形式

1. 直播打赏

（1）直播打赏的概念。

直播打赏是指在直播平台上，观众通过向主播赠送虚拟礼物的方式来表达支持的一种行为。主播可以将收到的礼物兑换成现金，从而获取一定收益。例如，视频号推出的礼物心愿功能。

（2）获取打赏的技巧。

想要获得更多的直播打赏，可以采取以下做法：

①学习直播话术，积极与粉丝沟通和互动，拉近与粉丝的距离并建立信任。

②在与其他主播 PK 的过程中选择礼物 PK，刺激粉丝刷礼物。

③创作优质的直播内容，例如，非遗手艺人在直播间展示非遗产品的制作过程或进行才艺演出等。

翻转一下

非物质文化遗产的传承与保护是当下社会一个重要的议题。在现代社会，直播平台的兴起为非遗传承提供了一个新的渠道。查阅相关资料，探讨一下直播打赏对非遗传承的影响，并讲述如何平衡非遗传承与直播打赏之间的关系。

2. 内容赞赏

（1）内容赞赏的概念。

内容赞赏是指在内容平台上，用户通过赞赏喜欢的内容（如视频、图文等）给创作者赠送礼物赞赏的行为。创作者可以从付费礼物赞赏中获取收益。例如，抖音推出的视频赞赏功能、公众号推出“喜欢作者”的文章赞赏功能。

（2）获取赞赏的技巧。

想要获得更多的内容赞赏，可以采取以下做法：

①提升投稿频率，并使之保持稳定，持续创作优质的内容。

②多在评论区、粉丝群与粉丝进行有效互动，维护好粉丝关系。

③在作品中告诉粉丝如何赞赏，引导粉丝多多赞赏。

（三）打赏变现的优缺点

1. 打赏变现的优点

（1）获取收入：获取一定的打赏收益或成为增加额外收入的一种方式，比较适合新媒体达人或个人新媒体从业者进行私域变现。

（2）创作激励：表达了用户对主播或创作者的支持和认可，有利于提高主播或创作者的积极性和内容质量。

2. 打赏变现的缺点

（1）收益稳定性较差：收益高低主要取决于粉丝数量和打赏意愿。若粉丝基数小或打赏意愿低，则主播或创作者的变现能力就差。

（2）变现天花板较低：相比于广告、电商等变现方式，主播或创作者提供的价值较为单一，容易受粉丝规模及打赏意愿、打赏金额等因素限制，故而打赏的变现天花板较低。

二、付费会员变现

（一）付费会员的概念

付费会员变现是指通过向私域用户提供额外的增值服务或特权，吸引私域用户付费，从而获取收益的一种方式，如增值服务或特权（包括会员专属标识、会员专属优惠、会员专属服务、会员专属活动、会员积分等）。

（二）会员体系的形式

1. 订阅型会员

订阅型会员是典型的付费会员形式，主要有纯订阅、权益解锁、增值付费三种类型。

（1）纯订阅。

纯订阅会员属于付费会员形式，会员付费是进入的门槛，只有支付会员费用后才能享受相应的服务或权益，不付费的情况下无法订阅内容。

（2）权益解锁。

权益解锁是通过购买会员来解锁会员权益（如去广告、解锁更多使用权限等），是提升使用体验的一种付费会员形式，如网易云音乐黑胶会员（VIP）、腾讯视频会员（VIP）等。在权益解锁的会员体系下，用户可以免费接触的内容有限，在未成为付费会员时使用体验会受到一定影响。

（3）增值付费。

区别于权益解锁，增值付费是在不影响消费体验的前提下，通过付费来提供额外的增值服务和特权（如优惠券、商品折扣等）的一种付费会员形式，如淘宝88VIP、京东Plus会员。

2. 成长型会员

入会门槛低，不需要额外支付会员费用，注册即可成为会员，后续可以通过消费金额和频率、积分累计等方式升级会员权益，属于免费会员形式。成长型会员可以借助RFM模型来划分会员等级。会员等级从1级可以一直提升至最高等级会员。

3. 充值型会员

通过提前充值的方式，在后续消费中获取折扣、金额赠送等福利的一种会员方式。储值会员适用于定期消费且消费周期长的产品，常见于理发店、餐饮店、健身房、超市、零售店等业务场景。

（三）付费会员变现的关键点

在私域流量运营中，付费会员体系有利于提高私域用户的活跃度和转化率。

1. 等级体系设计

（1）等级划分。

会员等级过多会导致等级差异不明显，缺乏吸引力，维护成本高等问题；会员等级过少则无法体现会员之间的权益差距，缺乏激励性，难以区分不同用户的价值。一般来说，会员等级设计3～5级是较为合理的。

（2）升级机制。

会员等级的升级机制是多种多样的，一般按照会员体系类型的不同采用不同的升级机制。常见的升级机制有：

①付费升级，即直接通过付费的方式升级会员等级。

②积分升级，即通过历史累计的积分兑换升级。

③消费升级，即通过历史消费金额累计升级等。

④满额升级，即单笔消费或充值满一定金额时升级。

2. 权益体系设计

会员权益是指企业或平台为会员提供的特殊待遇和优惠，是会员付费的关键点。会员权益设计可以包括的内容如表7.12所示。

表7.12 会员权益设计可以包括的内容

形式	示例	目的
会员专属标识	特殊标记	彰显特殊性
会员专属优惠	会员折扣、优惠券、限时福利等	刺激消费

续表

形式	示例	目的
会员专属服务	快速配送、专属客服、定制化服务、抢先体验等	提升购物体验
会员专属活动	会员日、会员抽奖、会员试用等	传递关怀和重视
会员专属特权	去广告、下载加速、专属商品或内容等	提升使用体验
会员积分制度	积分兑换商品、抵扣现金等	提高用户活跃度和黏性

刺激私域用户转化为付费会员，权益设计要注意以下几点：

（1）会员权益的价值要大于会员费用支出，刺激付费意愿。

（2）会员权益提供的价值是用户所需要的。

（3）会员权益能够提供更便利的服务和更快速有效的问题解决方案。

（4）会员权益要能彰显会员的特权，且等级与等级之间的权益要存在递增性，即随着会员等级的提升，会员所享有的权益逐渐增加。

3. 积分体系设计

积分体系设计主要是为了提高会员的参与度和忠诚度，增加会员的消费频率和金额，从而提升企业的盈利。一般来说，积分体系设计需要包括积分获取、消耗和有效期等内容。

（1）积分获取，如消费赢积分、签到领积分、充值获取积分等方式。

（2）积分消耗，如进入积分商场兑换礼品、优惠券或用于抵扣现金等。

（3）积分有效期，如按照月度或年度进行清零。

翻转一下

请你选择注册过会员的店铺或品牌，了解其会员体系是如何构建的，包括会员等级、升级机制、会员权益、积分体系等内容。

三、咨询服务变现

（一）咨询服务变现的概念

在私域流量运营中，咨询服务变现是指依托于知识、技能、信息、技术等资源优势，通过向个人或企业提供某个领域的专业咨询服务来获得收益的一种方式。

咨询服务变现适用于拥有专业知识和技能的人，如律师、心理专家、企业顾问等。常见的咨询服务领域有职业发展、个人成长、健康管理、财务规划、企业管理等。

（二）咨询服务的形式

1. 个人咨询

个人咨询主要是以一对一的形式，由专业的咨询师或顾问面向个人提供专业的建议和指导，如理财规划、心理咨询、法律咨询等。个人咨询通过收取咨询费获取收益，注重个人 IP 的打造。

2. 企业咨询

企业咨询一般由咨询公司或团队提供，围绕企业发展相关业务提供建议和解决方案，如营销咨询、战略咨询、品牌咨询等。企业咨询的周期长，一般按项目制或年进行。除了收取咨询费外，还可以通过“咨询费+分红”的形式进行收费，注重创始人和核心团队的 IP 打造。

（三）咨询服务变现的关键点

1. 人设定位

咨询服务是智力行业，用户非常重视咨询师的专业性和权威性。因此，咨询服务应树立专注于某一细分赛道，为精准人群提供专业服务的行业权威专家型人设。

以下是有助于实现人设定位和人设塑造的思考维度，内容可供参考借鉴，如表 7.13 所示。

表 7.13 人设定位和人设塑造的内容

维度	内容	示例
人设定位	我是谁	通过身份、职业、经历等，阐述行业领域与专业度，向用户介绍自己，建立人物标签。例如，“我是从业 10 年，专注于让你变美变瘦的瑜伽教练”
	我能服务谁	结合自身专业领域和产品，明确具体的服务人群，如有减肥需求的肥胖人士、面临数字化转型难题的公司等
	我能解决什么问题	结合精准用户的痛点来明确具体方向，如专门负责民事案件的律师，专注于亲子问题的心理咨询师等
人设塑造	人物性格	通过语言、动作等展现人物形象，如幽默风趣的语言表达、严谨细致的遣词造句、端正笔挺的坐姿等
	人物形象	通过衣着打扮、妆容来塑造人物形象，如专业得体的西装或连衣裙、整齐的头发、干净的指甲等
	拍摄场景	与专业领域有较高关联性的场景，如金融领域的高档写字楼、办公室等场景
	物品道具	借助物品道具展现人设，如书籍、电脑、手表、汽车等

翻转一下

“两只猫”旗下有主播培训业务，请你根据想要学习直播技巧的客户群体特征，为其机构的培训讲师在抖音平台塑造一个人设，可以参考表 7.13 来进行分析。

2. 内容矩阵

除了通过塑造专业人设来获取用户信任，还可以通过内容输出来获取用户的信任。要注意结合具体人群、具体场景的具体问题来输出内容，内容的针对性越强，则吸引的用户越精准。

（1）内容形式。

常见的内容形式有图文、短视频、直播等，不同形式各有其优缺点，如表 7.14 所示。

表 7.14　常见内容形式的类型及优缺点

类型	优点	缺点
图文	制作难度低；发布速度快；成本低；内容富有深度；能提供无限的想象空间；传播覆盖面广	内容较为集中，用户加工成本高，易产生疲劳、精神不易集中、困乏等症状
短视频	短小精悍，易传播；表现形式丰富；信息量远大于图文和音频；用户的加工成本低，便于用户接受	制作难度大；成本高；需要一定视频制作经验；发布速度比图文慢；对用户时间的刚性要求高等
直播	互动性强，能够进行实时的沟通和交流；真实性高，能够看见直播间的真实情况	前期准备成本高；对主播依赖程度高；具备时间限制，需在特定时间才能观看

（2）内容类型。

通过提供有价值的内容，如行业科普、行业干货、解决方案、案例分享等或提供专业严谨的解答，如评论区互动、连麦答疑、一对一咨询等来丰富内容输出，获取用户信任。依据内容输出的目的不同，可以将内容大致划分为以下三种类型：

①流量型。

流量型内容是指以吸引用户流量为主要目的的内容，通常依靠蹭热点、模仿爆款内容的方式获取高曝光和用户注意力。

②价值型。

价值型内容是指以提供有价值的信息和知识，满足用户需求为目的的内容。可以通过价值型内容来展示专业水平，增加粉丝的信任。

③营销型。

营销型内容是指以介绍业务、产品或服务，促进销售转化为主要目的的内容。该类型的内容主要针对特定的目标客户群体，通过提供有价值的信息和解决方案，激发用户的兴趣和购买欲望。

小贴士

增强信任的小技巧

（1）讲案例：通过讲述成功的客户案例获取用户信任，可以以客户评价、照片、聊天记录等资料作为佐证，提升可信度。

（2）讲故事：讲述个人经历，输出价值观。例如，“我这十年是怎么过的”，塑造真实感，以获取用户信任。

（3）摆数据：数据是客观的，具有较强说服力，可以通过服务客户的人数、成功的案例、取得的成果等数据证明自身的专业性。

（4）信任背书：通过权威专家、公司资质、专业技术等作为背书，提升可信度。例如，“某专家参与研发”“权威机构专业认证”等。

（3）内容占比。

在内容输出时，除了要考虑内容呈现形式和各内容类型，各内容类型的占比也要注意。各内容类型占比的多少需要具体情况具体分析，不同时期的内容配比可能是不一样的，例如，引流期的流量型内容的占比可以适当增加。

思考与练习

一、单选题

1. 在私域流量运营中，下列不属于精准定位目标用户的好处的是（　　）。

A. 避免资源浪费　　B. 提高营销推广活动的效益

C. 降低用户满意度　　D. 实现用户需求洞察和个性化服务

2. 私域变现的核心是（　　）。

A. 精准定位目标用户　　B. 提供优质内容

C. 获取用户信任　　D. 选择合适的变现方式

3. 私域变现指的是（　　）过程。

A. 搭建私域流量池　　B. 实现商业价值转化

C. 吸引新用户关注　　D. 扩大品牌影响力

4. 私域变现中，优质内容的作用是（　　）。

A. 吸引用户关注　　B. 降低运营成本　　C. 提高产品价格　　D. 减少用户互动

5. 在私域变现中，选择合适的变现方式取决于（　　）因素。

A. 产品颜色　　B. 用户需求　　C. 运营者喜好　　D. 市场价格

二、判断题

1. 私域流量运营模式只在我国国内取得了显著成效，对全球市场没有影响。（　　）

2. 私域变现模式的选择与目标客户群体无关。（　　）

3. 私域流量电商变现是企业进行私域变现的重要渠道之一。（　　）

4. 打赏变现的收益稳定性较差是因为粉丝数量和打赏意愿的不确定性。（　　）

5. 付费会员体系中，会员等级的设计应该尽可能多，以体现会员之间的权益差距。（　　）

三、思考题

广告变现和电商变现是私域流量变现的两种常见模式，请比较这两种模式的优缺点。

项目7参考答案

项目 8 私域流量运营数据分析

学思浅悟

树立数据安全意识，守好网络安全防线

数据作为新型生产要素，是信息时代国家重要的战略性、基础性资源。数据在创造巨大价值的同时，也面临着被泄露、篡改、滥用、劫持等风险，直接影响经济社会的健康发展。在私域流量运营中，数据分析是至关重要的一环。

私域流量运营数据分析不仅可以帮助企业了解用户的喜好和行为习惯，还能预测未来的趋势和需求，为企业的战略决策提供重要参考。然而，随着数据在企业运营中的广泛应用，数据安全问题也变得愈发突出。企业需要加强数据安全意识，建立健全的数据管理和保护机制，有效防范数据泄露、滥用等风险，确保数据在使用过程中的合法性、安全性和隐私性。

同时，加强数据安全工作也是推动数字经济发展的重要举措，有助于构建更加安全可靠的网络空间，促进数字经济的持续健康发展。

教学目标

知识目标

1. 清楚私域流量运营数据分析的概念与意义，掌握私域流量运营数据收集与处理的方法；
2. 熟悉常见的数据分析工具，了解数据分析报告的作用与撰写技巧；
3. 理解复盘对私域业务的重要性，掌握复盘的要点和组织复盘会议的流程。

技能目标

1. 能够对私域流量运营数据进行收集、分析与优化，从而提高私域业务的水平；
2. 能够撰写数据分析报告，报告结构合理，语言表达逻辑清晰严谨；
3. 具备复盘意识，能够组织与主持复盘会议。

素养目标

1. 培养团队合作能力，通过团队复盘，共同成长；
2. 加强数据分析能力，重视数据在业务中的重要性，能够用数据驱动业务增长；
3. 提高沟通表达能力，通过组织或主持复盘会议，提高语言表达能力和培养逻辑思维。

任务 1　私域流量运营数据分析与优化

任务引例

某水果店连锁品牌利用 OneID 技术将分散在小程序商城、App、线下门店、企业微信/个人微信等渠道上的客户信息打通。在获取客户消费数据后，以订单数据为核心，根据历史消费数据进行客户分层运营。通过对客单价、充值金额、消费频次和招牌果品购买次数等多个维度进行数据分析，将客户分为普通会员、白银会员、黄金会员、钻石会员四个等级，为其提供不同的会员服务。该品牌还会对不同层次的会员进行数据监测，分析客户的消费喜好，从而进行个性化产品推荐和营销活动。

任务描述

随着私域业务逐渐步入正轨，奶茶品牌“王大爷茶饮”的数据分析师阿雅想要招聘一位私域流量运营数据分析实习生，而你刚好想要应聘这一岗位。

在这个任务中，你需要认识私域流量运营中常见的数据指标，了解数据收集的渠道，掌握数据分析和优化的方法，为应聘“王大爷茶饮”私域流量运营数据分析实习生一职做好准备。

知识准备

一、私域流量运营数据分析的概念与意义

（一）私域流量运营数据分析的概念

私域流量运营数据分析是指对私域流量运营数据进行收集和分析，帮助运营者了解私域用户的行为、需求和偏好，优化私域流量运营策略，从而实现私域业务目标。

（二）私域流量运营数据分析的意义

1. 助力精细化运营用户

通过对私域用户数据的分析，可以了解用户的年龄、性别、地域、喜好等基本特征，以及用户在私域流量载体上的行为习惯和兴趣偏好，从而助力企业实现更加精准、精细化的用户运营。

2. 优化私域流量运营策略

通过对私域流量运营数据的分析，可以了解私域流量运营中引流、裂变、留存与促活等活动的效果，从而优化私域流量运营策略，提高运营效果和效率。

3. 提升私域业务业绩

通过对私域业务销售数据、产品数据、营销数据的分析，可以了解产品的销售情况，挖掘用户兴趣和需求，优化产品与服务，提高用户体验和忠诚度，从而提高用户的转化率和复购率。

二、私域流量运营数据收集与处理

（一）认识私域流量运营数据类型

1. 引流和拉新数据

（1）引流率。

引流率指私域流量载体或入口曝光在潜在客户面前，引导其到私域流量池中的比例，是评估引流策略有效性的重要指标。计算公式：

引流率＝(引流到私域流量池中的潜在客户数量/私域流量载体或入口总曝光量)×100%

示例：通过短信推送的方式向 1 000 个潜在客户宣传产品或服务，其中有 100 个潜在客户点击链接并进入了私域流量池中，引流率＝100/1 000×100%＝10%。

（2）拉新率。

拉新率是指潜在用户变成私域流量载体的用户的比例，是用户增长情况的直观体现。计算公式：

拉新率＝(私域用户转化数/潜在用户总数)×100%

示例：通过投放广告的方式向 1 500 个潜在客户推送了新人注册首单有礼的拉新海报，其中有 300 个潜在客户扫描了海报中的二维码并进入了小程序成了注册会员，拉新率＝300/1 500×100%＝20%。

（3）获客成本。

获客成本（Customer Acquisition Cost，CAC）是指获取一个新客户所需花费的成本，是评估私域营销活动效果的重要指标。计算公式：

获客成本＝总营销成本/新客户数量

示例：在某短视频平台上投入了 10 000 元的信息流广告，获得了 180 个新线索，经过筛选获得 120 个有效线索，最终成交了 100 个新客户，获客成本＝10 000/100＝100 元/个。

（4）流量来源占比。

流量来源占比指不同引流渠道或来源所带来的流量在总流量中所占的比例，用于评估流量的来源分布情况。计算公式：

流量来源占比＝(某一渠道的流量/总流量)×100%

示例：抖音、小红书和知乎这三个引流渠道总共带来了 1 000 次访问，其中抖音带来了 500 次访问，则抖音的流量来源占比为 500/1 000×100%＝50%。

（5）私域流量载体引流拉新数据指标。

在不同的私域流量载体中，引流拉新数据指标是有所差别的，如表 8.1 所示。

表 8.1 不同私域流量载体的引流拉新数据指标

私域流量载体	数据指标	含义
个人微信/企业微信	好友添加数	通过引流渠道添加到个人微信或企业微信的用户数量
	好友添加率	在一定时间内，通过引流渠道添加到个人微信或企业微信的用户数量与好友添加申请总数的比例。 计算公式：好友添加率=(成功添加好友的数量/好友添加申请总数)×100%
私域社群	进群人数	通过引流渠道进入私域社群的用户数量
	进群率	在一定时间内，通过引流渠道进入私域社群的用户数量与进群渠道曝光量的比例。 计算公式：进群率=(进入私域社群的用户数量/进群渠道曝光量)×100%
小程序/App	注册数	通过引流渠道注册自建小程序或 App 的用户数量
	注册率	在一定时间内，通过引流渠道注册小程序或 App 的用户数量与小程序或 App 曝光量的比例。 计算公式：注册率=(注册数/小程序或 App 曝光量)×100%
线下门店	到店人数	通过引流渠道引导到线下门店的用户数量
	到店率	在一定时间内，通过引流渠道引导而实际到店的用户数量与引流广告、链接等引流介质的总曝光量的比例。 计算公式：到店率=(到店人数/引流介质总曝光量)×100%

2. 裂变数据

在私域流量运营中，通常借助开展裂变活动来扩大私域用户规模或提高销售数据，因此裂变活动数据是分析裂变效果的重要数据。裂变活动的关键数据指标如表 8.2 所示。

表 8.2 私域流量运营中裂变活动的关键数据指标

关键数据指标	解读
活动参与人数	活动参与人数是指参与裂变活动的总用户数量，包括新用户和老用户
新增用户数量	新增用户数量是指在裂变活动期间，通过用户分享和传播所吸引到的新用户数量
净增用户数量	净增用户数量是指在裂变活动期间真正获得的新用户数量，即净增用户数量=新增用户数量−流失用户数量，流失用户是指活动期间退出私域流量池的用户
活动完成人数	活动完成人数是指在裂变活动中完成指定任务或目标的用户数量
活动完成率	活动完成率是指完成指定任务或目标的用户数量与活动参与总人数的比例，即活动完成率=完成人数/活动参与总人数×100%
裂变率	裂变率是指在私域裂变活动期间，通过活动参与人数的推荐或分享实现的新增用户比例，反映了用户推荐和分享的效果。计算公式：裂变率=(新增用户数量/活动参与人数)×100%

续表

关键数据指标	解读
裂变层级	裂变层级是指用户在分享和推荐裂变活动时形成的层级数量。裂变层级越高则传播范围越广、营销效果越好，反映了裂变活动的传播深度和影响力
裂变 K 因子	裂变 K 因子是指一个用户能够带来几个新用户，用于衡量推荐效果。当 $K<1$ 时，私域用户规模在一段时间内就会停止扩张；当 $K>1$ 时，私域用户规模将会不断增大
销售量	在裂变活动期间，实际销售的产品数量
销售额	在裂变活动期间，实际销售的产品金额

3. 留存与促活数据

在私域流量运营中，用户的留存与促活数据指标可以通过用户留存数据和用户活跃数据来衡量，如表 8.3 所示。

表 8.3 留存与促活数据指标

维度	关键指标	含义
用户留存数据	用户留存数	在一定时间内，留在私域流量池中且仍持续使用产品或服务（如登录、浏览、购买、互动等）的用户数量
	用户留存率	在一定时间内，留存用户数占私域用户总数的比值。根据时间周期的不同，可以将留存率细化为日留存率、周留存率、月留存率等。计算公式：用户留存率＝（用户留存数/私域用户总数）×100%
	用户流失数	在一定时间内，退出私域流量池（如删好友、退群、取关等）或停止使用产品或服务（如注销等）的用户数量
	用户流失率	在一定时间内，流失用户数占私域用户总数的比值。根据时间周期的不同，可以将流失率细化为日流失率、周流失率、月流失率等
用户活跃数据	用户活跃数	私域流量池内活跃用户的数量。根据时间周期的不同，可以将用户活跃数细化为日活跃用户数（DAU）、周活跃用户数（WAU）和月活跃用户数（MAU）等
	互动量	在私域流量运营中，互动量是指私域用户在微信、社群、小程序、社交媒体账号等私域流量载体上的互动次数，包括回复、点赞、评论、分享、收藏、私信、搜索等行为
	互动率	在私域流量运营中，互动率是指私域用户在微信、社群、小程序、社交媒体账号等私域流量载体上的互动比例，可分化出回复率、点赞率、分享率等指标。计算公式：互动率＝（活跃用户数/私域用户总数）×100%

4. 变现数据

在私域流量变现环节，主要有转化率、复购率、销售额等关键指标，如表 8.4 所示。

表 8.4 私域流量变现数据关键指标

关键指标	解读
转化率	转化率是指在一定时间内，最终购买产品或服务的用户比例，反映了私域流量运营的效果
复购率	复购率是指在一定时间内，已经购买过产品或服务的用户再次购买的比例，反映了用户对产品或服务的满意度和忠诚度
销售额	销售额是指在一定时间内通过私域渠道实现的销售总额，是衡量私域业务的经济效益的重要指标。计算公式：销售额=客单价×订单量
客单价	客单价是指每个用户平均消费的金额，反映了用户购买能力。计算公式：客单价=订单总额/订单人数
订单量	订单量是指在一定时间内，通过私域渠道完成的订单数量，可用于衡量私域业务的销售业绩
利润	利润是指在一定时间内，通过私域渠道获得的销售收入减去成本后所获盈利，可用于评估私域业务的盈利能力。计算公式：利润=收入－成本
投入产出比（Return on Investment，ROI）	投入产出比（ROI）常用于评估一个项目或策略的整体经济效益，可用于评估私域业务的投资效益和效率。计算公式：投入产出比（ROI）=（总收益－总投资）/总投资
用户生命周期价值（Life Time Value，LTV）	用户生命周期价值（LTV）是指用户在整个生命周期内产生的价值总和，是评估私域用户对企业的价值和贡献的重要指标

（二）数据收集

1. 数据收集的概念

在私域流量运营中，数据收集是指从社群、小程序、社交媒体账号等各种渠道和平台，收集私域用户画像、私域用户行为、私域流量运营活动、产品或服务销售等方面的数据。

2. 数据收集渠道

私域流量载体是企业沉淀用户，形成自有数字资产的重要渠道，因此从私域流量载体上获取数据是私域数据收集的主要方式。私域数据可以从以下渠道获取：

（1）小程序/App。

小程序/App是私域成交变现的主要场所。在小程序/App中，可以收集到流量数据、用户行为数据、会员数据、商品数据、交易数据等。

①流量数据，如流量来源与方式、新老用户比例等。

②用户行为数据，如点击、浏览、搜索、购买、评论等交互行为。

③会员数据，如注册会员数量、会员基础信息、会员等级信息等。

④商品数据，如商品种类、名称、价格、规格、颜色、库存等。

⑤交易数据，如销售量、销售额、客单价、退换率等。

（2）SCRM系统。

SCRM系统不仅是一种用于管理企业与客户之间社交关系的系统，也可以作为获取私域数据（如用户画像数据、社群数据、订单数据）的一种渠道。某 SCRM 系统界面如图 8.1 所示。

①用户画像数据，含基础信息、行为习惯、兴趣爱好等。

②社群数据，如消息总数、群成员留存与流失情况等。

③订单数据，如订单数量、单价、折扣、邮寄信息等。

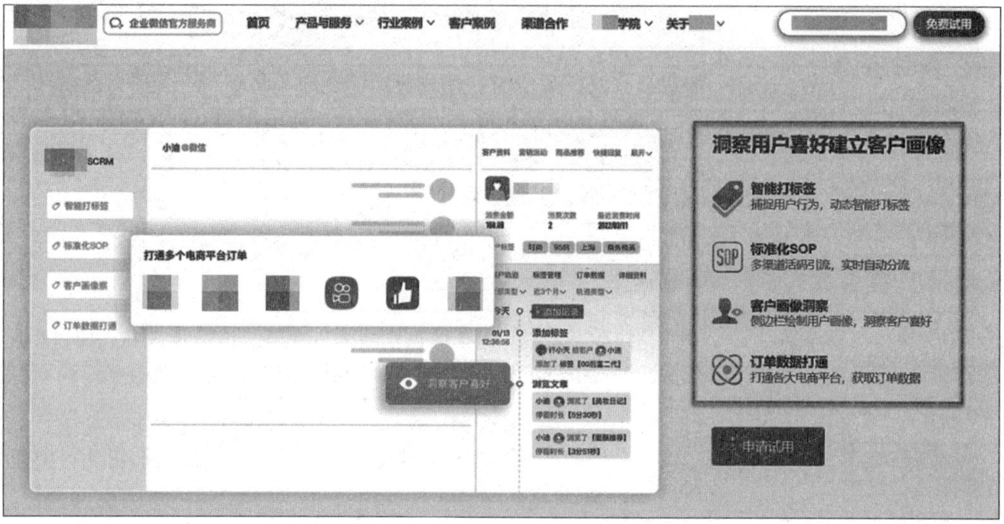

图 8.1　某 SCRM 系统界面

（3）社交媒体账号。

社交媒体账号的创作者中心会提供相应的粉丝画像数据、粉丝行为数据等。

①粉丝画像数据，如粉丝基础信息、粉丝规模及粉丝数量的增减变化等。

②粉丝行为数据，如点赞、评论、分享、收藏、私信等互动数据。

（4）用户调研。

用户调研主要通过调查问卷或访谈的形式进行，主要针对用户满意度、服务质量、购物体验等内容进行调研，从中获取用户的评价与反馈，改进产品或服务。

（5）其他渠道。

①线下门店，如客流量、到店率、客户购买信息、产品销售数据等。

②官方网站，如访问量（PV）、独立访客数（UV）、页面停留时间等。

（三）数据处理

在数据收集的过程中，由于数据采集过程中的错误、数据传输过程中的丢失或损坏、数据录入过程中的错误等原因，原始数据可能会存在不完整、不准确、不规范的“脏数据”，这将会影响数据分析的准确性和可靠性。

为了提高数据的完整性、准确性和可信度，需要对收集到的数据进行清洗和预处理。常见的数据处理项目如表 8.5 所示。

表 8.5　常见的数据处理项目

项目	含义	示例
缺失值处理	处理数据集中缺少的数据	删除或填充缺失值，如使用均值、中位数、众数等统计值填充缺失值
重复值处理	处理数据集中重复或冗余的数据	删除数据集中的重复项，确保数据的唯一性
异常值处理	处理与其他数据显著不同的数据，可能表现为超出数据分布范围、不符合逻辑等	删除或替换异常值，如将体重－45kg 修正为 45kg
数据转换	将数据从一种格式或结构转换为另一种格式或结构，如将文本转换为数字	将性别转换为数字形式，如用“0”表示男性，用“1”表示女性，以便于统计和分析

三、私域流量运营数据分析与优化

（一）数据分析方法

1. 描述性统计分析

描述性统计分析是对数据进行总结和描述数据的基本特征和分布情况。

（1）集中趋势：用于描述数据的中心位置，如平均数、中位数、众数等。

（2）离散程度：用于描述数据的分散程度，如四分位差、标准差、方差、极差等。

（3）分布形态：用于描述数据的对称性和峰值情况，如偏度、峰度等。

（4）频率分布：用于描述数据的分布情况，如直方图、频率表等。

2. 对比分析法

对比分析法是数据分析中常见的分析方法，用于比较两个或两个以上的数据集之间的差异，从而发现数据的变化、趋势等。

（1）横向对比，如流量来源对比。

（2）纵向对比，如小程序商场的销量同比、环比等。

3. 漏斗分析法

漏斗分析法将用户行为路径拆分为多个环节，通过计算每个环节的转化率，了解用户在这个过程中的转化或流失情况。该方法主要用于分析用户在购买过程中各个环节的转化率。示例：表 8.6 所示为某平台统计用户在购买过程中各个环节的数据。使用漏斗分析法得到对应的图，如图 8.2 所示。

表 8.6　某平台统计用户在购买过程中各个环节的数据

行为路径	人数	转化率
浏览商品	100	100%
加入购物车	60	60%
提交订单	45	75%
支付订单	27	60%
完成交易	10	37%

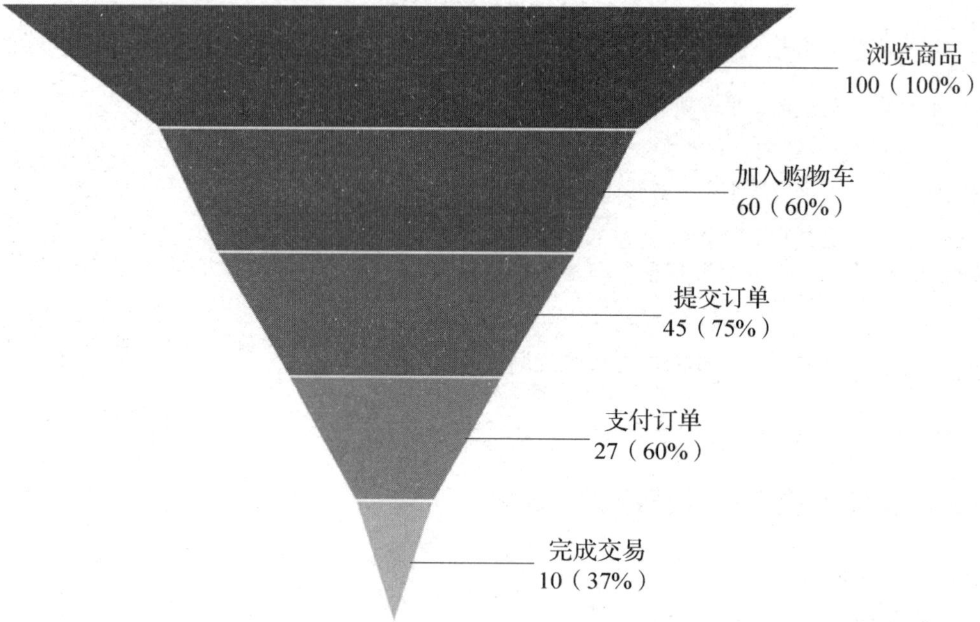

图 8.2　漏斗分析法

4. 相关性分析

相关性分析是研究事物之间是否存在相关性以及相关性的强弱的一种统计方法，主要用于研究两个或多个变量之间的关系。例如，研究学习时间和学习成绩之间的相关关系。

5. 回归分析

回归分析通过建立一个数学模型来描述一个或多个自变量如何影响因变量，主要用于研究因变量和自变量之间的关系，包括简单线性回归和多元线性回归等。

6. 聚类分析

聚类分析是将大量的数据中相似的部分分组在一起，形成不同的“族群”或“簇”，简单理解就是将数据所对应的研究对象进行分类，把类似的样本聚集在一起，是一种机器学习方法。

7. 多维度分析法

多维度分析法是一种将复杂的问题或数据分解成多个维度进行分析的方法。通过对不同维度的数据进行拆分和比较，可以更好地洞察问题的本质和影响因素。数据拆解的维度是多种多样的。

（1）业务模块维度，可以拆分为引流、裂变、留存与促活、转化等维度进行分析。

（2）时间维度，可以按日、周、月、季度、年来分析数据，进而发现不同时间段数据的变化。

（3）用户维度，可以按性别、年龄、地区或新/老用户划分。

（4）商品维度，可以按购买频率、客单价高低、品类等划分。

8. 趋势分析

趋势分析可以通过将收集来的数据绘制成图表，观察其中的发展趋势和变化，如上升趋势、下降趋势等，对其进行分析与预测，从而做出更明智的决策。趋势分析一般用于预测销售趋势、用户行为和市场趋势等。

知识视窗

趋势分析通常以建模的形式来完成预测，建模的方法主要包括时间序列分析、回归分析等。时间序列分析的具体预测方法有移动平均法、指数平滑法、季节性分解法等；回归分析的具体预测方法有线性回归、KNN 算法、决策树模型等。

9. 留存分析

留存分析是一种评估用户在特定时间段内继续使用产品或服务的分析方法。

留存分析主要通过跟踪和分析用户在一段时间内的行为和参与度来衡量用户的留存情况，常涉及次日留存率、7 日留存率、30 日留存率等数据指标。通过对这些数据指标的监测和分析，企业或品牌能够发现用户流失的趋势和原因，及时挽回将要流失的用户。

（二）数据分析工具

在数据分析过程中，数据分析工具在提高数据分析效率和质量方面发挥着非常重要的作用。

1. 常用数据分析工具

Excel、Power BI 和 Python 是数据分析中常用的工具，如表 8.7 所示。

表 8.7 常用数据分析工具

工具	定位	共同点	差异
Excel	电子表格软件	数据清洗和预处理，如去重、筛选、排序等； 数据分析，如数据建模和预测； 数据可视化，如生成数据图表或图形等	适合小型数据集和简单的数据分析任务
Power BI	商业智能工具		提供强大的数据分析和可视化功能，可以处理较大规模的数据
Python	高级编程语言		适合大规模数据分析工作，能实现更高级别的数据处理与分析

2. 平台数据后台系统

一般来说，小程序、App、社交媒体账号、线下门店等私域流量载体都有自己的数据后台系统，可用于管理和分析相关的数据。数据后台系统是一种平台自带的数据分析工具，可以实现流量统计、用户画像、趋势分析等功能。

图 8.3 所示为公众号后台数据分析模块。公众号平台的数据后台中提供了内容分析、用户分析、菜单分析等数据分析功能。

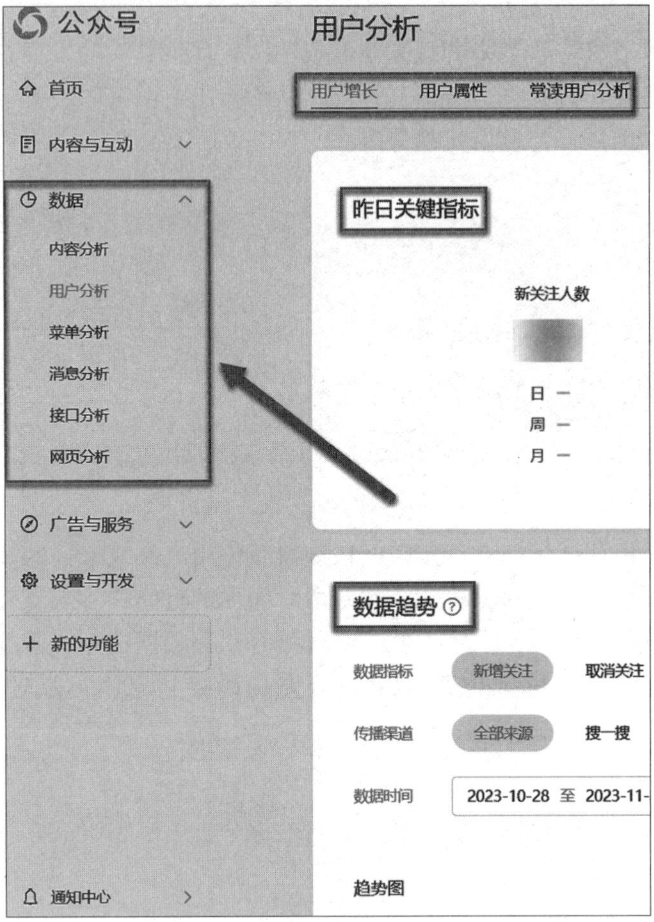

图 8.3 公众号后台数据分析模块

（三）数据分析与优化

在私域流量运营中，数据分析与优化的关键是对收集到的数据进行分析，洞察用户需求，发现数据背后潜藏的问题并提出相应的运营策略，以优化私域流量运营效果，实现私域业务的长期可持续发展。

1. 用户增长数据分析与优化

用户增长数据分析主要依靠引流率、拉新率和裂变率三个关键数据分析指标，如表 8.8 所示。其中，引流率反映了引流文案或引流激励机制效果的好坏；拉新率反映了企业或品牌吸引新用户进入私域流量池的能力强弱；裂变率则意味着现有用户的满意程度和推荐意愿的高低。

表 8.8 用户增长关键数据分析指标

关键数据分析指标	不理想原因分析	优化方法
引流率	目标用户定位不准确；引流渠道选择不当；引流内容质量不佳；引流奖品不吸引人等	精准定位目标群体；选择与目标群体匹配的推广渠道；提供有价值、有趣、有吸引力的内容；设置吸引人的引流款或引流奖品

续表

关键数据分析指标	不理想原因分析	优化方法
拉新率	用户操作过于烦琐；缺乏激励措施	缩短转化路径，优化用户体验；提供奖励、优惠或其他激励措施，促使用户完成转化
裂变率	活动推广渠道单一；活动内容缺乏吸引力；活动流程过于复杂；活动参与门槛过高；活动时间设置不合理；裂变奖励不吸引人等	增加活动推广渠道，提高曝光度；优化海报文案，增加奖品价值，提高用户积极性；简化活动规则和流程，提升用户参与度；降低活动参与门槛，扩大受众范围；合理安排活动时间或适当延长活动时间

2. 留存与促活数据分析与优化

留存率和互动率是衡量用户留存与促活数据分析的关键指标，如表 8.9 所示。高留存率意味着用户愿意继续保持对企业或品牌的关注；高互动率则说明用户的参与度良好，愿意与企业或品牌积极互动。高留存率和互动率有利于拉近用户与企业或品牌的关系，形成良好的私域氛围。

表 8.9　留存与促活关键数据分析指标

关键数据分析指标	不理想原因分析	优化方法
留存率	内容缺乏价值；用户体验不佳；产品或服务缺乏竞争力；忽视用户沟通等	优化内容，持续提供有价值的内容；实施用户分层治理，精细化运营；深挖用户痛点，优化产品或服务；提升响应速度，优化用户体验；多与粉丝互动沟通，听取粉丝建议和反馈
互动率	内容缺乏价值和互动性；互动方式单一，缺乏激励措施；互动时机不当等	结合时事热点创作内容，提高内容吸引力；开展抽奖、打卡签到、互动游戏等活动；根据用户作息调整互动时间；培养 KOC 或气氛组，带动互动氛围；使用互动话术，积极引导用户互动

3. 变现数据分析与优化

转化率和复购率是私域流量变现中非常关键的两个数据分析指标，如表 8.10 所示。转化率意味着潜在用户转化为实际购买用户的占比；复购率则揭示了用户忠诚度的高低，是提升用户生命周期价值的关键要素。转化率和复购率深刻影响着私域流量变现的效果。

表 8.10　变现关键数据分析指标

关键数据分析指标	不理想原因分析	优化方法
转化率	用户定位不准确；用户体验不佳；缺乏信任；缺乏有效的转化策略等	通过数据分析用户画像，精准定位目标用户；优化页面设计、简化操作、提升页面加载速度；个性化推荐，精准匹配产品或服务；采取信任背书、产品或服务教育、打造专业 IP 人设等方式获取用户信任；提供新人福利

续表

关键数据分析指标	不理想原因分析	优化方法
复购率	售后服务不到位；产品或服务存在质量问题；缺乏用户关怀和维护；缺乏有效的复购策略等	优化售后服务，提高响应速度和问题解决效率；了解用户需求，优化产品或服务；建立会员体系；提供个性化服务；定期开展营销活动

（四）数据分析报告

1. 数据分析报告的含义和类型

在私域流量运营中，数据分析报告是一份总结了私域流量运营相关数据分析结果的文档。根据工作场景、汇报对象、内容和方法等情况的不同，可以将数据分析报告分为日常类报告、专题类报告、综合类报告。

（1）日常类报告，指日报、周报、月报、季报、年报等日常工作中产生的数据分析报告，如用户增长日报、私域销售周报等。

（2）专题类报告，指针对某个方面或某个问题进行专门研究的一种数据分析报告，如用户流失分析报告、某营销活动专题报告。

（3）综合类报告，指以宏观视角展开的全面评估私域业务发展情况的数据分析报告。

2. 数据分析报告的组成

数据分析报告的组成不是一成不变的，需要结合具体的场景和用途。通常情况下，数据分析报告会包含封面、目录、前言、正文、结论、建议、附录等部分。

（1）封面：展示报告标题、报告作者、日期等信息。

（2）目录：报告较长或包含的章节较多时使用。

（3）前言：说明业务背景、研究对象、研究内容和意义等。

（4）正文：数据分析和数据可视化，即通过文字、图表的形式阐述数据分析的过程和结果，展示数据背后的业务内涵。

（5）结论：根据数据分析得出的分析结果。

（6）建议：根据结论提出的切实可行的解决方法。

（7）附录：正文中不便于呈现但有价值的详细数据。

3. 撰写数据分析报告的注意事项

（1）明确目标受众群体。

不同的研究目的和受众群体，数据分析报告的内容、侧重点和呈现方式会有所不同。例如，面对高层管理者，报告以综合类报告为主，侧重于关键指标的完成情况、未达标的原因分析和解决措施。

（2）结构清晰。

数据分析报告的行文结构推荐使用“总—分—总”的形式，合理排版，提升报告的层次感和逻辑性。

小贴士

可使用金字塔结构（见图 8.4）撰写数据分析报告，遵循先重要后次要，先全局后部分，先结论后原因，先结果后过程的写作原则，可以使报告主题明确、结构明晰、富有逻辑，更好地传达信息。具体细节可以学习专业机构和媒体公布的各类数据分析报告。

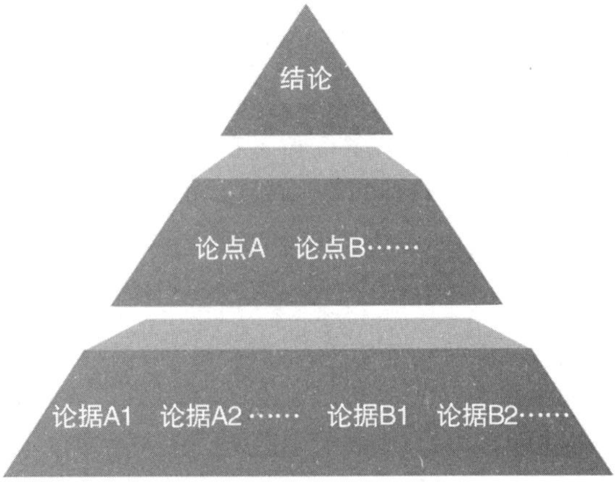

图 8.4　金字塔结构

（3）用语简明易懂。

数据分析报告的撰写要使用简洁明了的语言，避免使用过于专业的术语和复杂的语句结构，以免造成阅读障碍。

（4）图表化展示。

注重图表的运用，选择合适的图表形式，用图表形式代替大量的文字，能够更加形象生动地展示问题和结论，提高数据分析报告的易读性。

业务操作

业务名称：数据分析操练

工作要求：

1. 为应聘“王大爷茶饮”私域流量运营数据分析实习生做好准备，开展一次数据分析实战活动。

2. 扫描二维码下载数据源问卷，使用 Excel 工具分析所给数据，要求进行描述性统计分析。

操作步骤：

1. 数据清洗。对数据重复值、缺失值或异常值进行处理。

2. 进行描述性统计分析，如统计集中趋势，求平均数、众数，统计频率分布情况，制作频率分布图等。

3. 将你能从该问卷中获得的信息进行整理汇总。

数据源问卷

任务 2 组织私域流量业务复盘会议

任务引例

某团队基于自身不断的试错，总结了三点关于医美口腔私域直播复盘的经验。

（1）对比直播前的预期目标：将预期的观看、互动、商品和交易等各项数据与后台的实际数据进行对比，寻找目标达成或未达成的主要原因，明确实际情况与期望目标的差距。

（2）回溯在线人数波峰、波谷：根据在线人数变化趋势图中的波峰和波谷对应的时间点，回溯直播间讲解内容和现场人员状态，明确有吸引力的直播间内容。

（3）对比往期直播数据：将本场直播的总场观、UV 价值、人均在线时长、商品点击率、商品转化率等核心数据与往期对比，明确本场直播的优缺点。

任务描述

临近中秋节时，“王大爷茶饮”开展了一个“中秋节限定奶茶”的促销活动。总体而言，该活动取得了较为不错的成绩，其中“社群＋小程序＋线下门店”的私域销售数据尤为亮眼，但是在活动过程中也出现了不少状况。为了更好地巩固此次活动成果，总经理决定马上召开一场活动复盘会议。

在本任务中，你将了解复盘的概念和重要性，清楚工作复盘和活动复盘的具体内容，以及如何组织一场复盘会议。

知识准备

一、认识复盘

（一）复盘的含义

复盘原本是围棋术语，也称“复局”，是指棋手在对局结束后，复演该盘棋的记录，检查对局中招法的优劣与得失的关键，是围棋选手增长棋力的重要方法。

在私域流量运营的场景中，复盘是指对私域流量运营中的团队工作、营销活动或关键数据等进行回顾和分析，评估运营效果，发现问题并总结经验，以优化后续的运营动作。

（二）复盘的作用

1. 总结经验教训

复盘私域流量运营过程中做得好的地方（如创新的私域方法或可复制的运营流程）和做得差的地方（如转化效果差的销售话术或不及时的客诉服务），总结成功的经验和失败的教训，为今后的运营提供参考和借鉴。

2. 发现并改进问题

在复盘过程中，发现私域业务存在的问题和不足之处，及时进行调整和改进，如缺乏沟通、运营 SOP 不合理、文案有误等。

3. 改进产品或服务

根据产品或服务的用户反馈和建议，改进产品或服务，提升产品或服务的竞争力，以便更好地满足用户的需求。

4. 优化运营策略

通过复盘数据和用户反馈，评估运营策略的效果，发现运营策略的优势和局限，从而优化运营策略。

5. 提升团队能力

在复盘的过程中，团队成员之间需要共同参与讨论和分析，加深团队成员之间的沟通，有利于发挥集体智慧解决问题和提高团队的协作能力。

（三）复盘的要点

1. 用数据复盘

重视数据在复盘过程中的作用。复盘不能够单凭个人感觉和推断，应以数据为支撑，围绕数据展开运营效果的评估和问题诊断。运营团队可以通过数值的升降、波动和趋势发现运营过程中存在的问题，数据分析也是一个探究原因的过程。

2. 多角度分析

从不同的角度和观点来分析数据、活动或事件等。考虑私域业务的各个方面，包括团队合作、流程执行、技术应用等。分析问题的角度是多种多样的，如内部视角与外部视角、客观因素与主观因素等，复盘的过程也应从多个角度切入，争取获得更全面、更可靠、更深入的理解。

3. 持续改进

复盘不能当作一次性活动，应该成为一个持续进行的动作。要将复盘“常态化”，使之成为日常工作中的一个重要环节，并将从复盘中获得的经验教训应用于未来的实践活动中，定期进行回顾和评估，以确保持续的改进和成长。

二、工作复盘

（一）团队工作复盘

团队工作复盘主要是从团队角色和职责角度出发，针对团队各个成员在工作过程中发生的事情进行回顾总结。

团队工作复盘的过程能够让每个团队成员明晰自身职责，回顾工作过程中所遇到的困难与挫折，分析优秀做法与失误所在。同时，也能够加深团队成员之间的了解，从其他团队成员的复盘中得到启发。

表 8.11 所示为团队工作复盘结构表，能够帮助运营团队有针对性地开展复盘工作。

表 8.11 团队工作复盘结构表

岗位	工作职责	优秀之处及原因	改进之处及原因	所遇困难	解决方法	所需支持	建议/创意想法
私域流量运营经理/主管							
私域流量运营专员							
内容创作者/编辑							
客服							
数据分析师							

（二）不同角色易犯错误

不同的岗位其工作内容不同，因此易犯的错误也会有所不同，了解私域流量运营相应岗位容易犯错的内容能够降低工作失误，提升工作效率。

1. 私域流量运营经理/主管

缺乏明确的私域流量运营策略，导致运营方向不清晰、运营效果不理想；不重视团队成员培训，没有明确的绩效考核，忽视团队成员之间的矛盾等，造成团队作风懒散、缺乏凝聚力；缺乏合理的预算规划和资源分配，造成资源紧张或浪费，影响运营活动的正常开展。

2. 私域流量运营专员

对运营策略理解不到位，导致执行过程出现纰漏；内容的制作与发布不合理，未能有效吸引、留存用户；未积极与用户互动，未及时回应用户的咨询、建议和反馈，用户满意度较低；忽视数据分析，未及时对数据进行充分的分析和评估，造成决策缺乏数据支撑。

3. 内容创作者/编辑

内容中存在错字、漏字、遣词造句不准确等；内容定位不准确，忽视目标受众的兴趣、需求，导致传播效果不理想；内容缺乏创意，对目标受众没有吸引力等，内容形式单一，视觉效果不佳，降低阅读体验。

4. 客服

缺乏沟通话术，无法有效地与用户沟通；服务态度过于强硬，降低用户满意度；未及时回复用户信息，降低用户体验感；未能妥善处理用户投诉，造成用户流失。

5. 数据分析师

数据指标选择错误或分析过程存在错误，导致数据分析失去参考性；过于关注表面数据而忽视了挖掘数据背后的原因、趋势，误导决策；使用过于专业的语言，使得数据难以理解。

三、活动复盘

在私域流量运营中，活动复盘主要是对某个运营活动的全过程进行回顾和总结。

在进行活动复盘时，常用到的复盘方法是 GRAI 法，即回顾目标（Goal）、评估结果（Result）、分析原因（Analysis）、总结规律（Insight）。

（一）回顾目标

回顾目标，可以从活动总目标和阶段目标两个方面进行，活动总目标是整个活动的终极目标，而阶段目标则是由总目标拆解而来，在活动的各个关键阶段所要达成的目标。

（二）评估结果

对活动实际达成的结果进行评估和分析。收集和统计活动参与者人数、转化率、ROI 等关键活动数据指标，衡量整体活动及各阶段的目标完成度，从而评估活动结果。

（三）分析原因

通过分析活动的各个环节，如策划、筹备、宣传和执行等，找出活动中有哪些优秀做法和不足之处，分别带来了哪些活动成效或影响，并对其进行更进一步的原因剖析。

（四）总结规律

从活动中总结经验教训，发现该活动中蕴藏的规律，并形成方法论，如有效的活动策划方法、用户沟通技巧、营销手段等，为未来的活动提供参考和借鉴。

根据 GRAI 法，可以自行设计一套活动复盘模板，以更系统化、便捷化的方式开展活动复盘工作，如表 8.12 所示。

表 8.12　活动复盘模板

回顾目标（G）	活动总目标	阶段目标		
		活动阶段 1	活动阶段 2	……
评估结果（R）	总目标完成度	阶段目标完成度		
		活动阶段 1	活动阶段 2	……
分析原因（A）	活动过程			
	活动事项	活动事项 1	活动事项 2	……
	优秀做法与成效			
	成功原因			
	不足之处及影响			
	不足原因			
总结规律（I）	经验	教训	方法论	

四、组织复盘会议

（一）复盘会议的组织时机

1. 定期复盘

运营团队可以将复盘会议常态化，定期召开复盘会议，如每周、每月或每季度等。通过定期复盘的方式帮助团队总结过去一段时间的工作成果和经验教训，及时发现日常运营过程中存在的问题并制订改进计划。

2. 活动/项目结束后

当私域业务的某个重要活动或项目结束后，团队可以召开专项复盘会议，针对该活动或项目的整个过程进行回顾和总结，以帮助团队评估整个活动或项目的成效，总结经验教训。

3. 重大事件后

当运营团队遇到重大事件，如重大失误、客户投诉等，团队可以召开复盘会议来对该事件进行深入分析和总结，以帮助团队及时回顾事件的起因、经过和结果，从而制定积极的应对措施，并避免类似事件再次发生。

4. 业务调整后

当运营团队进行业务调整时，如推出新产品或服务、营销策略更新或调整等，团队可以召开复盘会议，对业务调整的效果进行评估和总结，发现潜在问题，优化运营策略和效果。

（二）复盘会议的组织流程

1. 确定会议目的

确定召开复盘会议的主要目的，保证参会人员都知道会议的主题和讨论内容，这样能够明确会议的方向，提升复盘会议的效率和效果。

2. 确定会议议程

确定会议的议程，包括确定复盘会议中需讨论的议题、议题的讨论顺序以及每个议题的时间分配等，可以按照议题的紧要程度来排序和分配时间。设定会议议程时，需要预留足够用于讨论不同议题和互动的时间。

3. 发送参会邀请

明确会议召开的时间、地点和拟邀请的参会人员后，提前向参会人员发出会议邀请，告知会议的时间、地点、目的和议程等信息。参会人员应具备代表性和多元性，以获取更全面的观点和意见。

4. 准备会议材料

在复盘会议开始前，准备好会议上需要用到的资料，包括复盘会议 PPT、数据分析报告、私域流量运营优秀案例等电子文档或纸质文件。会议材料应当准备充分，避免缺漏或冗余等问题，还需简洁明了，突出重点，便于参会人员理解与讨论。

5. 召开会议

会议进行时，按照事先确定好的会议议程开展复盘会，可以按照回顾目标、评估成果、分析过程及原因、总结经验教训、提出改进措施、制订执行计划的复盘过程来深化复盘重要议题。

会议结束时，由主持人总结会议的主要内容，并在会后形成复盘文档，以备后用。

小贴士

复盘会议不能过于强调问题和失败，一味追究造成问题的责任人，忽略对解决方案的讨论和研究，这样违背召开复盘会议的初衷。回顾过程、剖析原因、总结经验教训、为未来的运营活动提供有益借鉴和参考才是召开复盘会议的关键所在。

6. 执行和跟进行动计划

复盘会议的经验总结需要落到实处才能发挥真正的作用，应制订明确的行动计划，将会议成果转化为实际的改进，确保每个决策都有明确的责任人、时间表和可执行的步骤。同时，在后续执行过程中要不断跟进行动的进展，最终确保会议成果的有效落实。

业务操作

业务名称：复盘会议通知文案编写

工作要求：

1. “中秋节限定奶茶”的促销活动结束后，“王大爷茶饮”的总经理想要召开一次活动复盘会议，请你帮助总经理撰写一份会议通知文案。

2. 会议通知文案内容须包括会议主题、参会人员、会议时间与地点、会议议程、注意事项等内容。

操作步骤：

1. 通过网络渠道学习会议通知的书写格式和大致内容。

2. 编写复盘会议通知文案并提交。

思考与练习

一、单选题

1. 私域流量运营数据分析的主要目的是（　　）。

A. 提高产品质量　　B. 了解用户喜好和行为习惯

C. 增加企业知名度　　D. 降低营销成本

2. 在私域流量运营中，以下指标用于衡量引流策略有效性的是（　　）。

A. 拉新率　　B. 引流率　　C. 获客成本　　D. 流量来源占比

3. 私域流量运营中，以下不是留存与促活数据的关键指标的是（　　）。

A. 用户留存数　　B. 用户流失数　　C. 互动量　　D. 销售额

4. 以下不是私域流量运营数据收集渠道的是（　　）。

A. 官方小程序/App　　B. SCRM 系统

C. 社交媒体账号　　D. 电视广告

5. 私域流量运营中，以下不是数据分析与优化目的的是（　　）。

A. 提高用户转化率　　B. 增加用户流失率

C. 提升用户生命周期价值　　　　D. 优化产品与服务

二、判断题

1. 私域流量运营数据分析可以帮助企业预测未来的趋势和需求。（　）

2. 私域流量运营中，引流率是指潜在用户变成私域载体的用户的比例。（　）

3. 私域流量运营数据分析中的“相关性分析”用于研究事物之间是否存在相关性以及相关性的强弱。（　）

4. 私域流量运营中，对比分析法只用于比较不同时间段的数据变化。（　）

5. 私域流量运营中，变现数据分析与优化的目的之一是提升用户生命周期价值(LTV)。（　）

三、思考题

私域流量运营中，复盘会议的组织对于团队协作和运营效果有何影响？

项目8参考答案

项目 9 综合训练

教学目标

知识目标

1. 系统了解和体验私域流量运营工作内容和操作步骤；

2. 清楚不同类型和不同性质的企业对私域业务的需求，进一步了解不同私域项目的作用与操作流程；

3. 清楚企业背景的构成，了解企业对私域业务的定位。

技能目标

1. 能够根据企业背景和私域业务规划，设计出适当且有效的私域流量运营策略；

2. 能够对私域业务目标进行拆解，将整体目标拆解成可操作性强的小目标；

3. 能够针对不同类型私域用户开发对应的用户维护方案；

4. 能够完成私域引流、裂变、促活、变现等工作任务。

素养目标

1. 培养创新思维与问题解决能力，学会发现问题并提出有效的解决方案；

2. 提高项目管理和业务统筹能力，能够胜任综合型私域工作项目。

任务 1 知识博主的私域运营

任务引例

在某短视频平台关注几位讲解直播带货知识的博主，可以发现他们的私域流量运营工作有如下内容：

（1）设计拉新奖励：在直播期间关注主播账号的观众，即可领取一份“直播运营地图”，要求关注者私信账号领取。

（2）运营人员通过平台私信观众，希望观众添加运营人员的微信，观众能领到一份价值××元的主播培训课程。

（3）邀请观众加入账号的粉丝群，粉丝群主要发布短视频内容、直播预告和直播链接，偶尔能领到群专属优惠券。

（4）通过微信朋友圈、微信私信、平台社群等私域渠道宣传和售卖线上课程和线下课程，其中线上课程有一份售价相当低的引流课程，里面的内容相当不错，很有吸引力。在引流课程中，讲师还会重点推荐售价相对高一些的线上直播课和售价昂贵的线下培训课。线下培训课上，课中运营人员会进一步对接客户需求，甚至实现资源置换和专家一对一服务。

任务描述

近年来，新技术、新政策、新局势、新模式等层出不穷。人们为了跟上时代的步伐，就需要更新自己的认知和能力。例如，AI时代，如果对AI理解不深，没有使用AI工具的经验或能力，那就很有可能被擅长使用AI的人淘汰或直接被AI淘汰。

在这样的时代背景下，知识付费行业自然越来越火爆。本任务将围绕一个职场类知识博主，为其规划和实操私域流量运营相关工作，帮助其通过私域流量运营实现业务目标。

任务要求

1. 自主探索知识付费行业内容，了解主要的盈利模式，收集一些成功案例作为参考；

2. 独立完成实践任务，做任务前，要先明确思路和逻辑，要有自己的见解或创意，并且它们是科学有效的。

一、账号概况

账号名称：老庄聊职场。

账号简介：

“老庄聊职场”是一个专注于职场生活的新媒体账号，致力于分享职场经验、职业规划、工作技巧等内容，为职场人士和应届大学生提供实用的职场指导与建议。目前开设账号的平台有微博、知乎、bilibili、抖音和今日头条，全网粉丝数超500万。

运营数据如表9.1所示。

表9.1　运营数据表

开设账号平台	粉丝数	用户属性
bilibili	150万	在校大学生为主
抖音	300万	职场人士为主
今日头条	20万	中年人为主

续表

开设账号平台	粉丝数	用户属性
知乎	8万	高知人士为主
微博	30万	在校大学生为主

设想的盈利模式：

（1）部分出版社邀请博主出书以及合作推广书籍，可从中获取版税收益和图书销售分成。

（2）通过短视频和直播等方式销售知识付费课程。

（3）开办职场训练营或培训班收取培训费。

知识付费产品：

（1）知识付费课："职场常识50条""用AI赋能自己"。

（2）书籍：《中国职场文化》《职场新人的前三年》。

二、该账号私域业务规划

（一）业务规划初衷

通过前期的人设打造，"老庄聊职场"账号成功成为部分用户信赖的职场KOL。在bilibili、抖音等平台积累了500万粉丝，且都是较为精准的"潜在客户粉"。

账号主要内容为"中国职场文化揭秘""面试技巧""如何规划职业""社会发展解读"等。账号粉丝数量和内容数据起来后，有出版社编辑找到博主"老庄"合作开发书籍，并成功获得版税收益。

在有一定资金的基础上，老庄计划通过私域流量运营的方式，将粉丝转化成知识付费产品的客户，进一步实现变现。

项目启动资金为80万元人民币，招聘视频剪辑师、课程设计师和私域流量运营专员各一名，剩余的资金用于设备采购和营销推广。现在你将作为私域流量运营专员和团队一起开展该账号的私域业务。

（二）业务目标

销售目标：一年直接收益或间接收益不低于500万元；运营总成本不高于200万元。

用户目标：一年内增加100万粉丝数，搭建50个社群（微信群为主），增加1万名微信客户数。

三、私域流量运营工作实践

根据企业背景、私域业务规划和其潜在客户特征，规划或开展私域流量运营相关工作。此处实践任务中，要求以私域流量运营专员角色，完成如图9.1所示的工作项目。

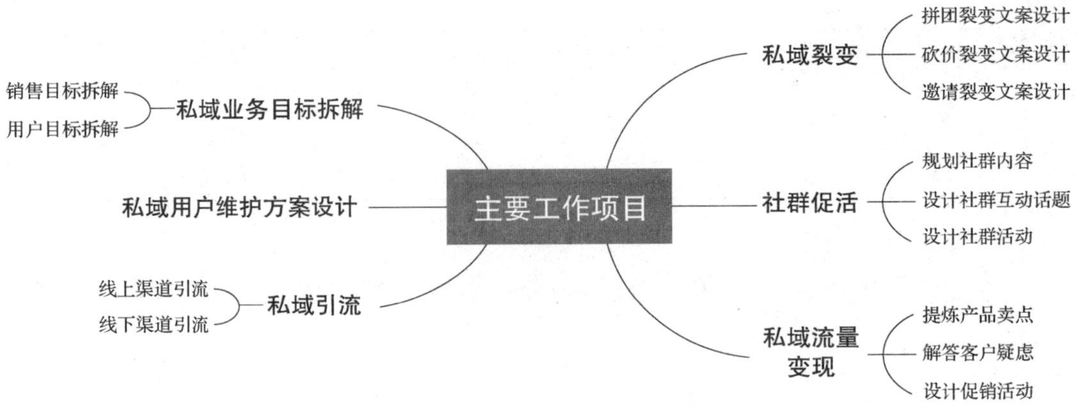

图 9.1 具体工作项目与任务节点

（一）私域业务目标拆解

根据业务目标规划，结合账号实际情况，综合评估业务目标的可行性，设计目标实现路径或步骤，配置所需的资源。

1. 销售目标拆解

我们需要拆解目标，把目标实现的路径和销售策略设计出来，并梳理清楚实现目标所需的成本以及可能的收入，如表 9.2 所示。

表 9.2 销售目标拆解工作任务单

工作任务	任务要求	分析、操作或成果
拆解营收来源	设计合理的私域流量变现方式，设定每种变现方式的销售额，合计不低于 500 万元人民币；说明你的思路	
规划产品	销售哪些产品，设定每种产品销售额，合计不低于 500 万元人民币；说明你的规划思路	
设计主要销售策略	设计主要的销售策略，并说明你的策略思路	
测算成本与利润	测算开展该业务以及实现业务目标所需的成本，尽可能涵盖所有成本类型；根据收益和成本的测算，评估利润空间	
评估风险	评估有哪些潜在风险；罗列主要风险和次要风险	

2. 用户目标拆解

本训练背景所涉及的用户目标拆解工作任务清单，如表 9.3 所示。

表 9.3 用户目标拆解工作任务清单

工作任务	任务要求	分析、操作或成果
分配新粉指标	根据账号矩阵情况，将增粉任务分配给对应的平台账号，合计增粉数量不低于 100 万名；说明你的理由	

续表

工作任务	任务要求	分析、操作或成果
社群分类	社群以抖音群和微信群为主，设定大群、VIP客户群、铁粉群和分销群，说明每种社群在业务中的作用；合理设计每种社群的数量，合计不低于50个	
添加微信好友	评估新增1万名微信客户好友的可行性；完成微信分组标签设计	

（二）私域用户维护方案设计

1. 按用户类型设计

按照购买阶段和用户角色来划分用户类型。

（1）按照购买阶段来划分用户类型，如潜在用户、首次成交用户、复购用户和休眠用户，完成表9.4所示的任务。

表9.4 不同购买阶段用户的维护方案设计

用户类型	用户维护重点或目标	具体策略设计（一个以上）
潜在用户		
首次成交用户		
复购用户		
休眠用户		

（2）“老庄聊职场”的受众主要为在校应届大学生和职场新人，可根据这两个受众群体展开用户维护方案的设计，如表9.5所示。

表9.5 不同用户角色的维护方案设计

用户类型	用户维护重点或目标	具体策略设计（一个以上）
在校应届大学生		
职场新人		

2. 按特定目标设计

用户维护这一项工作是私域流量运营的重点，也是私域流量运营的特色。它让企业能直接和用户产生联系，从而让企业有机会通过有效的用户运营策略来影响用户对企业的认知、用户与企业的关系等。

请根据表9.6所示的特定维护目标完成维护方案设计。

表9.6 特定维护目标的维护方案设计

特定维护目标	从哪些方面实现目标	具体策略设计（一个以上）
获得用户关注		
获得用户认可		

续表

特定维护目标	从哪些方面实现目标	具体策略设计（一个以上）
提高用户忠诚度		
提高用户活跃度		
提高用户购买率		
让用户转介绍		

（三）私域引流

本工作要求从线上渠道和线下渠道引流到“微信好友通讯录”，方便运营者通过微信朋友圈推广课程产品以及通过“社群和一对一”方式服务客户。

请完成表 9.7 中所列的私域引流工作任务清单。

表 9.7　私域引流工作任务清单

引流渠道	任务	任务要求	分析、操作或成果
线上渠道	设计线上引流渠道体系	解决“从哪些线上渠道引流的问题”	
	从问答平台引流	到知乎、百度知道等问答平台收集职场相关问题，尝试回答问题，并在评论区引流	
	发帖/发文引流	在搜狐号、今日头条、百家号等平台发文，要求选择一个平台发表账号推广软文，灵活邀请添加微信好友	
	账号简介引流	设计抖音账号简介，要求包含引流信息	
	私信引流	为了将账号的粉丝转化为微信好友，请编写一个私信文案用于邀请粉丝添加微信好友	
线下渠道	包裹卡引流	在给书籍消费者寄送的快递包裹中，放置一张包裹卡用于引流；要求设计一张包裹卡，内容包含加微二维码、微信号，卡片尺寸合理	
	书籍引流	在书籍作者介绍处，加入微信号；要求杜撰“老庄”的作者信息，并虚拟一个微信号	

（四）私域裂变

“老庄聊职场”团队推出“AI 赋能训练营”，旨在帮助即将或刚步入职场的年轻人用 AI 提升自己的职场竞争力。裂变诱饵为价值 399 元的“AI 先锋”课程，完整课程产品为 999 元的“AI 赋能职场”课程。

为了推广产品和账号，团队设计了三种裂变活动，分别为：

（1）拼团裂变，5 人成团，19 元即可享受“AI 先锋”课程。

（2）砍价裂变，邀请 8 人帮忙砍价，29 元即可享受“AI 先锋”课程。

（3）邀请裂变，将活动链接发给 2 个好友即可享受“AI 先锋”课程的 8 折优惠。

根据裂变政策，请设计对应的裂变邀请文案，完成表 9.8。

表 9.8 裂变邀请文案设计

裂变邀请文案设计	文案内容
拼团裂变	
砍价裂变	
邀请裂变	

（五）社群促活

促进用户活跃的方法有很多，如话题互动、内容阅读、签到、投票、抽奖等。为了提高社群用户活跃度，请完成表 9.9 中的任务。

表 9.9 社群促活任务表

工作项目	任务要求	分析、操作或成果
规划社群内容	思考微信群可以发哪些系列主题内容，整理出一个内容规划表，包含内容主题、内容形式、发布时间	
设计社群互动话题	根据账号定位、用户特征和产品，梳理出哪些话题容易引起互动	
设计社群活动	（1）使用微信官方“群问卷”小程序设计一份问卷调查表，可以是培训后的反馈，也可以调研用户的培训需求或问题，可使用 AI 设计问题； （2）假设参与问卷调查的用户可获得 299 元抵用券，在此基础上，编写邀请群友参与问卷调查的话术； （3）自主设计活动，如成语接龙、表情包、签到打卡、问答等活动	

（六）私域流量变现

私域流量变现方式有很多，涉及内容打赏、短视频带货、直播销售、知识付费等。此处我们将围绕某职场培训产品进行私域流量变现的相关操作，如表 9.10 所示。

表 9.10 私域流量变现工作任务清单

工作项目	任务要求	分析、操作或成果
提炼产品卖点	(1) 到抖音平台职场培训机构账号处收集职场培训类产品的产品介绍和买家评价，整理产品的卖点； (2) 构思“用 AI 赋能自己”这个培训产品的竞争力，罗列其卖点	
解答客户疑虑	请对以下客户可能提的问题进行回复话术设计： (1) 群里购买有优惠吗？ (2) 是正版的吗？ (3) 可以退货吗	
设计促销活动	正值高校“秋招”，团队计划主推“用 AI 赋能自己”直播培训产品，强调应届生掌握 AI 技能将极大提高面试成功率；要求设计一个促销活动，促销主题、促销价格、优惠政策、起止时间都由你决定，但是要合理合规	

任务 2 自助式快餐店的私域运营

任务引例

某中式快餐头部品牌，全国直营门店超 1 000 家，共计服务消费者 6 亿人次，日均进店 50 万人次。2019 年该品牌就开始布局私域，2020 年在所有门店推广企业微信，截至目前已累计超过 300 万企业微信用户。

其私域流量运营策略包括但不限于如下内容：

(1) 公域引流：在微博、抖音、小红书等新媒体平台搭建账号，内容有趣，人设个性分明，受到很多用户的喜爱，也借此积累粉丝和社群用户。

(2) 门店引流：该品牌全国直营门店超过 1 000 家，在门店内随处可见小程序的会员福利，以门店为单位，吸引线下消费者扫码加入会员，逐步引流到私域流量池中。

(3) 公众号引流：在公众号菜单栏中有对小程序和会员体系的引流，吸引用户进入小程序点餐以及加入会员，还通过公众号文章对小程序进行引流。

(4) 单店社群运营：建设与运营各地门店的微信社群，设置 4 大福利吸引用户添加店长企业微信号，由店长邀请加入社群。社群主要定位为福利群，发布最新福利活动和菜品展示内容。另外，专设周三为社群福利日，参与活动可获得优惠券。

(5) 会员福利：付费会员有两种，分别是超级会员卡和超级加享卡，都可以享受吃饭打折优惠；另外消费可获得积分，积分可用于兑换优惠券以及奖品。

任务描述

当下，我们随机走进一家实体店，店家都有可能会邀请我们关注公众号、扫码添加店铺微信、扫码进入社群、关注新媒体账号、成为会员等。由此可见，私域在线下实体店的经营中也很重要。

本任务中，我们将作为一名私域流量运营专家帮助一家实体快餐店完成私域流量运营相关工作。

任务要求

1. 自主探索线下实体店的私域流量运营模式，收集一些成功案例作为参考；

2. 独立完成实践任务，做任务前，要先明确思路和逻辑，要有自己的见解或创意，并且它们是科学有效的。

一、企业背景

企业名称：熊猫当家餐饮有限公司。

成立时间：2024 年 5 月。

企业简介：

“熊猫当家”是一家新开的自助式快餐店，地址在小区和写字楼混合的商圈。该店日常有三十道菜品供顾客选择，称重计算价格，可为本地居民和上班族提供便捷健康的餐饮服务。

品牌商标：如图 9.2 所示。

图 9.2　品牌商标

经营范围：提供午餐、晚餐。

经营时间：11:00—21:00。

主要特色：

该餐厅采用开放式厨房，厨师现炒，现场添加菜品，拒绝使用预制菜。顾客自助选菜，荤素一起，按克重计算价格。

一般单人用餐费用在 15～30 元，三口之家花费 60 元就能享用丰富的菜品。顾客取餐现场如图 9.3 所示。

图 9.3 顾客取餐现场

经营问题：

“熊猫当家”快餐店在装修、菜品、价格策略和厨师厨艺方面都没有问题，但由于是新店，初期面临知名度不高、客流量少、客户黏性不足等问题。

创始人在新店开业活动期间，希望通过策划私域业务来解决以上问题。

二、私域业务规划

“熊猫当家”店址附近有小区和商务办公区，人流以居民和上班族为主。居民的痛点在于没有时间做饭、做饭太麻烦、餐厅吃比较贵。上班族的痛点在于外卖可能不健康、单份外卖菜品单一等。

基于这些痛点，该企业规划了如表 9.11 所示的私域业务。

表 9.11 “熊猫当家”规划的私域业务

工作项目	内容/目的/理由
开业拉新	试营业第一周期间，菜金 6.8 折，第二周 8.8 折
	加微信或加群就送 10 元抵用券；买单时，展示抵用券就可抵扣
	开业首日以及第二天，用餐免费送小瓶可乐
	开业试营业期间加会员，会员充值可享受充 300 送 50，充 500 送 100，充 1 000 送 220
会员体系搭建	会员菜金 9.5 折，永久有效
裂变拉新	通过现有客户的裂变拉新，增加新客户或企业客户；帮助裂变的客户可获得 30～200 元不等的抵用券
社群运营	建一个大群，用于宣传和通告，重点宣传菜品丰富度、健康性和优惠福利活动
	搭建企业专属订餐群，用于“日餐”“加班餐”订购，可享企业专属价，5 份起送

续表

工作项目	内容/目的/理由
朋友圈经营	提高品牌在客户朋友圈的存在感，提高品牌曝光量，内容侧重于展示客户排队场景、菜品展示、菜品介绍、厨师厨艺等
同城内容创作	利用抖音、快手等平台创作同城内容，获取同城流量

小贴士

规划私域业务以实现企业经营目标是运营者的核心能力，这要求我们熟悉每种私域项目的内容、作用以及操作流程。为了方便本训练任务的实施，直接设定了“私域工作项目”。但你也可以想想，为了实现这家店的经营目标，该如何规划私域业务。

三、私域流量运营工作实践

本任务中，你将作为私域业务专家帮助该店店长完成或策划该店的私域业务。

（一）店长微信朋友圈人设策划

店长微信号将作为“熊猫当家”主要的私域流量载体，要求店长微信号在新店开业前就要在朋友圈进行人设包装。请根据这一任务策划人设和内容，完成表9.12。（扫描二维码查看店铺装修图）

“熊猫当家”快餐店装修图

表9.12 店长微信朋友圈人设策划任务

工作任务	任务要求	设计思路	编撰朋友圈内容（至少一篇）
设计店长形象/印象	思考什么样的店长形象或印象更受潜在客户欢迎，为此策划朋友圈内容		
设计店铺形象/印象	思考什么样的店铺形象或印象更受潜在客户欢迎，为此策划朋友圈内容		
设计开业预告	编写一个“开业预告”朋友圈文案，要求突出开业优惠政策内容		

（二）裂变拉新

开业当天来了不少客户，又通过“试营业优惠”和“会员充值”等方法成功“锁客”，后续几天的客流量没有减少，但也没有预想的多。为此，请你设计裂变活动增加新客户。

裂变活动目标如下：

（1）增加到店客户数，增加会员数。

（2）增加微信好友，要求好友来自企业的行政、助理等负责企业订餐的岗位。经过调研，附近很多企业有晚上加班现象，大部分企业有15～30元的晚餐补贴。它们有合作的商家或者直接在外卖平台的【企业订餐】点餐。为了争取这一部分客户，“熊猫当家”想通过裂变活动添加负责订餐的岗位人员为微信好友。3公里范围内的企业客户订加班餐，满5份，可送货上门。

按照表9.13完成裂变活动设计。

表9.13 裂变活动设计

裂变目标	裂变活动设计	福利政策1	福利政策2
增加到店客户数/会员数	设计裂变的主题、规则与活动起止日期	设计现有客户的裂变奖励	设计新客户福利
增加企业关键岗位好友	设计裂变的主题、规则与活动起止日期	设计现有客户的裂变奖励，该奖励需更有价值，更有吸引力	设计企业订加班餐的福利优惠政策，但不能出现亏本情况

（三）线下引流

为了增加附近社区居民的到店或外卖的业务量，“熊猫当家”计划开展相关私域业务。

1. 宣传点参考

（1）做饭麻烦，需要经过买菜、择菜、做菜、煮饭、洗碗，整个流程下来，耗时耗力。

（2）下班到家太晚，导致晚餐太晚吃，不利于健康。

（3）“熊猫当家”提供平价菜品，由大厨烹饪而成；下单金额过60元，且范围不超过3公里，免费送货上门。

（4）小程序下单，月消费满350元，返还包装费。

2. 菜单卡片设计与卡片引流

该菜单卡片是用于宣传的物料，类似宣传单，主要在各小区门口发放。

扫描二维码下载菜单卡片设计素材，结合素材、宣传点以及自己对私域引流的思考，完成菜单卡片设计。

菜单卡片引流

（四）朋友圈文案宣发

为了让客户信任“熊猫当家”所宣传的卖点，要求你发布一则朋友圈，内容以“全透明厨房”和“现炒菜品”为主题。

朋友圈文案宣发素材

扫描二维码获取任务素材，完成朋友圈文案编撰。

（五）社群日常管理

“熊猫当家”用餐群被该店铺定位为粉丝福利群，每周五为会员日，当天发放群专属 9 折优惠券。表 9.14 为该社群日常管理任务清单。

表 9.14 社群日常管理任务清单

工作项目	任务要求	分析、操作或成果
应对客户咨询	粉丝大群里有一位粉丝询问春节后什么时候开业。要求编写回复话术，内容包含开业时间、新年活动、欢迎到店等	
应对群友滥发广告行为	现有一家儿童培训机构人员在粉丝大群里发培训课程广告。请给出这种情况的具体措施和话术	
热点追踪	端午节将至，找一篇介绍粽子的热门文章发布在群里，并通告端午节前两天，店里提供粽子作为主食	
营销主题策划	请结合我国节假日和营销情况，设计 3 个营销主题	

图书在版编目（CIP）数据

私域流量运营实务 / 胡磊，徐蔓，魏勇军主编. 北京：中国人民大学出版社，2025. 1. --（新编 21 世纪高等职业教育精品教材）. -- ISBN 978-7-300-33159-1

Ⅰ. F713. 365. 2

中国国家版本馆 CIP 数据核字第 20245K7V84 号

新编 21 世纪高等职业教育精品教材·经贸类通用系列

私域流量运营实务

主编　胡　磊　徐　蔓　魏勇军

Siyu Liuliang Yunying Shiwu

出版发行	中国人民大学出版社		
社　　址	北京中关村大街 31 号	**邮政编码**	100080
电　　话	010－62511242（总编室）		010－62511770（质管部）
	010－82501766（邮购部）		010－62514148（门市部）
	010－62515195（发行公司）		010－62515275（盗版举报）
网　　址	http://www. crup. com. cn		
经　　销	新华书店		
印　　刷	北京密兴印刷有限公司		
开　　本	787 mm×1092 mm　1/16	**版　　次**	2025 年 1 月第 1 版
印　　张	16. 5	**印　　次**	2025 年 1 月第 1 次印刷
字　　数	374 000	**定　　价**	48. 00 元
